U0561494

大学问

始于问而终于明

维特根斯坦与《逻辑哲学论》

〔英〕迈克尔·莫里斯 著

李国山 译

Routledge Philosophy GuideBook to

Wittgenstein and the *Tractatus*

GUANGXI NORMAL UNIVERSITY PRESS
广西师范大学出版社
·桂林·

维特根斯坦与《逻辑哲学论》
WEITEGENSITAN YU LUOJI ZHEXUE LUN

**Routledge Philosophy GuideBook to Wittgenstein and the Tractatus / by Michael Morris /
ISBN: 978-0-415-35722-7**

著作权合同登记号桂图登字：20-2022-088 号

图书在版编目（CIP）数据

维特根斯坦与《逻辑哲学论》 / （英）迈克尔·莫里斯著 ; 李国山译. -- 桂林 : 广西师范大学出版社，2022.8
（劳特利奇哲学经典导读丛书）
书名原文：Routledge Philosophy GuideBook to Wittgenstein and the Tractatus
ISBN 978-7-5598-5183-3

Ⅰ. ①维… Ⅱ. ①迈… ②李… Ⅲ. ①维特根斯坦(Wittgenstein, Ludwig 1889-1951)一哲学思想一研究
Ⅳ. ①B561.59

中国版本图书馆 CIP 数据核字（2022）第 129546 号

广西师范大学出版社出版发行
（广西桂林市五里店路 9 号　邮政编码：541004
网址：http://www.bbtpress.com）
出版人：黄轩庄
全国新华书店经销
广西民族印刷包装集团有限公司印刷
（南宁市高新区高新三路 1 号　邮政编码：530007）
开本：889 mm × 1 194 mm　1/32
印张：16.625　字数：369 千
2022 年 8 月第 1 版　2022 年 8 月第 1 次印刷
印数：0 001~6 000 册　定价：108.00 元

出版说明

“劳特利奇哲学经典导读丛书”精选自劳特利奇出版社两个经典导读系列。其中《维特根斯坦的〈哲学研究〉》《海德格尔的〈存在与时间〉》《黑格尔的〈精神现象学〉》《笛卡尔的〈第一哲学的沉思〉》《克尔凯郭尔的〈恐惧与颤栗〉》等选自Routledge Guides to the Great Books系列，而《维特根斯坦与〈逻辑哲学论〉》《胡塞尔与〈笛卡尔式的沉思〉》《德里达的解构主义》《后期海德格尔》等著作出自稍早的Routledge Philosophy Guidebook系列。

本丛书书名并未做统一调整，均直译自原书书名，方便读者查找原文。

为统一体例、方便阅读，本丛书将原书尾注形式改为脚注，后索引页码也做出相应调整。

目 录

序　言 vi

我第一次给本科生讲授《逻辑哲学论》时编了一些讲义，本书就是从最初这些讲义中整理出来的。我和友人朱利安·多德想到把这些讲义同他感兴趣的一些论题——关于真理概念以及近来关于《逻辑哲学论》的阐释——放在一起形成一本书。带着这种想法，我们就《逻辑哲学论》的明显悖论合写了一篇文章（莫里斯和多德，2008），该文的主要论点纳入了本书最后一章。

不过，其他一些哲学方面的应诺之事，让朱利安不得不离开这项计划，那篇文章成了我们合作的唯一成果。因此，除了最后一章取自这篇文章的部分之外，我个人对全书负责。但我极为感谢朱利安对本书写作的鼓励以及他对合作论文的贡献。

还要感谢许多同我交谈过的人，从他们的话语中我汲取了很多东西，受益之深恐怕连他们本人都没有意识到。我尤其想提及如下这些人：张锦青、理查德·加斯金、安德烈亚斯·乔治加里德斯、瓦伦·戈德法布、科林·约翰斯顿、玛丽·麦金、阿德里安·摩尔、迈克尔·波特、托马斯·里基茨、坦贾·斯塔勒、罗杰·怀特和约瑟·查拉巴尔多。彼得·沙利文阅读了本书倒数第二个稿本，并给予了大量极为有益的评论和建议，使我得以避免严重错误并更好地理解《逻辑哲学论》，我非常感谢他的巨大帮助。最后，我要感谢劳特利奇的杰玛·邓恩，她在整个项目完成的过程中，都表现出了极大的耐心，并提供了有益的帮助。

导　论

这本书及其来历

维特根斯坦的《逻辑哲学论》是20世纪的一部伟大哲学著作。就其论题广度与思想深度而言，可与之媲美的是两部未完成的著作：海德格尔的《存在与时间》和维特根斯坦本人的《哲学研究》。不过，就算和它们比起来，《逻辑哲学论》也显得异乎寻常。它短小精悍，警句满篇。本书既反映出作者的秉性，也反映出他创作时的心境。

1889年，路德维希·维特根斯坦出生于奥地利的一个在欧洲数得着的高门巨族。童年时期，他养尊处优、谨持礼法，却也被寄予了难以承受的厚望（很小的时候，他的两个哥哥就自杀了）。中学毕业后，他开始学习工程学，先在柏林，后在曼彻斯特。在曼彻斯特期间，他先是对数学有了兴趣，后又迷上了数学基础问 2
题。他读了两部数学基础领域的开创性著作，都是刚问世不久的：罗素（Bertrand Russell）的早期著作《数学原则》（*The Principles of Mathematics*）和弗雷格（Gottlob Frege）大致同期的《算术基本法则》(*Basic Laws of Arithmetic*)，后者试图表明算术仅仅建立在逻辑基础上。1911年，他前往耶拿拜访弗雷格，弗雷格建议他去剑桥投奔罗素门下。

这个时候，罗素的观点已有了变化。他刚同怀特海（Alfred North Whitehead）一道出版了不朽的《数学原理》(*Principia Mathematica*)。该著作极为详尽地发展了弗雷格《算术基本法则》的一般观点，而且使用了一套纯熟的技术——这套技术主要用于克服罗素在弗雷格系统中发现的一个矛盾。那个时候，罗素是逻辑学界的重要人物。不过，按他自己的话说，他因撰写《数学原理》已疲惫不堪。维特根斯坦粘着他，跟个讨厌鬼似的。罗素回房间，他也跟过去，没完没了地问问题，连换衣服时也不消停。但他可不只是一个讨人嫌的家伙：他学得极快！罗素很快便发现，维特根斯坦就是那个能将技术性的逻辑工作推进下去的人，而他本人已然力不从心了。

直到1913年，维特根斯坦都在构想后来成为《逻辑哲学论》主干思想的那些逻辑观点。这些观点的第一份记录是那一年写下的《逻辑笔记》，这一作品（现作为后来的《笔记本》的附录发表）对于想要理解《逻辑哲学论》的人而言，是一份重要的资料。然而，到了1913年底，维特根斯坦觉得，他要是还待在剑桥的话，就甭想做他本来有能力做的事情了。于是，他决定独自一人移居挪威，就在那儿展开工作。1914年春，摩尔（G. E. Moore）前去探望他。摩尔是剑桥的另一位哲学家，是同罗素一道反叛黑格尔主义的领袖之一，而正是这一反叛行动，开创了英语世界的分析哲学。
3 尽管摩尔年长不少，可他甚至无法在谈话中做一个对等的参与者：

实际上，维特根斯坦是请他记下自己口述的笔记。《在挪威向摩尔口述的笔记》也作为《笔记本》的一个附录发表。

1914年夏，第一次世界大战爆发，维特根斯坦立即加入了奥地利军队。维特根斯坦参军绝不是应付差事——事实上，他急切盼望上前线，而且在战场上表现得极为勇敢——但他也没有停止做哲学。他在笔记本上记下思考所得，其中有些笔记本保存下来了，以《1914—1916年笔记本》（尽管最后一条笔记是1917年1月写的）出版。这些笔记从关于逻辑基础的问题开始。第一条笔记就这样写道：

逻辑必须照顾自己。

维特根斯坦前两年所关注的，主要是由他对罗素和弗雷格工作的担忧所引出的那些困难。可是，1916年6月，维特根斯坦所在部队陷入残酷的战斗，伤亡惨重。就是在这一当口，笔记的主题转向了人生意义问题——这实际是转回了一直困扰着他和哥哥们的那些问题，这些问题同时也困扰着世纪之初维也纳一个特定阶层的大多数人。打那以后，他正撰写的著作就把他对逻辑基础的探究，同关于人生意义的态度糅合在一起了。

接下来的两年时间里，维特根斯坦把他的战时笔记本整编成了《逻辑哲学论》一书。有一份初稿留存了下来，就是《逻辑哲学论原稿》（*Prototractatus*），其最终版本是1918年夏的打印稿。然而，维特根斯坦发现，出版它可不是一件容易的事儿。最后还是借着罗素的大名，连同出自他笔下的导言——维特根斯坦本人并不喜欢

4 它——才得以于1922年问世。[1]该书本来用德文写成，但出版时有英文对照，译者署名奥格登（C. K. Ogden），但翻译工作似乎主要是拉姆齐（Frank Ramsey）做的。拉姆齐是剑桥的一位杰出数学家和哲学家，时年尚不满二十岁。

《逻辑哲学论》出版以后，维特根斯坦退出了学术生活——实际上也退出了他那样背景的人自然该有的日常理智生活。他千金散尽，甘做一名奥地利乡村教师。拉姆齐前去拜访了他，而他又渐渐投身到哲学当中，一方面是通过拉姆齐对《逻辑哲学论》提出的问题，另一方面是通过维也纳的一帮年轻哲学家的兴趣，这些人深受《逻辑哲学论》影响，并围绕它形成了由逻辑实证主义者组成的“维也纳学派”（‘Vienna Circle’，卡尔纳普是该学派影响最大的成员）。维特根斯坦最终于1929年返回剑桥，开始重新考察《逻辑哲学论》的那些论题，并逐步在1930年代实现观点转变，直至其后半生的伟大著作《哲学研究》（该书主要部分完成于1945年，尽管到1953年他去世以后才出版）所达到的那个位置。

阐释者面临的难题

有两样东西让《逻辑哲学论》的阐释者——无论是学者还是学生——倍感困难。第一是它的风格，第二是它的内容。维特根斯坦在序言中摆明了他想要的风格。如下是开门见山的一段话：

1 1921年，《逻辑哲学论》刊载于《自然哲学年鉴》（1921年第14卷第3—4期），并发行了德文单行本；1922年德英对照本出版。——译者注

> 想理解本书的人，恐怕得自己有了其中表达的思想——或者起码类似的思想。——因此，它不是教科书。——若谁读懂它并从中得到快乐，它的目的就算达到了。
>
> （*TLP*, p. 27）

他就没打算让读者轻松自在。这种想法在他后期著作《哲学研究》 5
的序言里得到了回应：

> 我无意于让我写的东西为别人免去思考的麻烦。不过，要是可能的话，去激发起某个人自己的思想。
>
> （*PI*: x）

维特根斯坦前期思想和后期思想之间，至少还是有些共同点的。事实上，《逻辑哲学论》要比《哲学研究》难把握得多：在《逻辑哲学论》中，维特根斯坦有时仿佛有意用缩略的形式表达自己的观点，让理解更困难，而不是更容易。他前后期的写作风格大相径庭：《哲学研究》极为沉稳——甚至派头十足，但《逻辑哲学论》却有些愣头愣脑。看一个例子，怀特海和罗素的不朽之作《数学原理》的技术系统主要用来处理罗素在弗雷格系统里发现的悖论，维特根斯坦在《逻辑哲学论》中对此只用了五个段落（3.331—3.333），就得出结论：

> 罗素悖论就这样消除了。
>
> （3.333）

这项工作似乎有意要弄得难一些，为的是逼读者自己思考。令人沮丧的是，这似乎妨碍了这本书的一个目标的实现。我们禁不住会想到，维特根斯坦特别希望弗雷格会是“读懂它的那个人”，而他在该书付梓之前就给弗雷格寄去了一个打印稿。谁曾想，弗雷格一点也没读懂。（不过，维特根斯坦的希望也没有完全落空：他当真找到了这么一个人，弗兰克·拉姆齐，他读懂了这本书——并从中得到了巨大的快乐。）

6 浓缩的风格带来了严峻的困难。刚开始学说一门外语的人都熟悉“假朋友”（false friends）的危害：看起来和我们自己语言中的词很像的那些词，我们倾向于认为它们的意思一样，可实际上却天差地远。《逻辑哲学论》中就有很多“假朋友”，甚至对于专业学者来说尤其如此。其中有些短语和论证片断会让我们想起在别的作者那里看到过，而当我们读到这些时会抓住它们，揣想维特根斯坦所想到的，会是同其他那些作者所想到的类似的东西；可他常常并不是那么想的。

然而，主导维特根斯坦风格的还不只是这种不合常理性。他的行文浸透着质朴的诗意。在该书序言靠后的地方，他写道：

> 要说我的这项工作有何价值，只在如下两点。第一，它表达了一些思想，就此而言，这些思想表达得越好，其价值就越大。钉子敲击得越到位。
>
> （*TLP*, p. 29）

（我们一会儿就回到第二点上。）我们这里看到，维特根斯坦首先注意的是本书思想的表达方式——事实上，这优先于那些思想是否为真（这一问题他放在下一段里探讨）。他这里表现出的是一位诗人的关切（尽管他所用的是一个平常的意象），而《逻辑哲学论》就是一项诗意的工作。我想，除了单纯趣味的考虑之外，我们很快就会看到，这其中还另有一个特别的理由。

遗憾的是，对于想要弄懂《逻辑哲学论》的人来说，这种诗意风格俨然就是一位“假朋友”：该书的有些评论抑扬顿挫的节奏诱使我们以为知道他说的是什么，而我们却真的不知道。该书的第一条评论——世界是一切发生的事情——就是一个例子。

这本书的另一个难点，是它的内容——确切地说，是其内容 7
的一个特征。固然，本书有些地方很技术化，维特根斯坦又没有耐心做讲解，但这还不是最难的。真正的难题在于，这本书初看之下是悖谬的：它似乎要摧毁自己。全书倒数第二节是这么开头的：

> 我的命题以如下方式起阐明作用：理解我的人，当他借助并经由它们向上攀爬时，终究会认识到它们是没有意思的。（6.54）

我们自然会注意到，维特根斯坦不由得要做这种诗意的处理。但要命的是，这句评论似乎宣布该书的语句（“我的命题”）都是毫无意义的。

为看清这会给读者造成的困难，我们需要反思一下阐释实践是怎么回事儿。阐释是由我们所知的“善意原则”所主导的。这张标签所珍视的是这样的观念：要是我们的阐释把某人当傻瓜，那便不能很好地阐释她。但这当中有更简单，也更深刻的寓意，这便是，阐释一个文本就是去理解它。而理解一个文本，就是将它表象为有意思的。一般情形下，将一文本表象为有意思的，就是将其表象为，说了某种在该语境中合理说出的东西。但如下这一点，至少是这么做的最低条件：将该文本表象为字面上有意思的，亦即，不是没有意义的。这么一来，《逻辑哲学论》倒数第二节便给阐释者加上了难以承受的负担：为了将其表象为说了某种在该语境中为合理的东西，我们似乎不得不将其表象为什么也没说。

这个一般性难题有其特殊的应用。通常情况下，在阐述一部作品时，如果我们有清楚的证据表明它的作者否认某种东西，那么
8 我们便有理由认为，他没有在说那种东西。遗憾的是，假如一部作品宣称自身是悖谬性的，这条规则的援用就不得不格外小心了。我们就得巧妙地做出判断，以确定哪些否认表明作者并不意指某种东西，而哪些否认又不表明他有这层意思。就《逻辑哲学论》的情形而论，一位阐释者可以认为维特根斯坦在说某种东西，而另一位阐释者则会指着文本中的一段说："看呐，他这里否认那一点。"第一位阐释者可以回应说，"是的，他确实是这么说的"，然后不觉得对她的阐释有修正的必要。

我本人的看法是，这部作品的悖谬性，乃是认为其表达方式——其诗意的写作方式——很重要的理由之一。由于这部作品是悖谬的——由于其本身是没有意义的——所以不能真正将它看作试图说出任何东西。而我们可以用另一种方式让这里的诗性语言发挥作用，以实现一种不同于陈述真理的目的。（不过，这是最后一章要做的事情。）

这和维特根斯坦所说的、赋予其著作以价值的第二种东西有关。维特根斯坦确实宣称所有哲学难题在其中“已从根本上被最终解决了”（*TLP*, p. 29）。然而，让这部著作有价值的并非这一点。维特根斯坦继续写道：

> 假如我在这点上没有弄错，那么，此项工作的第二点价值就在于：它表明，这些难题都解决了，所得也少得可怜。
>
> （*TLP*, p. 29）

而这也同他一度想写在序言中的话有关。就像他告诉出版商路德维希·冯·费克尔（Ludwig von Ficker）的：

> 我那时想写下的是，我的著作由两部分构成：呈现在这里的部分和所有我没有写出来的部分。而恰恰这第二部分是重要的。
>
> （*WSP*, 94–95）

这隐匿于晦涩难懂、格言警句和诗情画意的风格之下：目的 9
是要赋予没被说出来，却最为重要的东西以某种意思。

《逻辑哲学论》学术

当前，我们正处于《逻辑哲学论》学术——同时也是一般而言的早期分析哲学学术——的令人振奋的时期。一部分原因是，分析传统刚刚才清醒地意识到这样的事实：其自身所做的各项工作也可以历史地加以对待——就是说，由某位有哲学头脑的哲学史家来研究。(用最简单的话来说，我将具有哲学头脑的哲学史家看作这样的人，不到最后时刻她不会放弃对所研究哲学家的观点的合理性的信念；一部哲理性的哲学史，就是企图重构对某种哲学观点的**辩护**。相反，一个没有哲学头脑的理智历史学家，会在其对某个观点或观点的某种改变的解释的很早一个阶段，便求助于未经辩护的说明性因素。) 分析传统近来意识到，它自身的核心工作并不只是对时下某个争论做出贡献：它们所表达的观点足够独特，以至需要从远在自身之外的东西那里得到辩护。

这种新近兴起的、对分析传统的哲理性学术兴趣的核心，是对伯特兰·罗素的兴趣的复兴。这种复兴一方面促成了近些年来罗素哲学论文的发表，而且也反过来受益于这些发表。对《逻辑哲学论》尤为重要的是在1905年的伟大论文《论指谓》(“On Denoting”) 和题为“认识论”的手稿前后撰写的那些论文的发表。后者于1913年在数周之内完成，却被放弃发表——显然因为罗素不知道如何才能躲过维特根斯坦对它的批判。与此同时，严肃的研
10 究工作正持续不断地投入《逻辑哲学论》以及它不那么正式的前身《逻辑笔记》和战时《笔记本》的实际撰著史。眼下，我们更多地了解到了维特根斯坦对之做出回应的那些观点以及他的回应所处的周遭背景。自问世以来，除了这部作品的作者之外，恐怕没有谁会比我们对它有更多的了解。

对《逻辑哲学论》的兴趣，除了得益于有关早期分析哲学的学术工作的兴盛之外，还受到了近年来关于这部著作的阐释的一场争论的激发。按流行的说法，这场争论在两个阐释学派之间展开：

一方是自我标榜为奉献了一个“新维特根斯坦”或一种“果断”解读的那些人，另一方则是被以某种方式看作传统派的那些人。而事实上，参与其中的远不止这两拨人，他们着力关注的阐释难题也各有不同。所有这些阐释难题的核心，就是《逻辑哲学论》明显的悖论，以及作为其一部分的把哲学作为空谈加以摈弃。争论之一恰恰是就“空谈”是什么意思而展开的：是否可以区分出**明显的**空谈和毕竟还有些意思的空谈？而明显的空谈是否就是一派胡言？另一个争论是：维特根斯坦在《逻辑哲学论》中是否认为，存在着无以言表的真理，亦即无法陈述出来的真理，但传达出这些真理却被当成这部著作的目的？再一个争论涉及维特根斯坦在《逻辑哲学论》中对哲学的态度，与他在后期工作尤其《哲学研究》中对哲学的态度之间的关系。那些自以为奉献了一个“新维特根斯坦”或一种“果断”解读的人，大都认为其后期工作体现了对某种特定的、他们称之为“形而上学”的做哲学方式的拒绝；此外，他们还倾向于认为，维特根斯坦所做的拒绝是**正确的**。接下来，他们又这样来解读《逻辑哲学论》，仿佛它和《哲学研究》——还有他们本人——在拒绝“形而上学”上是根本一致的。跟这些倡导对《逻辑哲学论》做一种新的或果断阐释的人唱反调的人士则认为，在维特根斯坦前期和后期工作之间有着根本的分歧。

我的写作思路

近些年来出版了大量关于《逻辑哲学论》的学术文献，忽视它们是愚蠢的，而想要在众多阐释性争论中不取任何立场，也是做不到的。但我的目标一直是，不让文本负载过多的历史细节，以提供一种可为大家所用的东西，即便对那些在阐释性争论的主要论点上最终不认同我的人来说，也是如此。撰写此书，首先是想让一个非常难以弄懂的文本变得可以理解。因此，它集中关注文本自身的细节——尤其是那些从一开始便（通常也一直是）十分费解的细节。

这些难点是由我前面已论及的该作品的诗意风格，以及如下这个明显的事实所造成的：维特根斯坦不断提出一些逻辑上相互依赖的、名言警句式的论断。若有一种逻辑上的依赖，就得有使这种依赖清晰起来的论证。可是，由于维特根斯坦耐心不足，又对诗意表达情有独钟，所以鲜见清楚的论证。论证的缺乏是导致该书难解的主因。所以，我主要关心的一直是，尽可能清楚明白地表达那些谁都觉得可以在那里找到的论证。显然，这有损作品的诗意，偶尔还会略去生花妙笔。但是，在妙笔与托词之间有清晰的界线，而一旦感到这个界线没有了，我就尽量做到清楚明白、毫不含糊，甘愿以不够微妙为代价。我以为，这是服务于学生和学者的最佳途径。

自这部著作首次被研究以来，我试图清晰呈现的这些论证，就一直是学术争论的主题。没有任何东西配称作关于这些论证的标准观点，所以提出一种清晰的阐释，难免会惹出争议。这意味着，本书不可能只是导论性的，像人们有时期待学习指南该是的那个样
12 子。但我一直试图如学生们需要的那样尽量清晰地展现论证的每个步骤，同时也指明同其他阐释的区别。

当然，在清楚展现这些论证时——至少在我展现它们的期间内——我是非常严肃地对待所展现的这些论证的。这势必会把我卷入由该书明显的悖谬性引出的那些争执点，但在摆明论证的过程

中，我不会深陷其中。相反，直到最后一章，我才较为详细地探讨它们，做出适当的处理。

有一个阐释问题，我这里没做深究。它涉及前后期维特根斯坦的关系。这里无法适当处理这一问题，因为理解其后期工作并不比理解《逻辑哲学论》容易，尽管造成这种困难的原因略有不同。不过，尽管这里不是为某种阐释做论证的地方，但我简要地说一下我的倾向性意见，会有助于读者把握本书的定位。首先，我倾向于认为，维特根斯坦在其后期工作中，并不像通常认为的那样反形而上学。其次，我倾向于认为，在其前后期工作之间，至少存在着一个简单而有决定性的哲学分歧：前期工作赞同（尽管以一种被其悖谬性弄复杂了的方式）而后期工作却拒绝《逻辑哲学论》语言哲学的中心论点，即语言的形式和世界的形式是一样的。

一种康德式的概览

探讨一部难解的著作，一个提纲挈领的概览总是有帮助的。由于其评论有一个数字编排顺序，所以《逻辑哲学论》自带一种特殊的概要。该书展现了它的七个主要论点：

> 1. 世界是一切发生的事情。
> 2. 发生的事情，即事实，是原子事实的存在。
> 3. 事实的逻辑图像是思想。 13
> 4. 思想是有意思的命题。
> 5. 命题是基本命题的真值函项。
>
> （基本命题是其自身的真值函项。）

6. 真值函项的一般形式是：$[\bar{p}, \bar{\xi}, N(\bar{\xi})]$

这是命题的一般形式。

7. 对于不可说者，必须保持沉默。

依据第一个论点的注释所展示的编码系统，该书的所有其他内容都作为对这七个论点的评论或说明，或者作为评论的评论，或者作为评论的评论的评论，等等。

接下来的各章可大致分配给如下这些评论。第一章涉及论点1和2。论点3中用到的“图像”这个概念会在第三章中加以说明，而它于论点4中在语言上的运用是第四章的主题。对语言的探究有一个确定的历史，这是第二章的主题。第五章处理论点5和6。维特根斯坦认为这两个论点会给唯我论问题带来重要的影响，而这是第六章的话题。第七章探讨论点6在逐步导向论点7的过程中，为哲学带来的进一步后果。

不过，如上概览不大可能为初读此书的人带去她所需要的帮助。我们想知道整个是怎么回事儿，而这七个论点并没有揭示得很清楚。这里有必要回想一下，维特根斯坦的《战时笔记》在论及这个研究规划时是以下面这个评论开头的：

逻辑必须照顾自己。

（*NB* 2; *TLP* 5.473）

我觉得，对这句话意思最简单的理解，是把它当成得自对一个广义康德式哲学难题的某种关切。（难以确定的是，维特根斯坦

对康德的东西——实际上也是对任何东西——到底读了多少。但他 14
的哲学之路无疑有着某种广义的康德式定位。）接下来，我将从这个略微不同的视角，对《逻辑哲学论》做一个简要概述。当然，这是有争议的，就像《逻辑哲学论》阐释中任何别的东西一样。可是，初读此书的人士，需要为其勾勒出一个轮廓来。再说了，有一个可见的轮廓总比没有强，哪怕最后当一幅漫画给扔了。

这里便有一种提出康德所关注的某些论题的方式。我的一位数学家朋友有回对我这么说："数学家们关心数与数之间错综复杂的关系，而正是这样一些数，可用来为实在世界中像牛羊这样的寻常事物计数，这难道不令人称奇吗？"显然，我这位朋友看问题的方式颇为奇怪，但要说出到底哪点不对劲又不那么容易，而要弄清为避免陷入这种套路必须接受什么，就更加困难了。

一开始，我们会倾向于这么说：数可用来为实在世界中的寻常事物计数，并不是什么偶然事件；毋宁说，在拥有**事物**的那一刻，我们必定就能区分开不同的事物，从而也能区分开**一个**事物和**两个**事物，而这向我们提供了为它们计数的可能性。总之，并不是数有自身的来历，随后被用于为事物计数；宁可说，它们源自对事物的计数，而正因为如此，它们才获得了吸引数学家注意的有趣属性。

这种回应并不全错，但在两个关键方面显出不足。第一，只是区分开事物，对计数还不够，对算术也不够。我们需要的是一个关键的附加概念——关于某种类型的一个系列中的**后继者**的概念。这样我们就可以问：关于一个**后继者**的概念从哪里来？第二，说数
源自区分**事物**，这当然没有任何问题，但这又给关于**事物**的构想施 15

加了压力：关于一个事物的概念需要连带着关于同一性（还有与之关联的特异性）的概念。此外，同一性概念似乎与**分类**关联在一起：我们要识别一个事物，就得把它当成属于一个特定**种类**的一个事物来识别。这样我们便可以问：关于一个事物的概念，外加这些与之关联的同一性和分类概念，是从哪里来的？

无论怎么说，我们都得考虑到关于这些基本概念（像所有概念一样）的一个重要事实：它们都带着某些承诺，而我们倾向于把这些承诺视为必然真理。有些东西似乎对于任何可描述为**连续**的关系都**必然**为真。有些东西似乎对于任何可当作一个**事物**进行计数的东西都**必然**为真。关于同一性似乎存在着某些**必然**真理。而且似乎有这样一些东西，它们对于任何可说成是属于某个特定种类的东西，都**必然**为真。我们禁不住会说，我们在考虑寻常的计数实践所预设的东西时，所揭示出来的正是关于世界的必然真理。原只为消除我的数学家朋友的惊讶，不想却把我们引去考虑世界的必然结构——要使计数甚至交谈成为可能，世界绝对**必须**是怎样的。

大致说来，这便是康德所想到的。有些东西对世界必然为真，而这些便是我们考虑要使数学——确切地说，一般性的思维——有意义所要求的是什么时，所揭示出来的东西。这本身就让人迷惑。我们自然会想，我们关于对世界为真的东西的理解，是由**经验**提供的——通过我们借感官对周遭事物的感知。但经验似乎只向我们呈现**偶然**真理：呈现真的，但并非**必然**真的东西。我们观察到一只羊在一座山上，或者一根指针在一个表盘上的**实际**位置：我们并没有观察到羊、山、指针和表盘**必定**是怎样的。所以，我们怎么可能知道事物在世界上**必定**是怎样的呢？怎么可能知道对世界**必然**为真的东西呢？

还只是大致地说，康德的回答是这样的。他认为，一个真理要是必然的，就得是在不求助经验的情况下可以被知道的，就是说，它必须是先天的。但是，要作为一个关于世界的真理，它就得超出可仅仅通过分析相关概念得来的东西：它必须拥有某种由世界，而不是由概念提供的东西。用他的术语说，这意味着它必须是**综合的**，而不是**分析的**。所以康德认为，要应对类似我的数学家朋友那样的困惑，我们得诉诸一类特别的真理：既是综合的，又是先天的真理。这本身就令人迷惑不解。为让世界提供某种概念之外的东西，似乎需要与世界的某种遭遇或亲知：康德称这种亲知为**直观**。但这种亲知或直观，一定不被允许与它所传达的真理是先天的这一事实相妥协：它必不可求助于任何经验。于是康德便认为，必定存在某种关于世界的先天亲知或直观。接下来的挑战，便是去理解这样的事情是如何可能的，而这便是康德本人的正面哲学的开端。

如果我们把维特根斯坦当成是在对这种立场做出回应——即便他的回应不是，或者一开始不是，直接针对康德本人对这一立场的表达的——我们便可以理解他在《逻辑哲学论》中所做的事情。根据维特根斯坦从罗素那里得来的一种逻辑观，必然真理是由逻辑处理的事务。坚持认为“逻辑必须照顾自己”，就是坚持认为，必然性在某种意义上独立于世界，也就是坚持认为，我们可以知道我们视作必然的或逻辑的真理，而无须任何关于世界的亲知或直观。按这种观点，要加以抵制的，是先天综合真理这个观念。

有这么一种方式，可避免诉诸先天综合真理，同时依然既容

17 许存在关于世界的必然真理，又容许我们知道它们。我们通过坚持认为先天真理（只要此处还谈得上真理）只是通过理解我们借以向自己表象世界的系统而被知道的，来避免诉诸先天综合真理：若我们诉求的只是表象系统的性质，那我们就仍然在**分析的**而非综合的（用康德的术语）领域之内。但是，只要满足某个特定的条件，对这一系统的理解，其实可以为我们提供关于世界的知识。我们需要坚持认为，该系统必定要么作为镜子，要么作为被镜现的东西的方式，就是世界必定所是的方式。假如我们拥有表象系统和被表象世界之间的这种符合关系，我们便拥有实为关于世界的必然真理的东西的先天知识，却无须关于世界的任何先天直观或亲知。

窃以为，这里粗略表达的便是《逻辑哲学论》所提出的观点——要是还能说《逻辑哲学论》提出了什么观点的话。其核心就是关于某个表象系统——任一表象系统——和世界的关系的论点：一者必定在某种意义上镜现另一者。就是这样一个假定：一个表象系统和世界必定具有相同的**形式**。这就是《逻辑哲学论》中的语言哲学的中心论点，也就是被有些误导性地描述为“图像”理论的那种观点——由本书七个主要论断中的论点3和4所表达出来的观点。

关于形式同一性的假定为真，仅当世界是某个特定的方式，同时语言也是某个特定的方式。要使同一形式假定为真，世界必须所是的方式，在论点1和2以及从属于它们的评论和说明那里得到详细阐述。语言必定所是的方式，在论点3、4、5、6及对它们进行说明和发展的评论里被展现出来。可是，若同一形式假定为真，
18 则会发现，要陈述出它来，会面临难题：我们无法借语言走出语言本身和世界间的镜式关系。而这意味着整个康德式的哲学事业成了

不可能的。这也适用于任何想要言说我们与世界的关系的哲学——包括《逻辑哲学论》本身。而这也说明了为什么会有论点6靠后的那些评论和论点7。如此便表明，正确谈论康德式难题的唯一方式，却以推翻所有哲学而告终。

概览就到这里：当然，恶魔躲在细节里，以下各章会加以说明。

关于译本使用的说明

大部分时间里，都很有必要去查维特根斯坦所使用的词语——或者，要是你实际并不讲德语的话，就去尽量贴近这些词语。以下各章里，我会广泛引用翻译过来的文本。因此我得考虑采用哪个译本。

通行的有两个成熟而权威的英译本。一个是最初与维特根斯坦的德文本对照发表的译本——奥格登的译本（尽管主要出自拉姆齐的手笔）。它的一个修订本仍然可得，也依然采用德英对照的形式。还有一个是后来皮尔斯（David Pears）和麦克吉尼斯（Brian McGuinness）的译本，没有德文对照。这两个版本的前面都附有罗素早先为该书撰写的导言。

两个版本的相对优点大致如下。奥格登版本实际是得到维特根斯坦首肯的，其最终形式是根据奥格登与维特根斯坦本人的通信加以修改的结果。而且采用的是德英对照形式。但这个译本显得笨拙，有时是因为太过拘泥于字面意思。它还不大注意某些细微差别（一个有名的失误是没有区分开德文中的“sinnlos”［缺少意思的］ 19
和“unsinnig”［没有意思的］）。不过，它拘泥字面意思倒也有干得漂亮的地方——比如对6.54中的详细进程的拿捏。

皮尔斯和麦克吉尼斯译本的优点跟奥格登译本是反着的。德文惯用语被译成了英文惯用语，而且这个译本相对好读一些。此外，原文中的有些细微差别被恰当辨识（他们对“sinnlos”和“unsinnig”的处理就是对奥格登译本有目共睹的改进）。不过，有些地方英文惯用语的选用，对维特根斯坦的原意有误导（比如，4.5中关于句子的一般形式的陈述）。该译本的索引比奥格登的更有用。

最终，我引用时选了奥格登译本，无论在以下各章还是在本导言里。我选奥格登版，主要因为其缺点。它的笨拙和非习语化意味着，它带来相对较少的“假朋友”，不那么容易把读者带偏。由于我每引一次都会加以评论，所以我能引导读者去注意奥格登译文错失重要文本内容的更为显见的方式。而维特根斯坦本人认可奥格登译本，这一事实就意味着，它以并行的方式出现在文本中，便可视作原始文本的一部分。

虽说如此，只要手里有任一译本，学生便可毫无困难地完成此书的研读：只要有所引评论的奥格登译文和编码，你就不难在皮尔斯和麦克吉尼斯译本中找到对应的段落。一名只读英文而没读（尚未读）德文的严肃认真的学生，会想着既要奥格登译本，又要皮尔斯和麦克吉尼斯译本：在地道和不地道的英语之间玩味推敲，以把握维特根斯坦所做的事情。借奥格登译本楔入德文，而使用皮尔斯和麦克吉尼斯译本的索引。

引用方式 20

引用《逻辑哲学论》正文时注编号——如4.0312。参考维特根斯坦著作一般用缩写，缩写方式见参考书目。参考《逻辑哲学论》序言，既用书名缩写又用页码——页码是奥格登译本的——如“*TLP*, p. 29”。

第一章

世界之性质

第一节　形而上学概述

《逻辑哲学论》的开篇是一个著名的警句式断言[1]：

> 1　世界是一切发生的事情。

初读此句，多数人摸不着头脑。是想下一个定义，确定“世界”这个术语的意义？或者，就是一句大白话？还是想表达一个有争议的断言，一个刻意表明的立场，维特根斯坦期待有人攻击它，而他本人准备捍卫它？要说它是个定义的话，维特根斯坦想到的是什么样的计划，而对于这个计划来说，简单地定义像“世界”这样一个词，是否合适呢？要说它不是个定义，那维特根斯坦凭什么认为它是真的呢？

以为维特根斯坦的断言是个定义，只有一条理由：他引入它时未做任何辩护。要是一本哲学书以一句异乎寻常的论断——它妥

1　麦克吉尼斯（1988: 299）适当地将其描述为“一种创世神话”。

22 妥地就是这么一句——开头，却又没有任何辩护，那我们便倾向于认定，这个论断本身乃是随之而来的哲学之基础。但《逻辑哲学论》的开篇论断，实际不能这样来解读。假如这个论断是《逻辑哲学论》哲学的定义性开端的话，我们就会期望，在接下来的哲学展开之前，用于陈述定义的术语本身是清楚的。但它们并不清楚。我们还没弄懂，何为“发生的事情”。我们很快（在1.1中）就得知它是一个“事实”（fact），而不是一个“事物”（thing）；但到这一步，我们还不知道“事实”与“事物”的区别何在，而这实际上无法独立于随后部分的一般语言观而弄清楚。

再者，假如这一论断是个定义，那它便立即会让这部著作的意义所剩无几。因为这样的话，维特根斯坦便不再是在我们通常理解的世界这个概念的意义上，来就世界做出断言的。我们就可直接这样回应他：好，好，这完全适合于你的特定意义上的世界，但我们这些人用这个术语所意指的那个**世界**又怎样呢？

最好不把这一断言当作定义。这里，“世界”这一术语用的是平常的意思。《逻辑哲学论》的开篇之言，当是关于我们都知晓、都经历的世界的一个实质性断言。而且它至少在如下意义上是想要挑起争论的：维特根斯坦这里提出的，是关于世界的迄今尚未被意识到的性质的一种观点。他期望这一观点对于我们许多人都是新颖而抓眼球的，即便他认定，一旦我们弄懂他给出的理由，就都清清楚楚了。他这里是在有意对抗一个悠久的哲学传统。

这一开篇断言，开启了一个延续到2.063的非常一般性的解说，这种解说是关于作为整体的实在之性质的。（至少是一个看似关于实在之性质的非常一般性的解说：下面第七节的最后会探讨有关这个问题的一点担忧。）不过，尽管提出了关于实在的一般解说，这些段落却没有对这种解说做真正的论证。有些论点得到了详细阐 23 述，也有些指向2.063之后的论证被提了出来——但直到随后的一些段落，这些论证才得以完成。那么，维特根斯坦为什么会在《逻辑哲学论》这些靠前的段落中坚持他关于实在之性质的观点呢？从根本上说，这是因为他认为它们正是语言的可能性所要求的：要是世界不像他在这些段落中展现的那样，语言甚至就是不可能的。

可是，既然以为实在如此这般的理由要留到后面再做交待，那他为什么要在《逻辑哲学论》的开头便对实在的一般性质做出概括呢？若我们按如下方式思考，便可把握《逻辑哲学论》开篇部分到底是怎么回事。哲学家们都想要理解实在的性质：这乃是哲学，尤其是一切哲学之王后——形而上学——的传统任务。形而上学的分内之事，便是说明世界必定是怎样的。很好，那么维特根斯坦将告诉我们世界必定是怎样的。他在直到2.063的这些开篇段落里告诉了我们。接下来你就会琢磨：为什么要接受这种特别的形而上学观点？随着语言——任何可能的语言——的性质得到说明，我们想要的说明就会逐步呈现出来。

即便如此，我们还是会觉得没有真正理解：维特根斯坦为什么不做任何说明便以关于世界之性质的解说**开始**这本书，而对这种解说的辩护他要留到后面才提出来。待我们通读全书，采用这种表现风格的理由便会适时显露出来；不过，我们倒是可以先窥豹其一斑。该书倒数第二句话是这样写的：

> 他必须超越这些命题（亦即，构成《逻辑哲学论》的命

题）；然后他才正确地看世界。

我们在《逻辑哲学论》的这些开篇段落里，已经预见到了只
24 有弄懂维特根斯坦整本书在做什么的人才能看到的世界图景。我们通读全书就会弄明白：重要的是，所呈现出来的这种景象当有某种神秘的（暂且用这个粗鲁的词）东西在内。开篇的这些段落，是想让我们匆匆瞥见只有准确理解维特根斯坦的目的才能看得真切的东西，并给我们一种与这一景象相携而来的神秘感。以最少的说明和辩护概括出世界之性质，维特根斯坦得以营造出近乎被他当成对世界的恰当感觉的一种氛围来。

本章的叙述将遵从维特根斯坦的程序。我这里很少为维特根斯坦在开篇段落中提出的形而上学观点做辩护。我深究维特根斯坦的一般语言观，只在有必要说明他的主张**是什么**的时候，而不是为了说明他作此主张的理由（尽管它一度也曾涉及相当大的预期）。我将致力于澄清维特根斯坦所持立场，以及他在坚持这一立场时不赞同什么。这将让我们清楚地了解到，接下来关于语言的解说要为之辩护的究竟是什么。

第二节　世界作为事实的总和

让我们回到开头：

> 1　世界是一切发生的事情。

这是什么意思？被排除的是什么？下一个评论做了说明：

> 1.1　世界是事实的总和，不是事物的总和。

一个事实就是一件发生的事情，所以，说世界是一切发生的事情，
也就是说世界是事实的总和。但这仍不能把我们带得很远。要明白 25
维特根斯坦这里的主张是什么，需要弄懂两点：第一，事实与事物的区别是什么；第二，为什么世界要被说成是事实而非事物的总和——为什么不反被说成（比如）事实以及事物的总和。

事实与事物之间的区别最好——或许只能——借助一个对比来理解，这要求我们提前窥探本书后面的部分。我们都熟悉单词和

整句的区分。在特定的意义上，单词是句子的基本成分：它们自然被视作句子最小的有意义的部分。句子由词组成，但（就像我们自然会摆放的那样）要以一种特别的方式。正如我们通常理解的那样，用词组成一个句子的方式，不同于用词组成（比如）一个词串的方式。考虑如下二者的区别：

（S）维特根斯坦是富有的。

（L）维特根斯坦；是；富有的。

（S）是一个完整的句子，而（L）只是一个词串——即便二者是由同样的词组成的。区别在于，可以在（L）中任意增减单词而不影响我们是否有一个词串；而对于（S）而言，只有一些特定的增减才能保持为一个句子。句子是一个完整的有机单元，就此而言，词串则不是。

在维特根斯坦看来，事实与事物之间的关系恰好类似于句子与词（或者至少：某些基本的词）之间的关系。事实由事物组成；但事实不是事物的堆积：它拥有自身的有机统一体。例如，维特根斯坦是富有的这一事实，并不是由维特根斯坦（这个人）和“是富
26 有的”这个属性堆积而成的。语句–语词关系同事实–事物关系之间的这种准确对应，正是维特根斯坦的一般语言观要加以说明的。在关于语言的解说被提出之前，这种平行关系在这些靠前的段落里已经很清楚了。在这里我们就已经看到，关于实在之性质的评论和关于语言的评论并置在一起了（参见，如2.0122和2.02—2.0201）。

事实是怎样一种实体？它是由一个完整句实质性地刻画出来

的某种东西。可以说，事实就是如此这般发生的事情（维特根斯坦富有，罗素高寿，拉姆齐爱爬山，等等）。如此这般发生的事情这样一个实体，在类型上完全不同于可用通常的名字指称的实体（像维特根斯坦、罗素和拉姆齐这样的实体）。这种区别延伸到我们当成事实的**位置**的东西。平常事物存在于空间中，并在其中分散开来。它们是空间性的，这乃是它们之性质的一个基本条件。可是，很难看出一个如此这般的事实如何拥有空间位置。要说事实存在于某个空间中，我们会期望它是不同种类的空间。维特根斯坦说：

> 1.13　逻辑空间中的事实就是世界。

那么，何为**逻辑**空间？逻辑空间就是**可能性**空间。维特根斯坦富有是一个事实；罗素长寿是另一个事实；拉姆齐爱爬山是又一个事实。可是，维特根斯坦的父母有可能失去了财富；罗素有可能早逝；拉姆齐有可能因为一次灼伤经历而恐惧山峰。有许多别的事实**可能会**存在，但并未存在。实际事实只是可能事实中的一部分；某种意义上，它们存在于可能事实**之中**。可能的东西标出逻辑空间的范围。每一种可能性实际就是可能性空间中的一个位置。这些位置中只有一部分被实际占据着——被实际发生的事情占据着。

因此，事实与事物大为不同。那么，维特根斯坦为什么要坚 27
持认为，世界是事实的总和，而**非**事物的总和呢？为什么即便事物本身可以组合成事实，也不能认为世界从根本上说是由事物构成的呢？偶尔会有人提出，原因在于，维特根斯坦在一种相当特别的意义上构想世界：作为使真理为真的东西。[1]确实，很少有真理仅仅是由于事物的存在而为真的：比如，维特根斯坦这个人的存在，只让很少关于他的真理成为真的。为将所有真理确定下来，我们似乎需要比事物更多的东西：我们需要**事物所是的方式**——也就是事实。

不过我认为，这并不是主张世界是事实的而非事物的总和的真正动因。这种看法的不利之处是，它似乎转换了维特根斯坦所关注的主题：令他停止探讨我们通常理解的世界，转而考虑迎合哲学家嗜好的世界构想。而如果这便是他所做的，那便像先前将开篇断言只是看作定义的情形一样，我们要做出这样的回应：好，好，这对于你这种关于“世界”的独特观念当然是好——但我们通常认为的世界又怎样呢？再者，我们只是因为想不出任何别的原因令维特根斯坦说世界是事实而非事物的总和，这才认为他把世界当作依定义乃是使真理为真的东西。而对于这种看法的回应就是：耐心点

1 例如，怀特（2006: 23）；不过这是一种通行的看法。

儿，真正的原因就要浮出水面啦。[1]

实际上，认为世界是事实而非事物的总和的原因，很快就在紧接着的、与1.1并行的评论中出现了，而且这个评论也构成对开篇断言“世界是发生的一切事情”的说明的一部分：

1.2 世界分成事实。

1 我认为，重要的是，要鲜明地将维特根斯坦的关切同当今那些相信“真理造成者”的哲学家们的关切区分开来。（其中最著名的是大卫·阿姆斯特朗：比如，参见他的［1997］。）“真理造成者”理论家们接受某种形式的真理符合论。他们的核心主张大致如下：

（TM）对于每一真理而言，总是存在这样一个实体，其存在使得它为真。

这种观点激起了两种争论：第一，关于存在着哪些类型的实体的本体论争论；第二，考虑到由第一类争论而来的那些对本体论的限定，又会产生关于（TM）是否可被坚持的形式争论。我以为，这两种争论同《逻辑哲学论》都没有任何值得考虑的联系。维特根斯坦确实对现代意义上的本体论有些关切，但这些都植根于他对于我们可亲知或直观的那些事物的关切。而且他对于我们可亲知或直观的那些事物的关切，并非植根于对这些类型事物的一般哲学成见（比如，对中观干物［medium-sized dry goods］的偏爱），而植根于有赖于它们的那些真理之地位。他尤其想要逻辑和算术不要依赖于对世界的亲知，从而想着避免让逻辑和算术依赖于任何亲知的对象。我觉得，他对本体论的其余那些关切，真正说来是对形式逻辑的关切。我以为，要不是因为他的语言理论对于指称像（比如）事实这样的实体所展现出的那些困难，他才不会关心诸如此类的实体是否存在呢。同样，我以为他不会为可能事实的存在忧心忡忡——当然，除了他将会坚持认为它们并不都是实际的。要不是因为他的语言理论为谈论可能性所展现的那些一般困难，他谈论这些可能之物时便不会遇到什么难题。（我以为维特根斯坦并不会在意的那种类型的争论腔调，参见蒯因［1961］。）当然，要是没有真理造成者理论家们所关注的这类本体论争论，形式争论便无从下手。要更多地了解关于“真理造成者”的一般争论，请参阅毕比和多德（2005）。

这一评论又被阐述如下：

28 1.21 一件事情可以发生，也可以不发生，其余一切如常。

维特根斯坦这里想到的是这样一种事物观，它构成古代（肇始于亚里士多德）关于最基本实体的观点的一部分。[1]传统亚里士多德形而上学体系假定，世界由各种类型的实体构成，首要的是最基本的实体，还包括这样一些实体，其存在以某种方式依赖于或得自最基本实体的存在。

必须要怎样才有资格成为基本实体？传统形而上学中（甚至在亚里士多德那里）关于最基本实体的构想融合了一系列特征。如下是一个自然的条件，关于存在的独立性的条件：

（Ind）基本实体是这样一种东西，其存在不依赖于任何其他实体的存在。

直到近代时期（大致到十八世纪），（Ind）都是广义的亚里士多德

1 在亚里士多德传统中，最基本的实在物（entities）就是实体。我这里没有用“实体”这一术语，因为维特根斯坦本人用这一术语来指代这样一种东西，它满足于成为一个基本实在物的那些亚里士多德式条件中的一个不同的条件——我称之为（Sub）（见下面的第四节）。

形而上学和神学的一个核心特征。[1]例如，在莱布尼茨看来，宇宙由无穷多的独立实体或单子所充满，其中的每一个都和其他的没有因果关联（因为因果关系包含某种依赖）。相反，在斯宾诺莎看来，只存在一个真正独立的实体——上帝——因为除了上帝之外的所有东西都依赖于上帝而存在，而上帝不依赖于任何东西而存在。

在《逻辑哲学论》的开篇断言中起作用的，就是某种类似（Ind）的东西。维特根斯坦所主张的似乎是，只有对于**事实**，我们才能像期待实在的基本成分具有独立存在那样，断定它们具有独立存在（尽管我们在下一节中将会看到，对这种主张得做一点限定）。没有任何事实——严格说来，没有任何基本事实（我们很快就论及它们）——有赖于其他事实而存在。相反，事物则只能带着某些性质而存在：不可能存在不带任何性质的事物（这就好比，有 29
罗素这么个人，却没有他的任何特性）。按照维特根斯坦的观点，要一个事物带有性质，就是要它作为一个**事实**——它具有那些性质这一事实——的一部分而存在。在维特根斯坦看来，要它作为事实的一部分而存在，就是要它在同**其他**事物的组合中存在。这意味着，没有另一事物的存在，就没有这一事物的存在。

维特根斯坦这里所做的，就是采纳一种传统观点，并将其彻底化。可通过考虑我们自己会被引诱去采取的一个平移动作，来为这种观点增色。在一个传统亚里士多德形而上学中（根据一种正统

1　在亚里士多德传统中，（Ind）是实体（按这一概念在该传统中被理解的那样）的典型标志之一，而这里提及的莱布尼茨和斯宾诺莎的观点就是根据这一实体概念表达出来的。

阐释），基本实体就是个体事物：如，维特根斯坦这个人、我房间中的这张桌子，或比萨斜塔。这些个体事物具有性质：维特根斯坦具有富有的性质（[S]为真），我的桌子具有凌乱的性质，比萨斜塔具有非常有名的性质。个体事物和性质对应于分属不同语法范畴的语言表达式。个体事物对应于单称词项（像专名一样发挥作用的表达式）。性质对应于谓词（暂且可把谓词视作从一个句子中去除一个或更多单称词项后所剩下的东西）。传统亚里士多德式观点是，个体事物是基本的，不依赖于其他东西而存在。然而，性质却被当作是**依赖**于存在物的：除非作为个体事物的性质，否则一种性质是无法存在的。其他哲学家（休谟是个例子）却采纳一种相反的优先次序：他们假定个体事物只是性质束。根据这种观点，性质是基本实体，个体事物依赖于它们。

自然会有人回应这两种观点说，它们相互依赖：个体事物没有性质而存在，就像性质不作为个体事物的性质而存在一样困难。我们拿不准维特根斯坦是不是走了这一步，因为维特根斯坦关于性质的观点很难理解（我们将在第四章第六节回到这个问题）。但他所做的至少类似于此：个体事物只有在受到某种限定的情况下才存在，而这要求它们在同其他事物的组合中存在。要是存在着任何（Ind）意义上的真正的基本实体的话，那它既不可能是先前认为的个体事物，也不可能是性质：它只可能是事实。这便是开篇断言的要点。如果我们试图刻画世界的构成，那我们便是想理解它由以构成的那些基本实体。当我们谈论基本实体时，我们是对相互独立的实体感兴趣。满足这一条件的只有某种特定类型的事实。所以，世界根本上由事实构成。

这反过来意味着，我们得修改关于世界本身是什么的直观的或传统的理解。如果我们认为世界根本上是由个体事物构成的，我们就会认为世界本身是一个巨大的混合物——或许就像我们通常设想的类似于物理宇宙的东西，受着时间和空间的限制。但是，如果世界是事实的总和，那么世界本身就将是一个巨大的复合事实，即所有其他事实的结合体。这个世界就将是一件宏大的、如此这般发生的事情。或许正是出于这个原因——强调世界并非任何一种事物——维特根斯坦才选择用评论1而不是评论1.1来开始全书：就连以复数形式谈到“事实”，也暗示了事实是某种事物。如果世界是一件宏大的发生的事情，而不是一个无所不包的对象，那么就像维特根斯坦在1.11中所说的，它就将由诸事实，以及这便是所有事实这一事实，加以限定，而不是由时空界限所限定。世界是一种完全不同于事物的实体（尽管这样说也是有问题的）。

第三节　事实与事物

不过，这并不是说只存在事实，不存在事物。事实由事物构成，而且，就像我们将要看到的，这让1—1.21节似乎呈现的图景
31 复杂化了：事实上，到头来1.1却像是一句夸大的叙述。事实的构成可分成两个阶段。首先，我们应注意到：

> 2　发生的事情，即事实，就是原子事实的存在。

这里所断言的是，所有事实都是由基本事实（奥格登翻译的“原子事实”）构成的。有些事实就是原子事实；其他的则是数个原子事实的复合体。正是这些“原子事实”是世界的基本成分，是世界“分成”的实体（1.2），关于它们维特根斯坦说道：

> 1.21　一件事情可以发生，也可以不发生，其余一切如常。

这些原子事实是世界中的基本有机统一体，也就是这样的实体：其存在不依赖于其他任何同类实体。

先说说翻译方面的问题。奥格登用“原子事实”（Atomic fact）翻译德语词“Sachverhalt”。从词源学上看，这个词大致是指事物的表现或安排。因此，皮尔斯和麦克吉尼斯改译为“事态”（*state of affairs*），更接近德文原意一些。因此，在文本的有些地方——比如，紧接着的一个评论（2.01）——皮尔斯和麦克吉尼斯译本做了奥格登译本没有做的处理。可是，自《逻辑哲学论》问世以来的哲学发展，又让他们的译本以别的方式显出尴尬来。如今，“事态”这一短语有时被用来意指**可能事实**，从而既包括实际发生的事情，也包括**可能**已经发生的事情。因此，按这种用法，“事态”比“事实”有更广的应用。可维特根斯坦想要他的术语有一个比“事实”**更窄的**应用：Sachverhalt是一类非常特别的事实，在世界的构成中是基础性的。而且，尽管奥格登的术语“原子的”在这个德语词中没有对应的元素，可是它却把握住了维特根斯坦选 32
中Sachverhalten的某种理由。从词源学上看，是“原子的”，就是不可再分的。当维特根斯坦说世界“分成”事实时，他的意思是，它分成Sachverhalten，不能再分了。我会继续使用奥格登译本——毕竟维特根斯坦本人认可它——但也同时意识到它略掉或添加的东西。

何为原子事实？维特根斯坦在致罗素的信中，做了如下说明：

> Sachverhalt就是对应于一个为真的Elementarsatz的东西。
>
> （*CL*: 125）

一个“Elementarsatz”就是一个基本命题，或一个基础句子。这告诉我们，原子事实的概念是和语言绑在一起的，就像一般意义上的事实一样。[1]它也强调原子事实的基础性。但除此之外，这种说明还得依赖《逻辑哲学论》随后详细阐述的完整语言观。

一般来说，事实就是原子事实的复合。而维特根斯坦又继续写道（2.01），原子事实是对象的组合。对象这个概念随即就会得到更充分的阐述，不过，他暂且愉快地将它等同于“实物”（“Sache”）和事物（“Ding”）。只有在相互组合——联合、连结——成原子事实时，事物才出现在《逻辑哲学论》中的世界图景中。2.01后面余下的诸段落（直到2.0141）都关注对象与原子事实的关系；维特根斯坦在2.03下面的诸段落又回到了这一论题。维特根斯坦这里是想说明像依赖和独立这样一些错综复杂的关系。对象既在某种意义上依赖于又在另一种意义上独立于原子事实。原子事实在某种意义上依赖于对象，尽管它们自身是世界中最基本的有机统一体。

要弄明白事实由对象组成这种观念，我们就得将对象视作某种意义上独立于原子事实的。它们在下述意义上独立于原子事实。
33 对象在原子事实里出现于彼此的组合中，但同样这些对象可能已经存在了，即使这些特定的原子事实尚未存在。假定有这个原子事实：比尔在本左边。在这里，比尔和本这两个对象处于相互关系

1 在这封给罗素的信中，维特根斯坦接着写道：“事实就是，当基本命题的逻辑积为真时，对应于这个逻辑积的东西。”（*CL*, p. 125）事实上，这不可能是完全正确的，因为它排除了他在别处（*TLP* 2.06）称作“负事实”的东西，亦即，关于如此这般不是发生的事情的事实。

中。即便比尔和本并不处于那个特定的相互关系中（比如，比尔在本的右边），他们都可能已经存在了。这里的关键点是原子事实是**偶然的**：它们是**实际**发生的事情，但有可能并未发生。对象独立于原子事实在于这一点：对象的存在不依赖于**实际**发生的事情，只依赖于**可能**的东西。

但维特根斯坦要坚持的是，这种独立不应被夸大或误解。不是说对象互不关联，横七竖八地散落开来。要真能做得到的话，我们恐怕就得有特制的胶水，将对象足够牢实地粘在一起，以形成作为原子事实的有机统一体。可是，并不需要胶水：

> 2.03　在原子事实中，对象彼此勾连，像链子的环节一样。

这里有两个分立的要点。第一，对象被造成彼此相关的，被组合成原子事实。第二，它们的组合不需要任何外在的连结动作：对象总是出现在特定的组合中；它们已经连结在一起了，不假任何外在助力。

这意味着，不能把对象当成自立的实体，碰巧在各种情况中连结在一起。维特根斯坦说如下这段话时，排除了上述可能性：

> 要能表明一种情形适合于某个已完全独立存在的事物，那便是一种偶然。
>
> （2.0121）

34 而不能有这样的偶然的原因是：

> 2.012　逻辑中没有偶然：一事物要**能**在一原子事实中出现，则此原子事实的可能性必已预定于此事物之中了。

还有：

> （逻辑实体不能仅为可能的东西。逻辑处理每一可能性，所有可能性都是其事实。）
>
> （2.0121）

维特根斯坦这里是要干什么？在说逻辑中没有偶然，或者，逻辑实体不能仅为可能的东西时，维特根斯坦似乎在摈弃这样的观念：某种东西**是**可能的，但并非一直都是可能的。即是说，他似乎在坚持如下原则：

> （NP）凡可能的东西，都是**必然**可能的。

（NP）是模态逻辑（modal logic）的一条基本的和直观的原则：它是现代模态逻辑系统（S5）的核心原则。看来，维特根斯坦显然坚持这条原则。

（NP）有一个与事物本质相关的对等原则，要是我们准备赞同事物具有本质的观念的话。[1]某物的本质是——或至少蕴含——对那一事物的存在是必然的东西。假如我们既接受（NP），又接受事物具有本质这个观念，那我们便会接受：

> （NPE）若某物可以对一个对象为真，则该物可以对它为真，对于该对象就是本质性的。

我们可以看到,（NPE）在维特根斯坦关于对象的一个根本主张中起着作用：

> 2.011　可作为原子事实的成分，这对于一个事物是本质性的。

在如下评论中，上述论点得到进一步阐述： 35

> 2.0123　若我知道一个对象，则我也知道它出现于所有原子事实中的可能性。
>
> （每一可能性必在对象的本性中。）
>
> 不可能随后发现一种新的可能性。

而这在维特根斯坦关于“内在”与“外在”的为人熟知的区分中处于核心位置：

1　蒯因（1975）对事物具有本质这一想法的质疑是最负盛名的。

2.01231 为知道一个对象，我不必知道其外在属性，但必须知道其一切内在属性。

一事物的外在属性就是它偶然具有的属性；而其内在属性对它则是本质性的。在我们前面举的小例子中，比尔在本的左边是他的一个外在属性，因为他不需要一定在本的左边；但比尔**可以**在本的左边，这对他来说就是**内在的**了：这是他的本质的一部分。

这些论点又被用来首次在《逻辑哲学论》中引入一个关键概念——**形式**这个概念：

2.0141 其出现于原子事实中的可能性，便是对象的形式。

形式乃是一个引起了巨大哲学反响的概念。它可追溯到柏拉图和亚里士多德：比如，在亚里士多德那里，一事物的形式就是对它来说是本质性的东西，是使之是其所是的东西。[1]而这也让人想起康德，在他看来，时间和空间乃直观（大致指：关于事物的基本经验意识）**形式**，而这意味着（至少）它们为所有（关于相关类型的）直观所预设。事实上，维特根斯坦所关心的更接近于康德。康德说：

允许现象杂多在某些关系中被直观为有序的东西，我称

1 经典的（尽管极为难解的）讨论见于《形而上学》Z卷。

之为现象的**形式**。[1]

维特根斯坦主张，对一个对象为本质性的东西正是这样的事实：它能同其他对象组合成一系列特定的原子事实，而这就是该对象的形式。 36

这本身便是关于对象的一个戏剧化的断言：没有什么比它们可同哪些其他（种类的）对象组合成原子事实，对于它们的本质或内在属性更为重要的了。这导致维特根斯坦说：

> 2.0232　不妨说，对象是无色的。

这重提了早先的一个论点：

> 视野中的一个点不必是红色的，但必定有颜色；就是说，有个颜色空间环绕它。
>
> （2.0131）

这里的论点并不是说，对象并不比它们事实上可与特定系列的其他对象组合成特定系列的原子事实，具有更多的物质属性：不是它们并不实际拥有任何颜色（从字面上说）——尽管这可能是真

1　康德（1781/87，A20/B34）；请注意2.0141出现在《逻辑哲学论》中，而没有出现在《逻辑哲学论原稿》中，用在《逻辑哲学论》2.021—2.0212的实体论证中的形式概念确实出现在了这份原稿中。

的。而只是，这些物质属性并不是这些对象的形式或本质的一部分。他说，物质属性“首先由命题表现出来——首先由对象的配置所形成”（2.0231）。[1]

这便是隐藏在对象相对于原子事实的独立性的限度背后的东西：

> 就其可出现于任何可能的情况中而言，一个事物是独立的，但这种形式的独立是一种与原子事实相关联的形式，一种依赖的形式。[2]
>
> （2.0122）

关于这一论断有两点值得注意。第一，这里译作“关联”（connexion）的是德语词“Zusammenhang”，意思是**联系**或**上下文**，
37 但词源上的意思是**挂在一起**。因此，它援用的是挂在一起的意象，维特根斯坦拿它来说明原子事实中对象彼此间的关系，就像我们在2.03中已经看到的（它也出现在2.032中）。第二，这个关于对象的独立性实际是一种依赖形式的评论，是由接下来的括号里的话来辩护的：

> （语词以两种不同的方式——独自地和在命题中——出

1 物质属性这一概念属于质料与形式这个一般对比，它源自亚里士多德，并为康德所用（1781/87，A20/B34）。

2 这里译作“情况”（circumstances）的是德语词“Sachlage”，奥格登在2.014中译成“事态”。

现，是不可能的。）

我们这里看见了明明白白地诉诸语言的性质来为维特根斯坦关于世界的形而上学断言做辩护。这个断言显然就是，我们可以看出对象必定是依赖于原子事实的，因为语词实质性地出现在句子中。

然而，重要的是认识到，对象对原子事实的依赖，并不要求存在任何实际的原子事实。所需要的只是，相关的原子事实是**可能的**。这便是维特根斯坦在如下评论中提出的论点：

> 2.013　每一事物实际都在可能的原子事实的空间中。我可以设想这个空间是空的，而不能设想不在这个空间内的事物。

这显然是对康德所产生的回响。如下是康德为支持空间是先天的而说的话：

> 我们永远无法表现不存在空间，尽管我们完全可以设想在其中遇不到任何对象。[1]

然而，也存在着为这种回响所误导的危险。如果我们读2.013时，耳朵中听到康德的声音，我们可能会认为维特根斯坦在第二句话中

1　康德（1781/87，A24/B38–39）。

主张，我们可以拥有一个可能的原子事实的空间，即便那一空间内没有任何对象。要这样的话，他便是主张，即使没有那些对象存在，那些原子事实也是可能的，但是，在没有任何原子事实是可能的情况下，就不可能有那些对象。但这与维特根斯坦本人的理论是
38 不一致的。他并不认为，在不存在对象的情况下，同样的原子事实是可能的。我们将会看到，他的观点是，如若构成原子事实的对象不存在，那么便没有任何东西是可能的。

维特根斯坦本没有那层意思，可康德式的回响会引诱人们设想他有那层意思。他的意思并不是说，可能的原子事实的空间可以没有任何**对象**，而是说，它可以没有任何**原子事实**。即是说，或许没有任何原子事实是**实际的**，或者是**实际存在的**。当然，这并非一个在其中没有任何实际的事实的情境：它只是一个在其中任何实际的事实都不是原子事实的情境。正如我们从1.21中了解到的，每一原子事实都可以是发生的，也可以是未发生的。如果一个原子事实没有发生，照样有一个事实：该原子事实没有发生这一事实。但这个事实（维特根斯坦在2.06中称之为“负事实”）并非一个原子事实。维特根斯坦在2.013中提出的论点是，对象的存在并不要求原子事实是**实际的**：它只要求相关的原子事实是**可能的**。

此外，尽管2.013中有清晰的康德式回响，但对象与原子事实间的依赖与独立关系，要比同康德的经验空间观的单纯类比所暗示的复杂得多。当然，原子事实是世界的基本有机统一体，对象只能在同其他对象的组合中存在于原子事实中。除此之外，实际存在着某种相互依赖。因此，维特根斯坦主张，一方面，事物出现于所有可能情况中的能力乃是对象依赖于原子事实的一种形式。但另一方

面，其出现于原子事实中的这种可能性必定已在对象中“预定”下来了，这一事实意味着如下断言为真：

> 2.014　对象包含所有事态的可能性。[1]

这向我们表明，对象在下述意义上是基本的：某种意义上，
它们是一切可能性的基础。对象的基础性在维特根斯坦的断言“对 39
象构成世界的实体”（2.021）中得到进一步阐述。我将在下一节探
讨这一断言。不过现在可以看到，我们由此出发的那个图景已然被
复杂化了。世界依旧是事实而非事物的总和，因为事物并非作为自
立的实体出现在世界中；但按照维特根斯坦的观点，这显然如此：
从一种意义上说，对象是基本的，正如从另一种意义上说，事实是
基本的。

1　这里译作“事态”（state of affairs）的是德语词“Sachlage”，在2.0122中译成“情况”。

第四节　世界的实体

我们已经看到，维特根斯坦以**事实**与**事物**的一般性对比作为《逻辑哲学论》的开篇。一开始，这种对比相当粗略，所用术语也不太精确。所以，他的有些核心论断（如1.2和1.21）是就事实（Tatsachen）而做出的，但严格说来，它们只对一类特殊的事实即原子事实（Sachverhalten）为真。同样，他一开始相对含混地谈论事物（Dingen），而这显然可轻易同对象（Gegenstand）或实物（Sache）的概念互换。不过慢慢就清楚了：他主要关注的事物需满足苛刻的条件。有两个评论尤其惹人注目：

> 2.0232　不妨说：对象是无色的。
>
> 2.0233　具有相同逻辑形式的两个对象——除了它们的外在属性之外——彼此区别开来，只在于它们是不同的。

到了这一阶段，我们所讨论的，已不再像是我们通常认为自己对其有经验的那些事物了。这些是维特根斯坦称之为对象的事物。

维特根斯坦做出如下关于对象的核心论断：

> 2.02　对象是简单的。

即是说，对象没有部分；它们不是由事物构成的；它们不是复杂 40
的。这意味着，对象不可能像是我们平常认为自己所经验、所理解的“事物”。它们跟人、桌子、道路或城市不一样：所有这些“事物”都是复合的；它们有部分。严格地说，依维特根斯坦之见，根本就不存在这样的事物。貌似指向这些事物的句子需要重新加以理解，以让我们不承认有什么复杂对象：

> 2.0201　每一个关于复合物的陈述，都可分析为一个关于其组成部分的陈述，分析为可完全描述这些复合物的那些命题。

在维特根斯坦看来，凡是我们以为有个复杂对象的地方，没有别的，只有这么一个**事实**：其组成部分以某种方式彼此关联在一起。

这已经够引人注目的了，但比起维特根斯坦为对象是简单的论断给出的原因，可就不算什么了：

> 2.021　对象构成世界的实体。所以它们不能是复合的。

维特根斯坦用“实体”指什么？他的回答是：

2.024　实体是独立于发生的事情而存在的东西。

可以看出，维特根斯坦这里诉求于传统（亚里士多德式的）实体概念[1]的一个关键方面。可表达如下：

（Sub）实体就是在变化中保持为同一事物的东西。

不过，维特根斯坦所关注的，并非经验世界中的**变化**这样一种庸常的东西。他关注的是供选择的可能性，是可能的原子事实的完整系
41 列。维特根斯坦的实体观不是用传统的（Sub）来表达的，而是用类似如下的东西：

（Sub*）实体就是在原子事实中的所有可能差别中保持恒定的东西。

这里体现了一个重要主张：在偶然事物的所有可能变化中必须**有**某种恒常的、固定的东西。维特根斯坦实际做出了这样一个实质性的论断：

2.022　显然，一个想象的世界无论与实在世界有多大的

1　这是传统亚里士多德式概念的两个关键组成部分之一，另一个是前面第二节确认为（Ind）的那个条件。实际上，维特根斯坦所做的是将这两个部分拆开：用（Ind）刻画原子事实，用（Sub）——或者其变体（Sub*）——刻画对象。

不同，它都必须拥有与实在世界共同的东西——一种形式。[1]

每一可能世界都必须与实际世界共享同一种形式。他接着写道：

2.023　这种形式由对象构成。

而他就实体如此说道：

2.025　它是形式和内容。

这里的想法大致如下。必须有某种共同的东西，某种在所有可能的备选情形中恒定不变的东西。这便是（至少接近于）传统上被认作**实体**的东西。可是，在维特根斯坦看来，实际所要求的是一种共同的形式。这里的“形式”可能意指什么呢？形式概念已经在对象的形式这一观念中被引入了：它是一对象可借以与其他对象组合成原子事实的那些方式。维特根斯坦引入了一个与原子事实相关联的概念：

2.032　对象在原子事实中勾连起来的方式，就是该原子事实的结构。

2.033　形式是结构的可能性。

1　这里译作“实在的”是德语词“wirklichen”；我下面（与2.06和2.063相关）会争辩说，应将它译作“实际的”：对比存在于可能的东西与实际的东西之间。

42 一个原子事实的结构是某种偶然的东西：它是这样的事实，其构成对象实际就是以这种方式组合起来的。原子事实的形式则颇为不同：它是（其实，做这一提醒的原因，要等到本书结束的时候才出现）这样的事实，其构成对象**可以**那样排列。后一“事实”——原子事实的形式——显然植根于构成对象的形式，因为“对象包含所有情况的可能性”（2.014）。因此，如果其形式乃是原子事实之形式的根源的那些对象，也为所有可能世界所共有的话，那么，就只可能有一种固定的形式，为所有可能世界所共有。这便是为什么实体既是形式又是内容。它是形式，因为原子事实的形式——存在着这样一些事实的可能性——是所有可能世界共有的。它是内容，因为原子事实的形式是带在它们的构成对象的形式之中的，因而，若存在适当的形式，则必定既有形式又有事物。于是，维特根斯坦说：

> 2.026　只有存在着对象，才可能有世界的固定形式。
>
> 2.027　固定的、存在的东西，和对象是一回事。

我们这里看到的是让人印象深刻的对象观。世界原来是由原子事实构成的，而构成原子事实的是**必然**存在于每一可能世界的实体。只要对象无论如何是存在的，亦即，它们是不依赖于任何偶然事实的必然存在物，那么它们便只能以必须构成世界的实体的那种方式，独立于发生的事情。而这就是对象为什么必须是简单的：一个对象之为复合的，要求它之不存在（比如，在复合物被组合起来之前，或者在它们被拆散之后）是**可能的**。

这种对象观可能是让人印象深刻的和清楚的，但其背后的推理却并不那么显而易见。为简明起见，我将直接呈示我个人的解读意见——而将阐释的困难留到附录中做更充分的考察。 43

依我之见,《逻辑哲学论》中的对象观有赖于如下两个论断：

> （FF）必定存在着为所有可能世界共有的某种固定形式；
>
> （FO）仅当存在着为所有可能世界共有的对象，才可能有这种固定形式。

我们为什么可以持有（FF）?（FF）是陈述模态原则（NP）（任何可能的东西，都是**必然**可能的）的一种方式，而这一原则本身是自然的和直观的：我们已经看到，这一原则在维特根斯坦关于对象之本质的构想中起着作用（像［NPE］那样）。但维特根斯坦是不是有独立的理由来持有（FF）呢?

嗯，他确实给出了一个论证：

> 2.0211　若世界没有实体，则一个命题是否有意思，要视另一命题是否为真而定。
>
> 2.0212　这样便不可能形成关于世界的一幅图像（真的或假的）。

2.0211的措辞暗示，维特根斯坦想要坚持的是，所有命题的意思都必须独立于其中任何一个命题之为真。这让人想起《笔记本》中如下这个评论：

一个陈述无法论及世界的逻辑结构，因为要使一个陈述成为可能的，要使一个命题能够表达意思，世界必定已经有了它所具有的逻辑结构。世界的逻辑先于所有真和假。

（*NB*: 14）

在2.0212中，维特根斯坦实际是在坚持：必定可能形成关于世界的一幅“图像”。《逻辑哲学论》随后提出的语言理论的核心主
44 张就是，句子是**图像或模型**。所以，我们自然会把2.0212中的“图像”一词（“Bild”——图像或模型）的使用，看作对这一理论的预先提及。我们将在第三、第四章详细考察这一理论；不过，我这里只是预先提到对它的说明，并且说这一理论包含了对如下三个论断的承诺：

（a）在基本情形中，句子是符号（名字）的组合（彼此挂在一起）。

（b）在基本情形中，句子要有意思，需具备两个条件：

（ⅰ）符号被关联于世界中的对象；

（ⅱ）符号以它们在句子中实际组合起来的方式进行组合是可能的。

（c）一个句子的构成符号，以它们实际组合起来的方式进行组合是可能的，且被关联于它们实际被关联于的对象，当且仅当，与之对应的对象在实在中以同样的方式组合起来是可能的。

有了这些假定，我们就可以为关键假定（FF）——我们自然会认为这一假定隐藏在2.0211和2.0212中——重构一个论证。

我们可以从一个一般模态假定开始：

（1）若任一可能性均为必然可能性，则每一可能性均为必然可能性。

这再自然不过了：只是坚持一种统一的模态方法。给定（1），我们便可挑选任意一个可能性，并试图就这一情形为（FF）做论证。我们就选一个维特根斯坦会认为是基本的句子。我们可以用a、b、c等字母作为名字样本，并把它们写成一串，表示它们是组合在一起的。这样一来，一个基本句子看起来就像这样：

（P1）abcde 45

（P1）断定某件事情发生了：它断定abcde。我们假定（P1）陈述了一个真正的可能性（有些句子必定是，而这个句子可被视作一个真正可能性的被任意选定的例子）。给定（P1），我们这时就可以断定：

（2）如果由（P1）表达的可能性是一种必然可能性，那么每一可能性都是必然可能性。

我们接下来的目标是表明，由（P1）表达的可能性确实是必然地可能的（承认它至少是可能的）。首先来考虑这个陈述：由（P1）断定的可能性确实是一种可能性。我们会把它写作：

（P2）abcde是可能的。

假如（P1）所表达的是可能的，却不是必然可能的，那么（P2）必定是偶然的。所以，为证明（FF），我们得表明（P2）不是偶然的。

这里有个关于偶然性的自然原则：

（3）若一个句子是偶然的，则它之有意思必定不依赖于它之为真。

这是自然的，因为我们自然会认为，若一个句子是偶然的，则其真不能从其意义中**得出来**。

此时，我们应回想一下《逻辑哲学论》一般语言理论的假定（b）。由之推出，（P1）要有意思，当且仅当，在假定这些名字与实在中的对象相关联的前提下，“abcde”是符号的一种可能组合。但根据《逻辑哲学论》一般语言理论的假定（c），“abcde”是符号的一种可能组合，当且仅当，与之对应的对象以同样的方式组合起
46 来，亦即，在（P2）为真的情况下。因此，《逻辑哲学论》的语言理论让我们得以断言：

（4）（P1）要有意思，当且仅当（P2）为真。

但我们现在来看（P2）："abcde" 出现于其中——而且是凭自身而出现的，不只是被引用。显然，若这个不可或缺的部分没有意思，则（P2）不可能有意思。此外——若我们暂且假定谈论可能性是合法的话——便不可能有关于（P2）之具有意思的任何别的问题。这意味着我们可以断定：

（5）（P2）有意思，当且仅当（P1）有意思。

可是，从（4）和（5）可以推出：

（6）（P2）有意思，当且仅当（P2）为真。

但根据（3），即关于偶然性的自然原则，（6）意味着：

（7）（P2）不是偶然的。

但我们已经知道：

（8）如果（P2）不是偶然的，（P1）所断定的就是必然可能的。

将所有这些同（2）放在一起，我们就能得出结论：

（9）每一可能性都是一个必然可能性。

而这实际就是固定－形式假定（FF）。

那么，这一论证到底如何同文本相关联呢？有这样的提议：2.0212实际上从《逻辑哲学论》的一般语言理论——所谓的“图
47 像论”——中引出了（a）（b）和（c）这三个假定。可将这一论证视为表明了一个句子的意思有赖于另一个命题的真（2.0211说，这是有问题的）是不可能的。（P2）断定了某种可能性。根据得自图像论的假定（b）和（c），它之断定这种可能性，同（P1）之有意思，是一回事情。所以，（P2）相当于一个关于（P1）有意思的断定：依据这种阐释，（P2）就是那“另一个命题”，（P1）的意思依赖于它的真。但是，（P2）的真，当然并不独立于它自身的意思，而这意味着它不可能是偶然的，一如世界若没有固定的形式就必定会是的那样。此外，我们还会注意到，从步骤（4）到步骤（5）的推理自然会被归于维特根斯坦。我们在下一章将会看到，维特根斯坦依据下述理由来反对罗素的“多元关系”判断理论：

> 5.5422　对“A判断p”这种命题形式的正确说明，必定会表明，不可能判断一个没意思的空谈（nonsense）。（罗素的理论不满足这一条件。）

这里的论点至少接近于如下想法：以一个空谈作为其不可或缺的部

分的句子，其本身也必定是没有意思的空谈。[1]

这一论证显然是有效的，似乎也接近维特根斯坦的想法，但它是可靠的吗？最明显可疑的假定——除了得自《逻辑哲学论》的语言理论的那些之外——就是一般模态原则（1）和（3）。我这里不对（1）提出质疑，倒是（3）值得我们稍作探讨。实际上，（3）所假定的是，不可能存在先天偶然真理。如今，哲学家们通常都认定：这同康德坚持认为哲学和数学是先天的有关，从而也同他宣称它们包含先天综合知识有关。我们自然也会认为，这同维特根斯坦本人对先天的兴趣有关。但索尔·克里普克（Saul Kripke）在其关于命名与必然性的、极具创见性的演讲（克里普克，1980）中，对此提出了质疑。克里普克指出，这两个区分——一个是先天与后天 48
的区分，另一个是必然与偶然的区分——是以完全不同的方式做出的。先天与后天的区分是一个**认知**区分：它涉及真理被知道的方式。可是，必然与偶然的区分是**形而上学的**或**本体论的**：所涉及的是，事物是否可能**实际上**是另一种样子的。所以，无论我们对《逻辑哲学论》的语言理论持什么看法，我们或许都会拒绝我这里提出的论证，但这并不构成我们不将类似的论证归于维特根斯坦的理由：维特根斯坦没准就把这两个区分等量齐观了。

至此，我们的所有心思都放在固定-形式假定（FF）上了。

---

1 《逻辑笔记》第94页提出了一个与此相关的论点：

当我们说A判断如此这般时，我们不得不提到A所判断的一个完整命题。仅仅提及他的成分，或者，提及它的成分和形式却没有按照正确的次序，都是不行的。这表明，一个命题本身必须出现在被判断的一个陈述中；不过，比如“非p”就可以这样加以说明：关于是什么被否定了的问题必定是有意义的。

另一个关键假定（FO），即固定形式要求为所有可能世界共有的对象这一假定，又如何呢？维特根斯坦在这方面的观点有一段历史可寻。[1]罗素一度认为，一类基本句子的形式由一个非常一般的陈述来表达：因此，一个像"Fa"这样的句子的形式，可用一个非常一般的陈述"(∃x, φ) φx"（存在一个φ，且存在一个x，使得x是φ；或者，至少存在一个对象，且至少存在一种属性，使得这个对象具有这种属性）来把握。[2]而维特根斯坦似乎一度表示赞同（*NB*: 17）。[3]遗憾的是，似乎只在具有适当形式的某个特定的句子为真的情况下，那种一般陈述才为真。所以，一个句子之具有它所具有的形式，似乎依赖于它或者另一（同样形式的）句子之为真。[4]这本身似乎是任意的，而且也违背维特根斯坦的如下一般主张：有没有意思的问题必须在真假问题之前得到解决。

维特根斯坦似乎一向认为，避免这一难题的唯一途径是这样说：

> 命题的逻辑形式必定已经在其组成部分的形式中被给予了。
>
> （*NB*: 23）

1　这一点已被约瑟·查拉巴尔多指出来。

2　见罗素（1984: 114）。

3　事实上，这一观点在维特根斯坦本人那里（稍早于上一个注释引用的罗素著作）已经有了：在1913年1月维特根斯坦写给罗素的一封信中（*CL*, pp. 24–25）。

4　这一论点在《逻辑笔记》第17页清楚地提出来了。查拉巴尔多认为它就是2.0211的论点：他对实体论证的阐释将在附录中讨论。

而且，按照《逻辑哲学论》的一般语言观，命题（句子）的逻辑形式与它所能表现的任何实在的逻辑形式是一样的，所以，原子事实的形式必定已由它们的组成部分——对象——所给予了。然而，这和维特根斯坦关于对象所做的断言之间似乎仍然还有一道裂隙： 49

> 2.027 固定的、存在的东西和对象是一回事。

这似乎明白无误地把如下观念加在了维特根斯坦头上：真正的对象独立于发生的事情而存在，亦即必然地存在。但情形似乎是这样的，为确立“为世界构造一幅图像”的可能性，并同时将命题的形式建基于其组成部分的形式，维特根斯坦所需要的东西可以得到认可，而无须承认这样一个过强的结论：体现世界之形式的对象必然地存在。为实现其主要目的，维特根斯坦需要以下三个论断：

> （d）世界的形式（对象可被组合起来的方式）独立于发生的事情；
>
> （e）世界的形式包含在对象的形式（它们可以彼此组合的方式）中；
>
> （f）对象的形式对它们而言是本质性的。

即使对象并不是必然存在的实体，（d）（e）（f）也有可能都是真的。必然的东西似乎只是：在每一世界中应当有一**些**对象存在——或许恰好就是这么多的对象——而这些实际存在的对象恰好就具有这些形式。然而，没有任何东西表明，不可能有其他一直存在的对象，本质上具备实际存在的这些对象的形式。我们已经看到，维特根斯坦似乎认可这种可能性：

50 2.0233 具有相同形式的两个对象——除了它们的外在属性之外——彼此区别开来，只在于它们是不同的。

然而，如下这一点事实上并不清楚：维特根斯坦实际承诺的东西并未超出他的语言哲学所要求的。仅当我们误解了（d）所包含的内容时，才会是这样的情形。[1]在要求世界的形式独立于发生的事情时，维特根斯坦所要求的，是独立于发生的事情的**可能性**：无论别的事情可能是什么样子的，都必定至少会有**同样的可能性**。可是，根据本书随后要阐述的语言哲学，这些可能性恰好是与名字相关联的对象被排列起来的方式。所以，除非拥有**同样的**对象，否则我们便不拥有**同样的**可能性。相应于不同的对象，我们会有形式上并行的可能性，但严格说来它们并不具有**同样的**可能性。因此，如果我们认可维特根斯坦的语言哲学，以及他的一般模态原则，那么他似乎就对基本对象必然存在做出了一个论证。

1 彼得·沙利文帮助我看到这一点。

第五节　世界作为事实的世界：一个重新表述

维特根斯坦通过借原子事实来清晰重述1—1.21的论点，完成了他关于世界之性质的概括。他因此说道：

2.04　存在的原子事实的总和就是世界。

这看起来是对论题1的重述，但事情远不是这么简单。原因是，存在着并非实际的原子事实的事实。尤其需要牢记在心的是，存在许多可能存在却并未存在的原子事实。若我们考虑一个可能存在却并未存在的原子事实，并说它不存在，那我们就似乎报道了另 51
一个事实。这类事实——如此这般（原子式的）事情并未发生——维特根斯坦称之为“负的”事实：

原子事实的存在，我们也称为正事实，它们的不存在称为负事实。

（2.06）

负事实不会被包括进所有存在的原子事实，但它们会被包括在“一切发生的事情”中。[1]这说明，2.04并不是借原子事实直接重述《逻辑哲学论》的开篇论断。

但是，至少就负事实的情形来说，似乎有一个克服困难的办法。这是因为，如果我们有一个所有存在的原子事实（正事实）的清单，那么，我们也就确定下来一个负事实的完整清单。一旦我们确定下来所有可能的原子事实中哪些实际存在，那我们必定也已确定下来哪些不存在——所有剩下来的那些。这就是说：

> 2.05　*存在的原子事实的总和也决定哪些原子事实不存在。*

一旦确定下来所有正事实，我们便因此确定了所有负事实。所以，我们现在有了一个更长的事实清单：所有原子事实，以及，所有作为对可能而非实际的原子事实的否定的那些事实。可是，这一加长了的清单就足以确定下来所有存在的事实吗？只有这样，2.04的论断才能成立。

这便是维特根斯坦的独特论断之一：这个加长了的清单——

1　这里切勿让关于“负事实”的不合时宜的本体论忧虑干扰到我们（关于这种本体论忧虑的无足轻重，参见上面的注释3）。维特根斯坦所想到的大致如下。假定“abc”是一个基本句子：假如它一直为真，那么它就是关于abc的一个事实，而由于（按假设）它是基本的，所以这一事实就是一个原子事实。我们再假定“abc”这个句子实际上是假的。这便意味着“~abc”是真的，而这又意味着~abc是一个事实。这就是一个负事实。

由所有原子事实和对可能却非实际的原子事实的所有否定构成的清单——足以确定下来全部事实。由于这份加长的清单是通过确定存在的原子事实而得以确定下来的，因此，所做出的论断便是，一旦我们确定下来所有可能的原子事实中哪些是实际存在的，我们便已经确定下来所有的事实。我认为，正是为了准确表达这一点，维 52
特根斯坦才引入了“实在”（reality，奥格登译本用它翻译德文中的“Wirklichkeit”）这个概念。

但是，我们却面临着一个由如下几乎紧挨着的三句话引起的困惑：

> 2.04　存在的原子事实的总和就是世界。
>
> 2.06　原子事实的存在和非存在即实在……
>
> 2.063　总体的实在就是世界。

为什么维特根斯坦不在2.06中直接用“世界”取代“实在”，并干脆删掉2.063？只有当这两个词在意思上存在差别时，同时使用它们才有意义；但要是这样的话，2.063的论断怎么可能为真呢？问题在于，2.04暗示世界受限于**存在的**原子事实，而2.06和2.063加在一起则似乎要求世界也（在某种意义上）包括**非存在的**原子事实。

我以为，维特根斯坦这里的意思，由于翻译的笨拙而被弄得更加模糊不清了："Wirklichkeit”一词不译作**实在**（*reality*）而译作**实情**（*actuality*），会更好一些。“Wirklichkeit”就是实际发生的事情——相对于仅仅是**可能的**事情。若采纳这一提议，2.04—2.063

便可视为构成了一个论证：或者，更确切地说，2.05—2.063构成了对2.04的一个论证。一旦确定哪些可能的原子事实存在，也便确定了哪些不存在（2.05）。这样，2.06的实质性论断便是，列举哪些原子事实存在，哪些不存在，便足以完全确定实际发生了什么事情——在任何类型的所有可能事实（不只是原子事实）中，有什么事情实际发生了。而2.063就可视作提出了这样一个简单的论点，即这意味着我们就将框定整个世界：总之，世界就是实际发生的事情的总和（就像全书第一个大命题所主张的那样）。

我以为，这一定就是维特根斯坦的论证，但这还不足以解决由2.04、2.06和2.063带来的难题：世界如何可能**既**仅仅在于存在
53 的原子事实，同时**又**在于和非存在的原子事实共同存在？我觉得，最合理的说法是，维特根斯坦这里的行文有些随性。他貌似将如下两个论断弄混了：

（ⅰ）存在的原子事实的总和就是（构成）世界（一切发生的事情）；

（ⅱ）存在的原子事实的总和，连同这些便是所有存在的原子事实，**决定了**一切发生的事情（世界）。

（ⅱ）一定就是他本来的意思，但（ⅰ）则是他在2.04中实际说出来的。这种随性在《逻辑哲学论》中实际并不罕见。我想，这便是我在导言中所说的这部作品的“诗性”特征吧。我们索性接受它，并在必要时做些小修改，以应对由它带来的困惑。

由2.04、2.06和2.063引起的困惑先放下，我们还是来关注维

特根斯坦这里做出的实质性论断——确定下来哪些可能的原子事实存在和不存在，便足以确定哪些可能事实存在，无论这些事实是什么类型的。在这一实质性论断与原子事实相互独立的论断之间，似乎有着某种关联。因为在论证过程中，维特根斯坦写道：

2.061　原子事实是相互独立的。

2.062　从一个原子事实的存在或非存在，不能推出另一个原子事实的存在或不存在。

当然，这是对早先一个论断的复述，该论断是如下观念的核心内容：事实——至少原子事实——是世界中的基本有机统一体：

1.21　任何一件事情可以发生，也可以不发生，其余一切如常。

可是，这一论断出现于对这个论点——确定哪些原子事实存在，足以确定所有事实——的论证当中，是要做什么呢？

有这么一个原因：仅当原子事实相互独立，维特根斯坦在2.06 54
中做出的那个实质性的论断才有道理。让我们假设有些原子事实依赖于其他原子事实。于是便有如下形式的事实（其中，“p”和“q”代表原子事实）：

（D）p是实际发生的事情，依赖于q是实际发生的事情。

可称它们为**依赖性**事实。依赖性事实的明显例子是**说明性的**事实，亦即，由具有“p因为q”形式的句子所表达的事实。只有在某些而非其他成对的事实之间的依赖性关系或说明性关系成立的情况下，做出依赖性论断或说明性论断才有意思。例如，假定“房子着火了”“电路短路了”“加里扔烟头”都表达原子事实。只有当我们想要排除其他依赖性关系——比如，电路短路了因为房子着火了，房子着火了因为加里扔烟头——时，我们才有理由说房子着火了因为电路短路了。如果依赖性关系在某些而非其他事实之间成立，那么，某个特定的依赖性事实是否存在——相关的依赖性论断是否为真——将不只是依赖于所涉及的原子事实是否实际存在。房子着火了，电路短路了，加里扔烟头，这些都可以是真的，但是，电路短路了因为房子着火了，或者房子着火了因为加里扔烟头，却依然可以不是真的。所以，如果有些原子事实依赖于其他的原子事实，则会有一些更进一步的事实——依赖性事实——其获得不是由原子事实的存在或非存在所决定的。这就是说，若有些原子事实依赖于其他的原子事实，2.06的论断就不会是真的。

这下就清楚了,《逻辑哲学论》这些开篇段落中的基本形而上
55 学论断——事实乃是世界中的基本有机统一体——是同2.05和2.06的论断内在地关联在一起的，而一旦确定下来哪些原子事实存在，所有事实就都确定下来了。就是因为原子事实是相互独立的这个论断，维特根斯坦才得以借原子事实重述《逻辑哲学论》的开篇论断，并主张存在的原子事实的总和就是世界。

第七节 《逻辑哲学论》的形而上学承诺

我们将会看到,《逻辑哲学论》的形而上学是从文本中随后展现的语言理论那里得到辩护的——要是它真的得到了辩护的话。我们就来列举一下须在语言理论中寻求支持的论点:

（T1）世界的基本有机统一体是事实;

（T2）事实在种类上不同于事物（对象）;

（T3）事实要么是原子事实，要么是原子事实的组合;

（T4）原子事实的存在，独立于任何其他原子事实的存在;

（T5）原子事实是对象的组合;

（T6）哪些原子事实是可能的，由对象的性质所决定;

（T7）一对象的本质在于，它能以其所能的方式构成原子事实;

（T8）除了能以其所能的方式构成原子事实之外，就再也没有什么对于对象是本质性的东西了;

（T9）对象必然地存在；

（T10）如下的情况是必然的：恰恰就是那些实际上是可能的原子事实是可能的。

前面已表明,（T6）（T7）（T9）（T10）是从语言理论而来的（只是得稍加慎重）——假定这种语言理论确实要求如下这些论断为真：

56 （a）在基本情形中，句子是符号（名字）的组合（挂在一起）。

（b）在基本情形中，一个句子要有意思，须满足以下两个条件：

（ⅰ）其符号与世界中的对象相关联；

（ⅱ）将符号以它们在该句子中实际被组合起来的方式加以组合，是可能的。

（c）组成一个句子的符号能以其所是的方式组合起来，能以其所是的方式被关联于对象，当且仅当，与其对应的对象能在实在中被以同样的方式组合起来。

这样，我们便需要确保（a）—（c）以及（T1）—（T5）和（T8）可从《逻辑哲学论》所提出的语言解说中提取出来。这种语言解说将是第三、四、五章探讨的主题。但在着手这种探讨之前，我们需要把握这一理论从中而来的哲学背景，这是第二章的话题。

不过，这之前还得提起——即便只是存而不论——一个已令多位人士想到的、与开篇段落有关的论题。他们均假定，若认定维特根斯坦在《逻辑哲学论》的开篇评论中提出了关于世界之性质的形而上学解释的话，那便要求我们赋予他某种形式的**实在论**。[1]而有时也会有人觉得这是对维特根斯坦观点的否证。[2]我们至少需要弄清这里所指的是什么。首先，如下是关于实在论的一个陈述：

> （R）就其自身而言，世界之性质完全独立于任何与其思想或表象相关的东西。

对（R）的任何抗拒，都是一种反实在论。对（R）的明确否定（包含关于世界对某种与思想或表象有关的东西的依赖的断言）是一种唯心论。

其次，如下是我一直在使用的形而上学这个术语的定义： 57

> （M）形而上学关注于世界必定是、可能是和不可能是的方式。

这就是说，形而上学关注世界的模态。正如（R）是一个相对传统的实在论表述，（M）也是一个约定俗成的形而上学定义。

形而上学与实在论之间是什么关系？有人想确立这样的简单

---

1 例如，这一假定似乎由布拉克（1964: 7）、皮尔斯（1987: 9、27–28）和麦金（2006: 135）做出。

2 比如，麦金（2006），尽管皮尔斯（1987）没有。

关联：

（MR）只有实在论者才致力于形而上学。[1]

给定我所提供的实在论和形而上学定义（我说了，关于它们的争议不大），（MR）少说也是不清楚的。实际上，乍看之下，唯心论（如我定义的）就很像一个形而上学论题（根据由［M］提供的形而上学定义）。唯心论者主张世界有赖于某种与思想或表象有关的东西，而且不大可能认为这种依赖是偶然的：唯心论自身就可能是关于世界必定如何（亦即依赖于某种与思想或表象有关的东西）的陈述。

我认为（MR）是错的。我们还应提防一个似乎朝着另一方向的论断。我说过，《逻辑哲学论》开头几页的形而上学，只能从随后展开的语言理论那里得到辩护（要是它真能得到辩护的话）。有人会假定，这要求某种形式的唯心论。就是说，有人会认为如下这一点为真：

（MLI）若一形而上学理论由一种语言哲学所辩护，则世界必定是、可能是和不可能是的方式（在这种形而上学理论中被描述出来的），必定依赖于语言的本性（由这种语言哲学所描述的）。

1 皮尔斯（1987）和麦金（2006）似乎都接近这一假定。

但（MLI）也是错的：辩护的方向不必镜现任何真实依赖关系 58
的方向。关于辩护方向与依赖方向的可分离性的论点在科学中是很明显的：仪表上的某个读数为一个关于管线中的当下流量的判断提供辩护，即便仪表读数显然**依赖于**流量，而不是相反（流量**导致**读数）。在哲学中并不比在科学中有更多的理由，去期待辩护的方向与依赖的方向相匹配。

然而，有人或许会对此做出反应，并将我在哲学与科学之间所画的平行线当成是表明了某种别的东西，亦即，

> （MLR）若一形而上学理论由一种语言哲学所辩护，则语言的本性（由这种语言哲学所描述的），必定依赖于世界必定是、可能是和不可能是的方式（在这种形而上学理论中被描述出来的）。

若语言的本性只是一种形而上学理论的**证据**，则上述说法就是合理的，但语言哲学与形而上学之间的关系无须这么来设想。所以，（MLR）——企图从《逻辑哲学论》的一般框架中弄出实在论来的另一种方式——也不是真的。

所有这一切都意味着，至少有一整套关于赋予维特根斯坦以实质性形而上学观点的忧虑，均可不予理会了。《逻辑哲学论》开篇关于实在之结构的宏观描述，只能从表面上加以看待，而无须预先判定维特根斯坦是不是一名实在论者。对于这一论题，这些评论完全是中立的。我将在第六章正面探讨实在论和唯心论的一般问

题，作为对《逻辑哲学论》中的唯我论的讨论的一部分。与此同时，我也会指出，当我们遭遇实在论和反实在论阐释时，如何在《逻辑哲学论》中找到与它们相契合的观点。

第二章

弗雷格和罗素的遗产

第一节　语言的重要性

《逻辑哲学论》以关于世界之性质的图景开篇。这一图景依赖于该书主体部分阐述的语言观。可是，语言与它有什么关系呢？为什么一种**语言**哲学会对关于实在之性质的观点做出贡献呢？

让语言重要起来的，是某种自然被认为界定了语言的独特性的东西——比如，同其他任何表象或表达系统形成对照的东西。几乎所有人都认为，语言乃这样的记号系统，它们在下述意义上是任意的：无论怎样一个特殊记号可以做的，一个与之不同的记号都一样可以做（因此，这一记号而非另一记号被实际使用，在某种意义上是任意的）。语言乃任意记号的系统，这一观点与关于语言何以具有意义的一般构想是相互依赖的，后一构想虽很少被清楚地表述 60
出来，却可追溯到整个哲学史。这种通往语言意义的一般路径，尽管会略有差异，却一直塑造着关于语言的哲学的和非哲学的构想。

我们可以试着将这种通向语言意义的路径表达为对某个假定作出承诺，我们可称这个假定为**关联**假定：

> （Corr）语言的有意义性依赖于语言物件（items）和语言外物件之间的关联。

如果这是要表达关于语言的几近普遍的态度，我们就需要慎重对待“关联”所意味的东西。如下是一个自然的刻画：

> （C）一种**关联**就是满足如下条件的物件之间的任何一种配对：配对如何达成，对于配对的目的是无关紧要的。

若按（C）来理解关联，则关联假定显然支持语言乃任意符号系统的观点。

（Corr）和（C）的表述问题值得我们细想一下。首先，我们应注意到，（C）明确容许以任意多种方式做出相关的关联。有些人会认为，它们是刻意地和自觉地做出的。我们可以设想某人说：“这是一个记号，那是一个语言外物件；我来把一个和另一个关联起来。”然而，其他人会将这些关联看作不外是意义的分配，而这些意义分配只在既成事实之后才被清晰地识别出来，以理解那些说某种语言的人（而说这种语言的人自己可能并不清楚赋予他们的语词以意义的那些关联）。（C）在这里保持中立。本着类似的精
61 神，有些人会主张，语言物件与之相关联的那些语言外物件，可以完全独立于将它们视作语言物件的相关关联物，而被认出具有它们所具有的特征。相反，另一些人会否认这一点，假定我们只有依靠

说一种适当的语言，才得以识别出语言物件的相关物。[1]这两种观点都可被理解为，在以（C）刻画的意义上理解关联的前提下接受（Corr）。进一步说，（C）容许存在我们可称之为**派生**关联的东西：明显的例子是复杂的语言物件和语言外物件之间的关联，它们就是复杂语言物件的构成部分与复杂语言外物件的构成部分之间的先前配对的直接结果。一种关联以特定的方式被实际确立下来，这并不意味着，这种关联以这种方式被确立下来对于其目的而言是本质性的。最后，还值得指出的一点是，（Corr）并不主张**每**一语言物件的有意义性都依赖于同某个语言外物件的某种关联：它只是要求存在**一些**这样的关联，以让作为一个整体的某种语言成为有意义的。尤其是，（Corr）容许有些语言物件可以是有意义的，即便它们本身并不同语言外物件相关联，而只是依靠**其他**语言物件与语言外物件之间的关联。

这样来理解关联的话，我以为，（Corr）几乎是被普遍接受的——或者，至少直到最近都是如此。[2]但比较起来，这还不够具体。要是可以具体指明什么类型的事物，可纳入语言物件需要与之相关联的语言外物件，我们便可得到更具实质性的东西。支撑着维

1 可将前一种立场同罗素联系起来，后一种立场同弗雷格和维特根斯坦（至少在《逻辑哲学论》时期：先前维特根斯坦比较接近罗素的观点）联系起来。

2 这是一个精妙的问题：戴维森的语言研究进路（贯穿于他的［1984］）是否承诺（Corr）。他并不认为，句子或亚句子表达式以（Corr）的方式同语言外实体相关联。但他似乎确实接受了《逻辑哲学论》语言观的核心假定：见后面的第四章第二节。所以，我们或可期望构想出（Corr）的某个不那么明显本体论式的版本，用于把握戴维森所做的承诺。一个可视为更为明确地反对（Corr）的人士就是后期维特根斯坦本人了，尤其见于《哲学研究》开篇部分。

特根斯坦《逻辑哲学论》中的语言观的（Corr）阐释，可表述为对如下这个**客观性**假定的承诺：

> （Obj）为使语言有意义，语言物件必须与之相关联的那些语言外物件，乃是世界中的物件（对象）。

62 （Obj）似乎显然要比关联假定（Corr）更容易被否定：实际上，整个语言哲学传统都否定了它。例如，约翰·洛克（John Locke）主张，语言物件是依靠与某种语言外的东西的关联而具有意义的（与［Corr］相一致），但他却认为，所说的这种语言外物件乃是每一说话者心灵中的东西——说话者的"观念"（Locke 1700: III, ii）。维特根斯坦的伟大先驱和哲学激励者，弗雷格和罗素，在从心灵朝向世界的、由（Obj）所呈现的那场转向中，发挥了决定性的作用；后来几乎所有人都追随他们二人。

关联假定和客观性假定一起表达了维特根斯坦从弗雷格和罗素那里承续下来的通向语言的一般路径。而这两个假定加在一起，让语言直接同关于实在之性质的理解关联起来了。为弄清原委，我们首先需要认识到，单纯的关联（像［C］所刻画的）所能实现的是多么的少。关联并不是一个转换的过程：若我们只是将语言物件**关联**于某种语言外的东西，这种语言外的东西本身并未被重新配置。我们所能做的，只是让语言物件去**反映**语言外事物的某些属性——无论哪些属性都没有在关联过程中失去。当然，若语言物件反映语言外事物的某些属性，则语言必定**揭示出**关于语言外事物之性质的某种东西。我们可以更仔细地说明这一点。如果接受关联假定（Corr），我们便可将使用中的语言的属性分为三种类型。第一，存在着最基本语言物件自身的核心固有属性——最典型的是它们的形与音。可将它们当成和语言意义无关的东西搁置一边。第二，存在着这种纯粹的事实：基本语言物件同它们实际与之相关联的语言外物件关联在一起。第三，存在着其他一切东西：要是我们既正确地确定了语言物件的与哲学无关的核心属性，又正确地解释了它们与哪些语言外物件相关联，那么，关于使用中的语言的所有其他东 63
西都必定在某种意义上是语言外事物的一种反映，因而必定向我们显现了关于语言外事物之真实本性的某种东西。

如果将客观性假定（Obj）也加进这幅图景，我们便可确保，其真实性质可由语言揭示出来的语言外事物无非就是世界。于是便似乎会出现这样的情况：语言的任何特征，若既非可视作与哲学无关而被弃置一旁的东西，亦非某些语言物件被关联于世界中的物件这个纯粹的事实，其自身便在某种意义上是对实在的真实性质的一种反映。

一旦承认了这两个核心假定，我们便能看清，语言哲学为什么可以在《逻辑哲学论》中扮演如此这般的核心角色。但是，（Corr）和（Obj）在该书中还要根深蒂固得多。它们不只是背景假定。事实上，构成《逻辑哲学论》核心的整个语言观可视为：不外乎就是根据维特根斯坦在弗雷格和罗素那里发现的困难而对（Corr）和（Obj）所做的推进。

对于理解《逻辑哲学论》，弗雷格和罗素的工作再重要不过了。本章余下部分主要探讨二人的工作为《逻辑哲学论》的语言哲学提供的思想背景。[1]在维特根斯坦形成关于（Corr）和（Obj）必定为真的方式的观点时，弗雷格和罗素起到了决定性的作用。他们的工作——无论直接还是间接地[2]——引导他去考虑依靠同语言外事物相关联而具有意义的语言表达式的范围、它们与之相关联的语言外物件的性质以及这种关联的方式。不过，弗雷格和罗素也决定性地影响了《逻辑哲学论》总体观点的更为宏大的哲学动机。二人
64 在数学哲学中的工作，显然致力于康德关于哲学任务的构想[3]，而这种康德似的背景同维特根斯坦的长期哲学兴趣交织在一起[4]。

1 弗雷格和罗素对当今语言哲学的贡献，详见莫里斯（2007）。

2 完全弄不清楚，维特根斯坦写《逻辑哲学论》时到底读了多少弗雷格著作：他对弗雷格的大部分工作的了解似乎都是间接的——通过罗素对其工作做出的反应。关于这一论题，详见戈德法布（2002）。

3 最明显地见于弗雷格（1884: §12）；罗素（1903: Ch. 52）。

4 这里的关键因素是维特根斯坦本人对叔本华（其思想受到康德的激发）的阅读：这似乎与弗雷格和罗素毫无关系，而毋宁说是源自维特根斯坦在其中长大的维也纳智识背景。

第二节　客观性转向

我已指出，弗雷格和罗素在确立客观性假定（Obj）中起到了决定性的作用。他们采纳（Obj），就是在拒绝对关联假定（Corr）的一种由来已久的替代阐释。这种替代阐释的最简单版本可在洛克的下述论断中找到："就其最原始、最直接的意义而言，语词所表示的，无非就是使用它们的那个人心灵中的观念。"（Locke 1700: III, ii, 2）这看似一个完全一般性的断言——似乎要用到所有语词上——不过，我们在第四节中将会看到，洛克也指出了一些例外情况。

对洛克来说，"观念"一词是个专门术语：他用来指"当一个人思考时，作为理解的任何对象的东西"（Locke 1700: I, 8），"理解的对象"被假定为心灵中的某种东西。对于洛克身处其中并一直持续到19世纪的那个传统而言，洛克观点的关键就在于，语词（至少首先）表示心灵中的物件。这些心灵物件是思想——按这种观点，思想乃是复合的心灵物件——的组成部分，而且，思想正是语言（至少首先）所关注的。

如果语词表示作为思想组成部分的心灵物件，则完整句子——语词作为其组成部分的事物——会（在某种意义上）表示完整思想。而完整句子之间的关系就得根据完整思想之间的关系加以说明。其中有些关系是哲学家们特别感兴趣的。例如，我们来考虑如下这个语言序列：

贝蒂爱奥托琳。所以，贝蒂爱某个人。

65 如果上述两个句子（在某种意义上）表示完整思想，则它们之间的关系——由“所以”这个词体现出来——自然就会被当成表达了思想之间的某种关系。这里的关系是一种逻辑关系；这样一来，逻辑关系就将是思想之间的关系。由于思想在这里被理解成复合的心灵物件，所以，按这种观点，逻辑将关注于复合的心灵物件之间的关系。接下来便会有这样的诱惑：将这些关系看作心理学要处理的事情，并且将逻辑律当成心理律。

弗雷格完全反对这种观点，斥之为**心理主义**。他有两个理由认为语词不是凭借与观念的关联而具有意义的。第一，因为观念（他假定）对于每一个体都是私人性的，所以一个人的观念是另一个人无法达到的，这些观念对于我们都能理解的公共语言的语词的意义必定是无关紧要的（Frege 1884: vi）。第二，他认为，我们的语词具有意义，所凭据的是，我们在使用它们时将它们关联于我们所关注的东西，而我们几乎从不关注于观念（Frege 1892a: 28, 31–32）。在他特别感兴趣的数学领域，弗雷格宣称，我们关注的是**数**，而不是数的观念（Frege 1884: v）。一般来说，我们关注的是世界中的，而非心灵中的事物；且语言物件与之关联的必定是世界中的事物。

至于逻辑律可能是心理律这一想法，弗雷格认为它源自“规律”这一概念的歧义性。一方面，存在着规定我们应该做什么的规律；另一方面，也存在着描述发生的事情的规律。在后一种意义上，自然律是规律。如果将逻辑律描述为“思想律”，那我们便被诱惑去把它们当成这种描述意义上的规律。这样它们便会变成心理律。但心理律只涉及**被认为**是真的东西，而逻辑关注于**真理**。将逻辑律当成“思想律”——当成心理律——迫使我们把**认为是真的**同 66
是真的混为一谈（Frege 1893: xv）。

弗雷格对关于（Corr）的心理学阐释的敌视，乃是他校正数学并为之提供严密基础的终身追求的一部分。同样的关切也激励着罗素，尽管他走过的路是不一样的。他一开始面对的是似乎侵害了数学基础的融贯性难题，并想着揭示出它们是无法解决的。它们的不可解决性成为他强化学习新黑格尔主义哲学（他的早期教育给他灌输过）的动力之一。但进一步的研究向他表明，许多这样的难题实际上都被他先前并未研究过的一些德国数学家解决了；而对黑格尔本人的著作的阅读似乎让他大失所望。

这里提及黑格尔是切题的，因为在罗素早期学术生涯的圈子里占主导地位的新黑格尔主义观点，至少确实是与洛克关于语言的观点相连续的。而正当罗素对新黑格尔主义的承诺被唤醒的时刻，布拉德雷（F. H. Bradley）的具体的新黑格尔主义观点成了摩尔批判的对象（Moore 1899）。摩尔指出了这一令人困惑的事实，布拉德雷在两种不同的意思上使用“观念”这一术语：一方面指称一种心灵状态，另一方面指称一种“普遍意义”。摩尔认为，当布拉德雷将第二层意思——“普遍意义”——上的观念当成依赖于我们的心灵状态时，并且当他因此认为真理包含着我们的心灵状态与实在之间的某种关系时，他便混淆了这两层意思（Moore 1899: 177）。为避免这种混淆，摩尔将第二层意思——“普遍意义”——上的“观念”一词替换成“概念”一词。就如此理解的“概念”，摩尔这样写道：

> 概念是思想的可能对象，但这并不是它们的定义。这只是说它们可以进入与某个思考者的关系中；而要让它们能做
> 67 任何事情，它们必须已经是某种东西了。是否有任何人思考它们，这对它们是无所谓的。
>
> （Moore 1899: 179）

如果我们把（这种意义上的）概念理解成语词所意指的东西，我们便从关于意义的心理主义那里挪出了第一步。而且，在这种意义上，从心理主义的这种挪动，是朝向世界的。摩尔说道：“似乎有必要……将世界看作是由概念构成的。”（Moore 1899: 182）同样，他把他的观点看作是以某种方式主张“前提与结论之间的关系是一种客观的关系”（Moore 1899: 183）——它完全不依赖于前提和结论在我们思想中是如何联系起来的。摩尔这里拒绝关于逻辑的心理主义。

摩尔早期理论确实对（Obj）表示了赞同，但这种赞同比较奇

特，因为它关键性地依赖于一种关于世界的非正统构想——作为某种“由概念构成的”东西。而且摩尔的概念是一种奇特的实体。在他看来，概念“不能发生变化”（Moore 1899: 179）。他将如下情形描述为“极其明显的”：“概念既不可以被一贯地描述为一个存在物，也不可以被描述为存在物的一部分，因为它被预先设定于关于一个存在物的构想中。”（Moore 1899: 181）此外，在摩尔看来，概念“无法从根本上被视为从事物或观念而来的抽象物，因为这两种东西都只可能由概念构成，要是有任何东西适用于它们的话”（Moore 1899: 182）。

就此而言，罗素的观点要更清晰一些，更明显地同任何形式的唯心论区别开来。尽管他的观点曾数度改变，但在他的那些与维特根斯坦《逻辑哲学论》中的哲学有关联的思想版本中，他似乎一直主张语言物件同这样一些事物关联在一起，它们在一种相对不会引起争议的意义下，乃是**世界中的对象**。这些对象的范围会发生改变。早些时候这个范围极为广阔，“一个人、一个瞬间、一个数、一个类、一种关系、一个吐火兽，或者任何一个可以提到的东西” 68
（Russell 1903: 43）——而后来这一范围却似乎仅限于可被某个主体亲知的事物（Russell 1984）。但这些改变可理解为关于世界中存在哪些对象的观点的改变：而在什么意义上说对象是对象，说世界是世界，说对象在世界中，这一点似乎是不变的，而且相对而言是正统的。

弗雷格和罗素都既赞同（Corr）又赞同（Obj）；而一旦接受（Obj）——语词具有意义要依靠语言物件与**世界**中的物件相关

联——就很难再放弃它了。就像弗雷格所坚持的那样，我们关注的对象显然是世界中的物件，而不是心灵中的任何东西。不过，尽管如此，接受（Obj）也并非是不带任何痛苦的。尤其是，它带着两个巨大的难题。以下各节将探讨这些主题。

第三节　客观性转向与意义的稀薄化

弗雷格和罗素坚持（Obj）：语言依靠语言物件——记号——与世界中的事物之间的关联而具有意义。这个观点面临的第一个难题就是，它似乎只容许很少的东西被包含在语词的意义当中。如果——至少在基本情形下——语词具有意义依靠被关联于世界中的事物，则被关联于世界中的同一事物的两个语词，将具有相同的意义，而在世界中没有东西与之相关联的任何语词，都是没有意义的。可是，乍看之下，这不像是真的。考虑如下两个句子：

（1）埃佛勒斯峰是世界上最高的山；

（2）珠穆朗玛峰是世界上最高的山。

我们自然会认为，这两个句子有不同的意义，因为某个人可以同时理解它们，却认为一个为真、另一个为假。而它们之间的唯 69
一区别只是一个用到“珠穆朗玛峰”这个名字，另一个用到“埃佛勒斯峰”这个名字，而这两个名字事实上指称同一座山。再来考虑这个句子：

（3）绿氪石对超人是致命的。

我们可能会认为这个句子是有意义的——甚至是真的——即便世界中似乎根本没有“超人”这个名字可与之相关联的对象。意义的稀薄化对于弗雷格尤其是成问题的。他的观点融合了三种东西：关于句子语法的一种十分简单的观点；关于那样一些类型的语言物件（其有意义性有赖于同语言外事物相关联）的相对不受限制的构想；关于不同类型的语言物件与之相关联的事物的一种十分朴素的观点。在基础层面上，他认可三类表达式：单称词项、句子和谓词（从一个句子中去除一个或多个单称词项后所得到的结果）。他对于他算作单称词项的东西是相当大方的：任何一个可挑出一个个体对象的表达式都算作一个单称词项。按这个标准，通常的专名（像“埃佛勒斯峰”和“珠穆朗玛峰”）是单称词项；但更复杂的表达式，像“最小快收敛级数”“发现行星椭圆运行轨道的那个人”“$(2 \times 2^3) + 2$”，也是单称词项。

根据弗雷格的理论，三类基本表达式与世界中三类不同的物件相关联。单称词项指称各类对象：人、级数、数等。句子指称一类非常特别的实体：真值。所有真句子都指称真，所有假句子都指称假。按弗雷格的理论，句子事实上成了一种特别类型的名字，而真和假成了一种特别类型的对象。谓词指称的对象又有所不同：在弗雷格看来，它们指称一类不完全实体，他把它们叫作**概念**。这是对一个困难词的另一种引起混淆的使用：在弗雷格那里，一个“概念”就是一个函数，把一个特殊对象或对象的类代入其中，便可得到一个真值（真或假）。根据弗雷格的观点，对于同样那些对象为真的所有谓词，都指称同一个“概念”，同一个从对象到真值的函数。

这样一些假定让意义稀薄化难题对弗雷格异常尖锐起来。根据他的理论，表达式“$(2\times2^3)+2$”和“18”指称同一个对象，即18这个数。但它们在意义上确实是不同的吗？他认为，所有真句子都指称同一个东西——真，就像所有假句子都指称假一样，但不同的真句子、不同的假句子确实在意义上不同吗？恰好对于同样的事物为真的两个谓词确实不具有相同的意义吗？

弗雷格引入了一个他称之为**意思**（sense）的专门概念，正是为了应对这一困难（Frege 1892a）。弗雷格式的“意思”就是被定义为标志着某种意义差别的东西，这种意义差别是在像（1）和（2）这样一对句子之间的，尽管根据弗雷格的理论，它们中的词语（实际上还有这两个句子本身）都指称同样的东西。一个表达式的“意思”，应当由该表达式与之相关联的那个实体被给予我们的方式来确定——用专门的术语来说，由该表达式指称的实体的“呈现方式”来确定。因此，“埃佛勒斯峰”和“珠穆朗玛峰”这两个名字表达了同一座山被呈现给我们的不同方式；同样，表达式“$(2\times2^3)+2$”和“18”以不同方式呈现了同一个数。

弗雷格还宣称，一个表达式可以具有“意思”，即便事实上根本就不存在与之相关联的东西。所以，在弗雷格看来，“最小快收敛级数”这一短语具有“意思”——从而也具有某种意义——即便 71
根本就不可能有这样一个级数。而且句子（3）也具有“意思”——

从而也是有意义的——即使并不实际存在超人这么个人，因而（在弗雷格看来）整个句子既不真也不假。依弗雷格之见，所有类型的表达式都（在他的意义上）具有“意思”。他给了句子的“意思”（他的意义上的）一个特别的名字：一个句子的“意思”是一个**思想**（在**被思考的东西**的意义上的，而不是在对它的思考的意义上的）。

根据弗雷格的观点，一个表达式的“意思”不同于其指称——不同于世界中与之相关联的那个实体。但它依然既是公共的，又是客观的：就不曾想过它怎么会是心理的。因此，弗雷格似的“思想”——句子的“意思”——在两个关键方面不同于摩尔所理解的思想：若两个人思考（2×2^3）$+2=18$，则它们思考的是同一个思想；而且这个思想——（2×2^3）$+2=18$——存在着，并且甚至在任何人持有它之前就作为思想存在了。弗雷格似的“意思”，以非常类似于摩尔的“概念”的方式，要成为客观的和非心理的。

这么一来，弗雷格对意义稀薄化难题的回应，便是提供一种对包含于（Corr）和（Obj）中的内容的相当丰富的解说。在基础层面，语言的有意义性依赖于语言物件被关联于世界中的物件。但这些关联是以不同的方式确立下来的——世界中的物件被以不同的方式给予我们——这些关联**方式**的差别反映在意义的某个面相上，而这个面相已超出了纯粹的关联事实。[1]实际上，在某些情形下，意义的这种面相可以在并未做出实际的关联的情况下被呈现出来。

罗素不信任弗雷格的“意思”概念。他的态度在1904年底写给弗雷格的信中明确表达了出来：

> 在像“苏格拉底”这样一个简单的专名的情形下，我无法区分开意思与指称；我只看到观念，它是心理的，还有对象。更确切地说：我完全不认可意思，只有观念和指称。我看到意思与指称的区别，只是在复杂表达式的情形下，这时 72
> 其指称是像 $x+1$、x^2 等这样的数学函数的值。
>
> （Frege 1980: 169）[2]

而在一年之内他便放弃对弗雷格式“意思”的诉求，即便是在这里提及的“复杂表达式”的情形中。他的经过修正的观点完全不诉求弗雷格似的“意思”。因此，他对意义稀薄化难题的回应颇为不同。本质上，它包含着对弗雷格理论的那样一些特征的改变，而正是这些特征使这一难题对他异常尖锐起来。他采纳了一种不那

---

1 请注意，这并不会损毁根据由（C）所刻画的关联概念来阐释弗雷格的合法性：当然，在某种意义上，它会关涉到语言表达式之意义的某个方面，亦即这些表达式以这种而非另一种方式同世界中的实体相关联——就是在这里弗雷格式的“意思”介入进来了。但这并不意味着，与同样的语言外实体相关联的基本任务，依赖于这种特定的关联模式。

2 在这一段中，我们将译者的“意义”换成了更为自然的“指称”（罗素用德语写作时，这个词用的是“Bedeutung”）。

么简单的语法观，而且将弗雷格归在一块的那些表达式，区分为属于根本不同的语法类型的东西。对于其有意义性依赖于同语言外事物相关联的那些语言物件的范围，他持一种带有更多限制性的观点。而且，对于语言物件与之相关联的那些实体的本性，他持一种不那么朴素的观点。

罗素的关键推进是随着摹状词理论的发明而做出的。该理论在其经典论文《论指谓》（Russell 1905）中首次提出。这种理论包含着对被适当地称作单称词项的东西（罗素本人后来又称之为“逻辑专名”）与限定摹状词做出彻底的区分。限定摹状词是复杂表达式，其作用是挑出特殊的个体事物：就是像“最小快收敛级数”“发现行星椭圆运行轨道的那个人”“$(2 \times 2^3) + 2$”这样的表达式。弗雷格把这些当成与语义简单的专名相当的单称词项，而罗素却把它们看作量词表达式。如果我们认为，限定摹状词的标准形式是用一个“该F”形式的短语给出的，那么，当它们出现在“该F是……”这种形式的句子中时，我们就可以把罗素关于它们的观点表现为，它们可用如下形式的东西加以解述：“恰好存在一个对象，它是一个F，并且该对象……”因此，“最小快收敛级数”（当
73 它出现于适当的句子中时）可解述为“恰好存在一个对象，它是一个最小快收敛级数，并且该对象……”。而“$(2 \times 2^3) + 2$”就变成“恰好存在一个对象，它是把2的立方乘以2再加2的得数，并且该对象……”。

若这样加以理解，一个限定摹状词（或者，这样一个限定摹状词出现于其中的某个句子）的有意义性并不以任何方式依赖于该摹状词被关联于一个对象。一方面，按照弗雷格的观点，与对象的

关联是预定下来的，并且，当一个摹状词没有与之关联的对象时，其意义是有缺陷的，而按照罗素的观点，没有对象与之对应的摹状词是完全且毫无争议地具有意义的。它们的用法直接就包含如下断言（而不只是预设）：恰好有一个东西满足某个特定的条件。这一理论让罗素得以说明不同限定摹状词之间的意义差别，以及限定摹状词与语义简单专名之间的意义差别。不同的摹状词包含这样的断言：不同的条件被唯一地满足。而语义简单专名则不包含这样的断言：有条件被唯一地满足。如此一来，意义稀薄化难题——至少当其运用到弗雷格所认为的单称词项时——大都就可以避免了。

不过，这一难题仍有部分残留。句子（1）和（2）之间的区别仅在于它们所包含的不同的明显简单专名，我们该如何处理它们在意义上的明显差别呢？罗素探究这类句子的线索可在《论指谓》结尾的几个段落中找到。罗素看到，他不需要把任何表达式当成依赖同某个对象相关联才有意义，除非该对象及我们接近它的方式，满足于我们的哲学所要求的无论怎样的理论条件。例如，我们的哲学会涉及否认存在任何非实在对象；那样的话，我们便不会将在小
说中看到的明显简单专名当成依赖同对象的关联才具有意义的。相 74
反，它们会被视同于限定摹状词，而且，按罗素的解释，它们就跟限定摹状词一样是有意义的。

罗素的解释所容许的是，我们可以抛开表面语法的提示，而让语言表达式以我们的深层哲学所要求的任一方式发挥作用。罗素本人将他的摹状词理论同一种广义的笛卡尔式认识论嫁接起来。我们看到，他在《论指谓》的末尾提出，在如下情况下，我们仅凭它与某个对象的关联便可将一个表达式视作有意义的：该对象是我们

"直接亲知的"——这里的"直接亲知"仅限于我们无法怀疑其存在的那些事物（主要是指我们的经验的那些质的特征）。所有其他表达式，无论其表面形式如何，均可视同于限定摹状词。

这种方法或可让罗素甚至对由（1）和（2）引出的难题做出处理，这些难题赖乎包含着不同的，却一眼看不出所以然的专名的那些句子表面意义的不同。不同的专名可视同于不同的限定摹状词，而不同的摹状词包含着关于不同的条件被唯一地满足的断言。所以，句子（1）中的"埃佛勒斯峰"这个名字可视同为"以一个印度总督命名的那座山峰"，而句子（2）中的"珠穆朗玛峰"这个名字则可视同于这个摹状词："西藏人当作世界之母崇拜的那座山峰。"如果我们只把依据同我们"直接亲知"的对象相关联而具有意义的表达式看作是有意义的，而且我们将任何别的表达式都视同于这些基本表达式的复合的话，就并不是没有可能去应对由弗雷格视作单称词项的那些表达式引起的意义稀薄化难题。

但是，受意义稀薄化难题影响的，可不只是**那样一些**语言表
75 达式。罗素在别处是如何应对它的呢？罗素解释的关键特征是，拒绝弗雷格关于句子指称的解释。弗雷格认为，句子的充分有意义性依赖于它们与一类特别的对象——真值（真或假）——相关联。（没有真值的句子，只有含义，没有指称，在意义上是有缺陷的。）罗素拒斥这种观点，有两点理由（Russell 1903: 504）。首先，可直接看出，句子和真值之间的关系，大大不同于平常的单称词项和对象之间的关系。其次，弗雷格的观点必须在真句子之间，或者假句子之间，找到足够的区别。不过，尽管他拒绝弗雷格关于句子与之相关联的实体的解释，但他——至少在早先的时候——同弗雷格一样

认为，完整的句子是同实体相关联的。在他持有这种理论期间，他称这种实体为**命题**：它们被当成是整个句子的客观关联物。

从这个意义上说，作为整个句子的客观关联物的命题，是由组成句子的词语的客观关联物所组成的。因此，罗素（在一封前面引用过的信中）对弗雷格写道：

> 我相信，尽管为雪原覆盖，勃朗峰本身却是为命题“勃朗峰有4000多米高”所实际断定的东西的一个组成部分。我们并不断定思想，因为这是私人的心理之物：我们断定思想的对象，而在我看来，这是一个复合物（有人会说，一个客观命题），而勃朗峰本身是它的一个组成部分。
>
> （Frege 1980: 169）

在其早期工作中，罗素一般地称语词的这些客观关联物为**项**（Russell 1903: 43）。“项”显然属于世界：它们乃是任何可算作一的东西，也可描述为**单元**、**个体**或**实体**。罗素把“项”描述如下： 76

> 事实上，一个项拥有通常被赋予实体的所有属性。首先，它是一个逻辑主词：例如，它是其本身就是一个项的命题的主词。再者，每一个项都是不可改变或毁灭的。一个项是什么，就是什么，无法想象哪种改变不会破坏其同一性，不会让它变成另一个项。
>
> （Russell 1903: 44）

在一般的项中，罗素区分出来两种类型。一方面存在着**事物**（我们一直称之为对象），它们同我们称作单称词项（如专名）的东西相关联；另一方面存在着罗素所称的**概念**（这个滑词［slippery word］的又一种用法），它们是其他词的关联物（Russell 1903: 44）。罗素这里所称的**概念**包括我们更为熟悉的**性质**和**关系**这样的实体，它们是谓词的客观关联物。同弗雷格的一个关键区别在这里出现了：尽管罗素并没有严格地界定他所说的概念、性质和关系，但似乎明显存在着判然分明的概念、性质和关系，它们关联于恰好适用于同样的事物的那些谓词。而弗雷格似乎一直将恰好适用于同样的事物的那些谓词，视为同他那种意义上的**同一个**“概念”（从对象到真值的函数）相关联的。但是，有了这种关于同句子和谓词相关联的实体的更丰富的构想，罗素便不会遭遇弗雷格若不设定“意思”作为意义的额外维度便会遭遇的、来自意义稀薄化难题的那样严重的尴尬了。罗素的观点并不暗示，所有真命题（或所有假命题）都具有相同的意义；也不暗示，所有适用于恰好同样的那些对象的谓词具有相同的意义。

当然，罗素在回应意义稀薄化的一般难题时有话可说，这既
77 因为他提出了摹状词理论，也因为他提出了关于同句子和谓词相关联的实体的更丰富的构想。他要说的东西，最终是不是充分的，这是需要继续为之争辩的。比如，我们已经看到，这一难题引导罗素假定了关于名字的摹状理论的一个清晰的版本，根据这一版本，每一平常的专名（苏格拉底、埃佛勒斯峰、珠穆朗玛峰就是例子）在意义上都等同于某个限定摹状词。这一理论受到了严厉批评，现已

被普遍拒绝。[1]但这一理论的一个版本，在超过半个世纪的时间里，被几乎毫无疑问地接受了下来：要说（例如）维特根斯坦认为它显然是正确的，那是毫不奇怪的。

1 最著名的批评是克里普克（1980）做出的。一直存有争议的问题是：意义稀薄化难题，最好是在广义罗素式理论的范围内（索姆斯［2002］是这一进路的一个例子），还是在某种形式的弗雷格式理论的范围内（参见，例如，麦克道威尔［1984］），加以处理呢？

第四节　客观性转向与命题的统一性

如果从关联假定（Corr）——语言的有意义性依赖于语言物件同语言外事物相关联——出发，我们便容易错失关于语言的一个非常明显的事实。这个明显的事实就是，语词可以组成句子，但句子不只是语词串。一个句子和一个语词串的关键区别是：随意对一个词串增减词语，留给我们的依然是个词串；而只有对某个句子做非常特殊的词语增减，才会留下一个完整的句子。句子具有一种词串所不具有的完整性或统一性。我们可称之为句子的统一性。

（Corr）把我们强行带入关于句子统一性的一个困难之中。按照（Corr）所呈现的那幅图像，从根本上看，语言是由本质上没有意义的东西（标记或声音）所构成的，这些东西是通过以某种方式被关联于语言外事物而被赋予意义的。但是，由于这些最基本的语言物件本质上是没有意义的，所以句子的独特完整性和统一性无法
78 从它们的核心固有性质那里得到说明。宁可说，**句子**的统一性必定是对某种语言**外**统一性的反映。

在一个洛克式的理论中，这似乎是（至少一开始是）相对没

有争议的。洛克初次引入他的理论时，他似乎暗示，所有语词都是依靠同心灵中的物件相关联而具有意义的，但这过于简单化了。他认为，有些词起作用的方式是大为不同的：

> 在同别人沟通思想时，心灵不只是需要它先前已有的那些**观念**，而且还需要其他的观念去表明或模仿它自己那一刻的特定动作，将那些**观念**联系起来。它以多种方式这样做，比如，**是**或**不是**，就是心灵进行肯定或否定的一般标记。
>
> （Locke 1700: III, viii, 1）

这里的主张是，词语在句子中的组合，乃是心灵组合词语的精神关联物的动作的一种表达。实际上，句子的统一性乃是某种心灵物件——可称之为**判断**——的统一性的一种表达。因此，句子的统一性便借助于更基本的判断统一性得到了说明，而判断被认为是心灵中的东西。就是这样一种理论，一直起支配作用到19世纪。其拥护者中就有大名鼎鼎的康德，其“范畴的先验演绎”就依赖于十分接近这种思想的东西。

可是，一旦实现了客观性转向——一旦我们确定词语依靠同客观的东西，而不是特殊个体的心灵中的东西相关联而具有意义——持有上述这类观点就显得很困难了。这么一来，就很难看出，句子的统一性如何可能是一种统一**动作**的表达：他似乎必定是某种**客观**统一体的完整性的一种表达。那种客观统一体会是什么呢？

弗雷格的看法必定是，关键的客观统一体就是**思想**，亦即我

们视作完整句子的“意思”的那些客观实体。像句子一样，思想也
79 是有组成部分的：亚句子表达式的“意思”。而正如句子不只是词串，思想也不只是亚句子表达式“意思”的堆积。可是，要作为其完整性由句子统一体表达的基本统一体，弗雷格式的思想，实际是非常奇怪的候选者。原因在于，很难将它们的仅仅能**被反映**在句子统一性中的统一性，理解成足够独立于句子统一性的。我们这样来问：思想**本质上**是句子的“意思”吗？亦即可不可能存在不由句子表达的思想？假如思想本质上是句子的“意思”，那么，要让句子的统一性成为它们的统一性的反映，它们相对于句子的独立性显然是不够的。假如它们本质上并不是句子的“意思”，那么，思想的本性——或者更一般地说，“意思”的本性——便依赖于关于呈现方式的观念，而这要求某种独立的把握。一般而言，“意思”就是，或者依赖于，世界中的某个物件——相关表达式的指称——被给出或被呈现的**方式**。句子指称真值，真或假。因此，如果句子统一性中所反映的正是弗雷格式思想的统一性，那么句子的统一性必须这样加以说明：作为这样一种统一性的反映，它被要求于作为真或假的呈现方式的某种东西。那么，被要求于作为真或假的呈现方式的某种东西的，是怎样一种统一性呢？我们只能把它理解为由句子表达出来的那种统一性。

这似乎表明，在弗雷格式理论内部——至少，以一种与（Corr）相容的方式——来说明句子的统一性，并没有太好的前景。这么一来，要说明句子的统一性，我们似乎就得依据某种类似于罗素式的命题亦即作为句子的客观关联物的东西的先在统一性了。要做好要求于它们的事情，罗素式命题本身必须是统一体：不能是句

子组成部分的关联物的堆积，不能只是对象和关系的集合。

但这引出了一个问题。假定有一个与句子（1）相关联的罗素 80
式命题。我们可将它表述如下：

（1p）埃佛勒斯峰之作为世界最高峰。

如果这个命题的本性是要去说明（1）如何是一个完整的句子，而不只是一个词串，那么，它便不同于埃佛勒斯峰这么一个对象和是一座山[1]这么一个性质的简单堆积。我们可以用词串将后者表述如下：

（1a）埃佛勒斯峰，作为世界最高峰。

那么，统一的命题与简单的堆积之间的区别在哪里呢？很自然的想法是，要素——埃佛勒斯峰和是世界最高峰这种性质——在命题中以某种方式**连结**在一起。但这种“连结在一起”意味着什么呢？又会有这样的自然想法：埃佛勒斯峰这个对象必定实际**拥有**这个性质；也就是说，埃佛勒斯峰必定实际就是世界最高峰。

但我们再来考虑如下**这个**句子：

（4）埃佛勒斯峰是一片湖泊。

1 原文为“是一个人”，疑误。——译者注我们可将与这个句子相关联的罗素式命题表述如下：

（4p）埃佛勒斯峰之作为一片湖泊。

而如果罗素式命题是完整的统一体——要能说明句子的统一性，它们必须是完整的统一体——则命题（4p）必须不同于其组成部分的简单堆积。后者可表述如下：

（4a）埃佛勒斯峰，作为一片湖泊。

81 可是，这种区别会是怎样的呢？如果我们顺从与（1p）和（1a）相关的那种自然想法，则命题（4p）是由埃佛勒斯峰实际是一片湖泊构成的。但是,（4）当然是假的：埃佛勒斯峰实际上不是一片湖泊。所以，似乎并不存在（4p）这样的命题：不存在埃佛勒斯峰实际是一片湖泊这回事儿。

我们会想到克服这一困难的一条可能途径：我们会说，句子或许是同**可能**情境——对象与性质或关系的**可能**结合——相关联的。句子为真时，可能的结合就是实际的，而非仅仅可能的；句子为假时，这种结合就只是可能的。（4p）实际可被视为表现了事物的一种可能组合，而这样便似乎可以解决我们的难题了。然而，罗素似乎并没有考虑这种解决方案，而且有很强的迹象表明，他并不会赞同这种方案（Russell 1910: 152）。它也面临着进一步的困难，其严重程度有赖于如何理解语言物件与语言外物件之间的关联。

弗雷格和（早期）罗素似乎都主张,（至少有些）**句子**是包含在关于有意义性的关联性构想所适用的那些表达式之中的。(这里也有必要回想一下前面第一节中谈到的、表达在［C］中的那种关于关联的构想)。在弗雷格看来，句子的充分有意义性依赖于它们同真值相关联：真值是（一种独特的）对象，没有真值的句子充其量也是意义上有缺陷的。在（早期）罗素看来，句子的有意义性依赖于同命题相关联。似乎没有明确的理由认为，真命题的有意义性比假命题的有意义性更基本。这样的话，若任何句子都依靠同语言外的东西相关联而具有意义，则真句子和假句子都得依靠这种关联才具有意义。而这意味着，必须要有作为假命题的关联物的语言外物件。如果坚持这种观点，我们就得采纳对于由假句子引出的、针对罗素关于句子统一性的解释的难题所提出的那种解决方案，要是 82
我们可以弄清楚句子如何同仅仅是对象、性质和关系的可能组合相关联的话。但是，我们能弄清楚同只是可能的东西相关联的句子的意思吗?

这有赖于我们想到的那种关联。第一节讨论由（C）提供的关于关联的观念时，我说过,(C）是同某些从其他先前关联中**派生**出来或者依赖于它们的关联相一致的。显然，派生关联是同**非派生**关联相对照的。弗雷格似乎并不怎么关心派生关联与非派生关联的区分，而且也不大可能假定句子与真值的关联是非派生关联：假如它是的话，那么，在知道一个句子是否为真之前，是不可能理解它的。不过，倒是有可能把罗素理解为一直关心这种区分的，而且认为句子同命题的有些关联是非派生的。而且一种非派生关联，似乎只能在一个语言物件与某个实际存在，而非只是可能的语言外事物之间建立起来。[1]罗素似乎认为，只有相关的命题实际存在——只有一个句子为真——才可能存在该句子的合适关联物。而这意味着，他不得不放弃为他提供了关于句子统一性的解释的那种理论。

这里的难题可重新表述如下。尽管罗素将真正意义上的单称词项的类，限定为其意义确实依赖于同对象相关联的那些语言表达式——从而将限定摹状词排除在真正的单称词项之外——但实际上，他似乎也把完整句当成复杂单称词项了，其有意义性也可以像
83 单称词项的有意义性那样，以一种根本上相似的方式——根据一种非派生关联——加以说明。对罗素的涉及命题统一性的难题的自然解决方案，似乎会拒绝如此对待完整句，并否认其有意义性依赖于同语言外物件的关联。我们在第四章将会看到，这实际就是维特根斯坦所采取的路径。

---

1 罗素本人似乎被类似的考虑打动了：命题需要是判断的实际对象（Russell 1910: 152）。

第五节　命题的统一性与多元关系判断理论

在面对假句子困难时——还有其他一些困难[1]——罗素本人似乎又回到了类似于洛克对句子统一性的解释[2]。在与怀特海合著的《数学原理》中，我们发现，他否认命题属于构成世界的基本统一体——即便它们与之对应的句子为真。持有这种关于命题的早期解释的理由之一是，它提供了一种关于命题态度构造的令人愉快的简单解释。比如，我们这样说：

（5）奥赛罗相信苔丝狄蒙娜爱卡西欧。

1　格雷厄姆·斯蒂文斯强调，还有别的理由拒绝他早期的命题－对象理论，这同似乎由它造成的悖论有关（Stevens 2005: Ch. 2）。

2　这里用“实际上”一词，是因为我们就怀疑罗素本人是否明确关注于如此加以考虑的句子统一问题。整个这一时期内，他显然都在关注于如何让他的理论产生出某种统一；而他希望他的理论产生出的这种统一至少是在句子的统一中表达出来的——在句子与词串之间的对比中。因此，他的理论势必会提出一种对句子的统一体（句子与词串之间的对比）的说明。但他本人确实认为，他所处理的这种统一，只是事物的本性中或判断中的更深层的统一的反映。

这句话自然会被解析为，包含着在一个思考者奥赛罗和他相信的对象**苔丝狄蒙娜爱卡西欧**之间成立的一种双位的或“二元的”关系。罗素的命题理论提供给我们的正是这样的分析：信念的对象就是“苔丝狄蒙娜爱卡西欧”这个命题——或者，以我们前面用到的表述方式，就是“苔丝狄蒙娜之爱卡西欧”。在《数学原理》中，罗素和怀特海拒绝了这种简单观点：

> 当一个判断出现时，便存在某个由心灵和判断的**各种**对象构成的复杂实体。
>
> （Whitehead and Russell 1927: 44；我的强调）[1]

不存在一个单一的判断对象；毋宁说，存在着在一个思考者和
84 一个可能的命题的组成部分之间的关系——在我们的这个例子中，就是奥赛罗和以下三个实体之间的关系：苔丝狄蒙娜、卡西欧，还有“爱”这种关系。判断包含**多元**关系，而不只是（一个思考者和单独一个判断对象之间的）“二元”关系。罗素和怀特海评论道：

> 从以上理论可知，在命题应该是判断的**那个**对象的意义上，“命题”乃是一个错误的抽象物，因为一个判断有多个，而不是一个对象。
>
> （Whitehead and Russell 1927: 44；原作者的强调）

1 我参照的是怀特海和罗素的《数学原理》的第二版，因为这个版本是最容易得到的：在这些关键的方面，它同1910年的第一版没有什么差别。

他们接着写道：

> 由于单个判断的对象具有多元性，所以我们称为一个“命题”的东西（就它不同于表达它的短语而言）并不是一个单一实体。即是说，表达一个命题的短语乃是我们所称的“不完全”符号；其本身没有意义，而只有再添加上某种东西，才能获得一种完全的意义。[1]
>
> （Whitehead and Russell 1927: 44）

那么，要添加什么呢？罗素和怀特海这样说道：

> 当我判断“苏格拉底是人”时，是判断的动作让意义完全了。
>
> （Whitehead and Russell 1927: 44）

这便是罗素著名的多元关系判断理论。它或许已经解决了涉及没有语言外实体的实际组合与之对应的句子的难题，但它又带来了其他一些困难。[2]其中之一是**次序**难题。在（5）——可说明奥赛罗的嫉妒的句子——和下述论断之间有明显的差别：

（6）奥赛罗相信卡西欧爱苔丝狄蒙娜。

---

1 当然，这种“完整意义”的完整性，在意义的层面上，乃是句子的完整性（或统一性）——这种完整性是将句子和纯粹的词串区分开的东西——的对等物。

2 这有时被称为“窄方向难题”：见斯蒂文斯（2005: 92）。

85 如果没有类似（5）这样的判断，上面的论断只能说明奥赛罗的骄傲或同情，而不是嫉妒。可是，如果信念——按罗素式理论，就像所有判断一样——包含只存在于一个相信者和这个信念所涉及的包括关系在内的各种事物之间的某种关系的话，那我们该如何理解上述差别呢？我们很难说“奥赛罗处在与**依序排列的**卡西欧、爱和苔丝狄蒙娜的一种相信关系中”。词语可以在任何书面或口头语言中拥有一种次序，但很难理解判断动作怎么去给事物排序。[1]而且，即便是词语的排序，也总会把我们拉回到句子的统一性问题。词语可用两种方式排序：要么出于无关的目的——就像按字母表排序，或者按字母数排序——要么出于语法要求。显然，(5）和（6）中的词语排序并非出于无关的目的：这里的排序是英语语法所要求的，要是我们想恰当地表情达意的话。可是，语法要求总是对于完整、统一的句子的构造的要求。而这表明，只有弄懂了句子的统一性，才能弄懂词语的这种排序。

无论如何，多元关系判断理论在这一点上都会面临着困难，因为它是想把一种关于句子统一性的洛克式的心灵－动作构想，同一种关于（大多数）词语之意义的客观的世界－定位构想融合起来。正如罗素本人后来所说的：

> 假设我们希望理解“A和B是相似的”。重要的是，我们的思想据说应该“统一”或“综合”这两个项和这种关系。

1 尽管如此，罗素也曾有过这种想法：他假定判断关系总是具有某种“意思”或“方向”（Russell 1910: 158）。

> 但是，我们实际无法“统一”它们，因为，要么A或者B是相似的，这样的话，它们已经被统一起来了，要么它们是不相似的，这样的话，再怎么思考也无法迫使它们统一起来。
>
> （1984: 116）

这便确证了一开始的想法（见第四节）：难以把关于意义的客观构想，同关于是什么把句子统一起来的主观构想融合起来。

多元关系理论的最后一个困难也值得提一下。在提出这一理 86
论之初，罗素并不想坚持认为，从根本上存在着完全不同的、关于事物的逻辑范畴。（我们下一节会回到这一论题。）因此，苔丝狄蒙娜、卡西欧、爱的关系都是原则上可**被命名**的实体（比如，用“苔丝狄蒙娜”“卡西欧”“爱”这样一些名字）：按罗素早年的术语，它们都是**项**。我们会认为，爱的关系是一种完全不同于苔丝狄蒙娜和卡西欧的实体类型，而按照罗素的理论，它们在某种意义上被视作是语法上同等的。从罗素当时的观点看，多元关系判断理论的一个优点是，它不要求与不同类型词语相关联的实体之间存在逻辑类型的差别。这些实体组合在一起，不是因为它们同属于一个统一的、完整的命题，而是因为它们是由进行判断的主体的精神动作而组合在一起的。原则上，一个进行判断的主体可以将任何一组实体统一或综合起来——或者至少（想着上述最后一个批评），其将实体组统一或综合起来的能力不依赖于它们的逻辑类型。

维特根斯坦认为，这个结论是不可接受的。他在1913年《逻辑笔记》中以如下方式表达了这一点：

任何一种正确的判断理论都必须使我无法做出这样的判断："这张桌子笔筒这本书（this table penholders the book）。"（罗素的理论并不满足这一要求。）

（*NL*: 96）

这一论点在《逻辑哲学论》中再次出现，只是表述上略有不同：

5.5422　对"A判断p"这种形式的命题的正确说明必须表明，不可能对空谈做出判断。（罗素的理论不满足这个条件。）

87 这里所表明的是，像命题的统一性这种东西，必须先于判断的介入，而被当作基本的所与接受下来。并不是所有的词语组合都构成完整的句子，而只有完整的合语法句子才能出现在"A判断p"这种句式中"p"的位置上。[1]这是对判断可能性的一种限制，而这种限制完全独立于任何同判断主体的特征相关的东西；而且它需要一种关于句子或命题统一性的观念，这一观念独立于任何关于判断动作的考虑。

罗素观点的发展史以及对他的各种论点的阐释史的确切情况到底怎样，是个争论不休的话题。不过，在面对上述这些困难时，罗素似乎至少是朝着抛弃多元关系判断理论的方向行进的。1913年，他撰写一部暂定名为《知识论》（*Theory of Knowledge*）的手稿。

1　这有时被称为"宽方向难题"：见斯蒂文斯（2005: 95–96）。

这部手稿包含了我觉得至少构成他对判断理论的初步修订内容，而不管罗素赋予它怎样的地位。[1]从本质上说，这种新理论对句子做了某种类似于摹状词理论对单称词项所做的事情。这表明，至少在很多情形下，句子不应被视作实体组合的名字。相反，它们暗含着

1 难以弄清楚的是，罗素是如何意识到他本人提出了一种与多元关系理论不相容的理论的。有些迹象表明，他在撰写《知识论》手稿（Russell 1984）时以为自己提出了某种新的东西。这份手稿写于1913年5月7日到6月7日这段时间。5月20日，他告诉奥托琳·莫瑞尔，维特根斯坦提出了“对我一向持有的判断理论的驳斥”（Russell to Morrell #782; 1984: xix）：这自然会被当作出现在《逻辑笔记》第96页和《逻辑哲学论》5.5422中的论证，“我一向持有的判断理论”自然也会被当作多元关系理论。这种批评似乎并没有太影响到罗素的写作进程，而这件事让他看起来似乎不再认为自己持有多元关系理论。依我看，5月25日他显然在写的那一节（1984：第二章第三节）里似乎提出了一种新的判断理论。第二天，他见到维特根斯坦，并将“我正撰写的关键部分”拿给他看。他报告说，维特根斯坦说它“没有意识到困难，完全是错的——他对我的观点做了审判，并且知道它行不通”（Russell to Morrell #787; 1984: xix）。我认为这种批评是针对我觉得是一种真正的新观点的批评，而且是维特根斯坦后来以我在行文中引用的那些术语重新加以表述的东西。这一次的批评真的打乱了，而且事实上损毁了罗素的计划。但还是很难弄清楚罗素认为自己在做什么，因为即便在《知识论》手稿中那些非常靠近我以为提出了不同理论的地方的那些部分里，还是存在着类似于多元关系理论的某种理论的明显迹象。在（1984: 109）罗素宣称“命题是……‘不完整的符号’”，而这是多元关系理论的核心主张之一（其完整性由心灵的一个动作得来）；而且在（1984: 129）他谈到理解-复合物，这至少看起来类似于（按照多元关系理论）由判断动作创造出的复合物。而且与“纯粹形式”相关的亲知概念的使用（1984: 99; 129），似乎给了我们另一版本的多元关系理论（尽管在旧的多元关系理论中常见的那几种成分之外，又添上了形式这种额外的成分）。据此或可认为，罗素以为即便是在1913年手稿中他也坚持某个版本的多元关系理论，而他似乎在其中提出了新理论的那些部分，实际上只是想要处理排序难题——所谓的“窄方向难题”——即使它们势必会带来更广泛的后果。

存在量词。就像罗素所指出的：

> “a在b之前”这个命题（这里：句子[1]）必须被释义为“存在一个复合物，在其中，a较早并且b较晚”。
>
> （1984: 135）

这里似乎带着一种新的判断理论：判断a在b之前，实际上就是判断存在一个复合物，在其中，a较早，b较晚。

乍看来，这似乎是对罗素先前两个理论所遇到的难题的妥善解决。我们这里并没有遇到关于命题的早期解释所面临的虚假难题：句子一般不命名由实体组合而成的复合物，而判断并不把我们
88 直接纳入同这些实体的关系中。一个句子可以有意义地断言一种实体组合的存在，即便事实上并不存在这样一种组合；而且一个主体可以相信存在着实体的某种组合，即便并不存在这样的组合。而且复合物的统一性不依赖于我们的判断：宁可说，我们判断存在着这样一些复合物，其统一性完全独立于我们的任何动作。我们这里也没有遇到排序难题，而正是这个难题困扰着多元关系理论：在那里，单称词项的排序在语言中起重要作用，这种排序可视为表达了一个复合物中彼此关联的对象的位置（比如，空间和时间）的客观

1 罗素对“命题”一词的使用在手稿前面的部分变得明显带有语言学色彩（1984: 80, fn. 1），尽管这一点后来得到了修正（1984: 105–107）。

差异。[1]

尽管有这样一些诱惑，罗素还是放弃了提供一种判断理论的所有努力，也包括我觉得构成了一种新理论的这种提议。人人都说，促使他放弃这一论题的，似乎就是来自维特根斯坦的批评。批评是私下里做出的，但维特根斯坦后来在一封写于1913年6月的短信中重新做了表述：

> 我现在可以把我对你的判断理论的反对意见准确表达如下：我相信，若"A判断a与b处于关系R中"这个命题得到正确的分析，则从该命题必定可以**不使用任何别的前提**直接推出"aRb.∨.~aRb"这个命题。你的理论并未满足这个条件。（*CL*: 29）

或可将这种批评视作无非就是对我们已经遇到的那种批评的复述，而它是专门针对多元关系判断理论的。但有趣的是，1913年6月的信中的批评确实针对罗素的新理论，而另外那个批评则并未明显这样做。直观上看，当某人判断aRb时，她所判断的就是**aRb这件事情**（that aRb），而**aRb这件事情**可以发生，也可以不发生。可是，根据罗素的新理论（按我所理解的），当某人判断aRb时，她所判断的实际是，存在着这样一个R-复合物，在其中a

1 事实上，罗素是为了应对排序难题（所谓的"窄方向难题"）才引入这一理论的，而我认为这压根儿就是一种新的判断理论——尽管他可能没有意识到这是一个新理论。

89 占据一个位置，b占据另一个位置。这下就清楚了：**存在着这样一个R-复合物，在其中a占据一个位置，b占据另一个位置**，乃是某种可以发生，也可以不发生的事情；但我们需要另一个前提——一个R-复合物是一个命题复合物——以清楚地表明，这个**复合物自身**也是某种可以发生，也可以不发生的事情。

维特根斯坦的批评（按上述这种阐释）是合理的吗？后面几章将表明，维特根斯坦有理由去反对那些关于语言的解释，这些解释要求语言表达式的逻辑或语法地位被明确规定下来。但是，有理由认为，除了这些考虑之外，比起维特根斯坦所清楚地表明的，我们甚至更有理由对罗素的新观点表示担忧。为看清这一点，我们需要引入原子句子这一概念。原子句子就是不包含逻辑联结词（“并且”“或者”“并非”“如果……，那么……”，它们的形式对等物，以及量词）的句子。罗素注意到了他的理论的一个惊人结论（或许在对维特根斯坦早先的一种批评进行反思之后）：

> “a在b之前”这个命题（这里：句子）必须被释义为“存在一个复合物，在其中，a较早并且b较晚”。这里包含“并且”一词，而它是指示**分子**（非原子的）复合物的词语之一……这个结果很奇怪，因为“a在b之前”这个复合物是原子的，而与之对应的**命题**（句子）却不是原子的。不是很容易就能相信，可以有这样一种差别存在，或许有望找到避免这种差别的另外一种关于“意思”（方向）的理论。
>
> （1984: 135）

略作思考便会发现，根据罗素的新理论，没有任何句子是真
正原子的。[1]这表明，任何表面看来是原子的句子（如维特根斯坦
的“aRb”）并不能具有它似乎具有的形式，而且我们无法通过说
一个原子复合物（比如，所假定的那个在其中a占据一个位置b占
据另一个位置的R–复合物）是由一种形式的原子句子所表达的，
来将它定义为那种形式的命题。[2]可是，如果它不是凭借具有一种 90
句子形式而成为命题，那它会是怎么成为命题的？这让维特根斯坦
指出的那种困难（如果我理解得正确的话）显得非常深刻。这个难
题不只是：需要加上一个额外的前提，以确保所说的复合物是命题
性的。困难在于弄不清楚，如果没有可表达这个复合物的句子，它
之成为命题是怎么回事。不只是需要一个前提：似乎没有任何前提
可最终起到这种作用。

罗素对复合物的原子性同它的表达的分子性之间的不对称的忧虑，值得我们稍作探讨。罗素接受不了的是这样一种暗示：在原子复合物的情形下，语言形式同世界形式不相匹配。我们将会看到，维特根斯坦在《逻辑哲学论》中所作出的解释，恰好不会面对这样的困难。

---

1 罗素本人似乎认为，这一难题只在涉及单称词项次序的那些句子的情形中才会出现；但他的新判断理论似乎也有事可做，要是它为处理多元关系判断理论所面临的其他难题而没有再次陷入困扰着旧的命题–对象解释的那些难题的话。

2 罗素自己写道：“原子命题可暂时这样加以定义：其言语表达同原子复合物的言语表达具有相同的形式。”（1984: 110）不清楚的是，罗素想要在过了“暂时”之后做出怎样的修正，而这种修正是必要的，因为，按罗素的新理论，似乎没有任何言语表达和原子复合物的言语表达具有相同的形式。

第六节　命题的统一性、词的相关物和语境原则

如果像洛克的理论及罗素的多元关系判断理论所认为的那样，命题的统一性是由心灵动作所保证的，那么，词语的语法——它们如何组成句子——就不具有根本的重要性了。这意味着，词语不必有根本不同的类型：或者至少，词语之间的类型差别只需是一种表面的差别。而且，如果我们有一种语言观，根据这种语言观，基本语言表达式凭借同语言外事物相关联而具有意义，那么，在与不同的语词相关联的语言外物件之间就不必有类型上的根本差别。这对维特根斯坦来说，是多元关系理论的决定性困难（就像我们已看到的），而对罗素来说，则是该理论的一个关键性的优点。

91 就其从事哲学中最高级的技术工作的那段时期而言，可以说罗素一直坚持这样的观点：在同词语相关联的那些实体中间，不存在逻辑类型方面的根本差别。可以看出，这是数学的逻辑构造所依赖的分枝类型论的核心内容（在与怀特海合著的《数学原理》时

期）。[1]不过，在其早期著作《数学原则》中也可以找到。回想一下该书中所用的术语：语言表达式在世界中的关联物是**项**；在项中罗素区分开了**事物**（与专名相关联的项）和**概念**（与包括谓词在内的其他表达式相关联的项）。一开始，罗素就说道：

> 每一个项首先都是一个逻辑主词：比如，该命题的主词本身就是一个。
>
> （Russell 1903: 44）

一个逻辑主词就是一个句子可能会**论及**的一个实体；它是可用名字指称的某种东西。稍后，罗素考虑了如下论题：

> 有人会想到，应在概念本身与作为项使用的概念之间做出区分：比如，在是与存在、人与人性、命题“这是一”中的一与“1是一个数”中的1之间。
>
> （Russell 1903: 45）

这不太好理解，但我觉得罗素考虑的这些实体，都是世界中的实体，而不是语言物件。所以问题是，比如，“是”和“存在”是否与**同一个**实体相关联，亦即，**是**和**存在**（这两个实体）是不是同一个。同样，罗素这里称作命题“这是一”的这个命题，也是世界中的一个统一的实体：按我前面用到的那种表达方式，就是**这之作为**

1 这一论点是在斯蒂文斯（2005: 102–05）的敦促下提出的。

92 一。请注意，罗素这里用“项”这个概念来指称世界中的实体，仅当它们作为“逻辑主词”起作用时。在“项”的这种用法中，一个实体之作为一个“项”是同它之作为一个**形容词**相对照的：我们再次看到，作为一个“形容词”，并不是作为某种**语言**实体；宁可说，这是指称一个世界中的实体的一种方式，当这一实体起到一种形容词性的——修饰性的——作用时。

这么一来，就应当把一（可作为一个修饰词即一个“形容词”出现的实体）和1（作为一个逻辑主词即一个“项”出现）区分开啦？罗素说，若我们说应当这样做，“无法克服的困难将把我们团团围住”（1903: 45）。如下是他的论证：

> 假设一作为形容词不同于1作为项。在这一陈述（由上一个句子表达的陈述）中，作为形容词的一已经被转变成一个项（因为它是逻辑主词）；因此，要么它变成了1，这样的话，该假设就是自相矛盾的；要么，除了这个事实即前者指谓一个概念而非项、后者指谓一个作为项的概念之外，在一和1之间还存在着另一种差别。可是，在这后一个假说中，必定存在着将一作为项的命题，而且我们仍将不得不坚持认为将一作为形容词的命题是同一作为项相对立的；然而，所有这些命题都必定是错误的，因为关于一作为形容词的命题把一用作主词，从而事实上是关于一作为项的。
>
> （Russell 1903: 46）

所以，这便成了主张在与不同词语相关联的实体之间不存在逻辑或语法类型上的根本差别的根本原因。只要它们是实体，它们就必定可以作为逻辑主词——命题所论及的东西——而这要求它们成为罗素所称的**项**。

将语言表达式的所有相关物都归入同一种基本逻辑类型——它们全都是项——这种做法在1913年手稿（Russell 1984）中的新判断理论中也可以看到。关于**复合物**的观念，就是关于实体的观念，它可以是一个逻辑主词，而它又以某种方式——即便是像我们所看到的那样一种奇怪的方式——成为整个句子的关联物。对于逻辑类型的齐一性的同样的坚守，在罗素的逻辑工作中自始至终都在那儿。 93

就此而言，罗素的观点同弗雷格大为不同。弗雷格认为，不同类型的亚句子表达式对应于世界中完全不同类型的实体。在弗雷格看来，单称词项（比如专名）指称对象：对象的独特性在于它们是“满足的”或完全的。根据弗雷格的观点，谓词指称他称之为“概念”的一类特别的函项。弗雷格的概念是“未满足的”，或不完全的——正如谓词可被视作含有一个或更多空位，需要用单称词项去填充，以构成完整的句子。[1]这把弗雷格引向了一个悖论，这个悖论同我们刚刚看到罗素所展现的那个悖论差不多：正是这个悖论促使罗素坚持认为，在与不同类型表达式相关联的实体之间不存在逻辑类型方面的根本差别。弗雷格欲坚持认为，“概念”亦

1 然而，我们不应该假定，谓词的不完整性在于它们仅在句子的语境中，而不是在孤立状态下才是可理解的。弗雷格坚持认为，所有表达式只有在句子的语境中才是可理解的，而且倾向于尤其在单称词项（他所说的专名）的情形中强调这一原则。

即谓词的关联物，在类型上完全不同于对象亦即单称词项的关联物。我们来具体考虑一下**马**这个概念——谓词“x是一匹马”的关联物——的情形。弗雷格似乎承诺如下**这一点**：

（CH1）**马**这个概念不是一个对象。

问题在于，“**马**这个概念”这一短语在语法上发挥着单称词项的作用（至少，按照弗雷格的语法是这样）。但这意味着，如果它指称什么东西的话，它所指称的就是一个**对象**，而不是一个“概念”。这么一来，弗雷格便不可能真实地陈述出对象与“概念”间的根本区分。事实上，只要谓词被认作是指称实体的，弗雷格似乎很难说出谓词与什么东西相关联，从而很难说出谓词的意义是什么。[1]例如，下面这句话就不可能真正说出弗雷格想要它说出的东西：

（CH2）谓词“x是一匹马”指称**马**这个概念。

1　按戴维森（1984a）的后见之明，我们可以对“x是一匹马”这个谓词做如下解释：

（H）谓词“x是一匹马”对一对象为真，当且仅当该对象是一匹马。

或可认为，弗雷格本人在弗雷格（1893: §5）中提出了关于横线“—”之指称的这种解释（感谢彼得·沙利文让我注意到了这一段落）。但值得指出的是，无论在此处还是在（H）中，指称这个概念都不是同谓词联系起来使用的，而且，确实不清楚的是，像（H）这样的解释究竟是不是暗示了谓词具有指称，或者句子指称真值。

因为“马这个概念”这个短语如果指称什么东西的话，就只 94
能指称一个对象；而没有任何对象可以是“x是一匹马”这个谓词所指称的。弗雷格对这一难题的回应是出了名的：

> 从字面上看，我的表达有时会词不达意，我想这也是语言难以避免的；在我想到的是一个概念时，我却提及一个对象。我充分意识到，在这样的情形下，我仰赖一位读者乐意到半道上迎接我——不至于疑神疑鬼的。
>
> （Frege 1892b: 204）

罗素对此不屑一顾：他说：“我以为，弗雷格的理论……将经不起推敲。”（Russell 1903: 510）

但是，弗雷格对其观点的坚守，尽管悖谬，却并不是无厘头的。它源自关于语言物件及与它们相关联的实体的论断，即关于**语法对应**的论断：

> （CG）不同类型的语言表达式的不同语法，必须与同它们相关联的实体的不同相匹配。

（CG）势必会引出困难，因为表达式“马这个概念”和“x是一匹马”本身在语法上就是不同的，但是，若谓词的意义要首先通过与实体相关联加以说明的话，则这两个表达式必定与同一个实体相关联。可是，只要我们认为，单称词项和谓词的意义本质上都包含着同非语言实体相关联，就很难看出，我们如何能抛弃

（CG）——至少对于同样的难题会对之产生的那些表达式的情形而言——而不采纳一种关于句子统一性的准－洛克解释。

按照一种类似洛克的观点，支撑句子统一性的那种统一性，
95 是由一个判断动作创造出来的：词语本身并不需要包含任何东西，来让它们适合于以它们实际所是的方式组合在一起；而且也不需要任何可比较的组合适用性在这些词语的关联物中被找到。简而言之，句子的语法既不是通过在词语本身中，也不是通过在语言外关联物中找到的东西而得到说明的。然而，一旦我们抛弃了这种观点，我们便不得不接受这样的主张：只有当句子的组成部分依据本性而如此这般地组合在一起时，它们才能合乎语法地结合起来。如果我们认为部分只有凭借同语言外事物相关联才具有意义，则自然就会认为，只有在这种关联中，或者在为使这种关联成为可能所要求的东西中，各种语言物件才适合于它们的各种语法角色。但是，关联本身是如此粗鲁的连结方式，以至于连结活动本身无法提供语法。毋宁说，我们必须假定，语法包含着在适宜于构成完整句子的语言物件与具有一种相匹配的组合能力的语言外物件之间的某种关系。

当然，我们这里所拥有的只是关于关联假定（Corr）的一般论点——这一论点是在这一假定初次被引入时得出的（本章第一节）——的一个特殊应用而已。由于关联不可能是一个变换过程，所以，它所能做的只是，让语言物件能够**反映**它们与之相关联的语言外实体的特征。这意味着，我们在实际使用中的语言中发现的那些特征，必定要么是（i）同意义无关的（因为本质上无意义的实体——标记和声音——的固有特征），（ii）记号之与语言外实体相

关联这个单纯的事实，要么是（iii）对那些语言外实体本身的某种意义上的反映。不能把语法看作是同意义完全无关的；一个表达式之具有某种特殊语法，也不只是同某个特殊实体相关联这个单纯事实而已。因此，表达式的语法必定是对与之相关联的那个语言外实体（要是有这么一个实体的话）的性质的反映——或者，是对**可**与 96
之关联起来的语言外实体的性质的反映，要是还没有任何关联实际发生的话。

既然我们在语法中有了关联假定（Corr）借以使我们有资格认为语言揭示了世界的性质的方式的一个特殊事例，那么，我们也最好去直面这么一个论题：当相关想法开始出现之时，这一论题便被许多人意识到了。我已指出，（Corr）要求语言**反映**世界的某些根本特征。或许可以认为，这让任何接受（Corr）的人都承认一种简单的实在论。在这里，实在论是根据我们在第一章中所下的那个作为对如下论题的承诺的定义来理解的：

> （R）世界的性质本身完全独立于任何关于它的思想或表象的东西。[1]

但是——让我们暂且关注语法的情形——重要的是要认识到，关于语言外类型被反映在语言的语法之中的观念，可以在至少三种方式中的任何一种方式上加以理解。第一种是最明显的方式：我们假定世界本身是由这样一些物件构成的，它们实际已经适合于以某

1 （Corr）本身预先假定了实在论——这一想法是皮尔斯（1987）提出来的。

些特定的方式（可以说，合乎语法地）彼此组合在一起。按照这种观点，我们假定，将语言物件同世界中的这些物件相关联，使先前毫无意义的语言物件简单地从世界中的物件那里**借来**它们的组合能力。根据这第一种解释，世界的语法是基本的，语言只不过是复制它。

这是最明显的观点，不过，可以构造出一个它的替代者。按这一替代观点，我们只是从标记和声音出发。必须有什么事情对这些东西发生，以使它们变成有意义的词语。根据这种替代观点，所发生的是，它们（要么同时，要么前后相续地）[1]被提供了一种语
97 法，并被投射到世界上。这种投射实际是向世界投射一种语法。按照这第二种观点，世界本身并无语法，但在将纯粹的标记和声音确立为有意义的词语时，我们所做的是把一种语法读进世界中。在将这种语法读进世界之后，我们便在这个已被语法地看待的世界中，找到了可作为我们刚刚创造出的语法词语的适当关联物的那些物件，而这些词语本身，现在就可以反映这些物件的客观语法（权且这么说）了。

按我上一章对实在论所下的定义（对［R］的承诺），上述两种观点都是实在论的。就第一种观点来说，世界本身便包含了语法的世间关联物，可从中直接得出语言的语法。就第二种观点来说，

1　关于这一论题，参考约翰斯顿（2007b）和本书第四章第三节。我认为如下这一点很重要：若我们采纳这幅图像，则这些步骤是连续的，就是说，一种语法的确立先于同某个世界的关联。否则的话，《逻辑哲学论》便不会提供对关于世界中的必然性的康德式难题的回应了，而我认为这种回应乃是该书的核心论点之一。关于这一回应，参见本书导论和第五章第五节。

世界本身并不包含任何语法关联物：它是语法上不定型的。但第二种观点让我们得以了解或可称作“语言的世界”的东西——不是如其所是的世界本身，而是在构造语言的过程中，被我们再次设想为语言的关联物的那个世界。一旦我们开始将这个“语言的世界”视作某种意义上的实在世界，一个同实际世界相分离的实体，我们便发现了实在论观点对其不再适宜的某种东西：“语言的世界”的性质将不完全独立于任何同关于它的思想或表象有关的东西。

可以看出，这第二种观点是康德式的：就如其所是的世界本身来说，它是实在论的，而就“语言的世界”来说，它是唯心论的。[1]但我们现在可以设想，某个人对在这种康德式观点之内描述世界本身的可能性，持怀疑态度。假如语言只能谈论适合作为其语法类型的关联物的那些物件，那我们如何能够谈论如其所是的世界本身呢？而且，假如我们甚至无法谈论如其所是的世界本身，那我们如何能够阐述这种康德式的立场呢？所以，我们会倾向于在这幅图画中抹去康德式的如其所是的世界，只留下“语言的世界”，而 98
此时它便成了我们可将其描述为“是其所是的”世界的唯一的世界。可是，根据这第三幅图画，由于我们可视作是其所是的世界的依然是“语言的世界”，我们现在似乎承诺了一种对（R）的直接否定：是其所是的世界的性质，并不完全独立于任何与关于它的思

1 这是康德（1781/87）里的康德。

想或表象相关的东西。相反，其性质是由语法的投射所塑造的。[1]

我们这里有三种完全不同的关于语言和世界之关系的构想。但它们在这一点上是共同的：它们都承诺（CG），尽管它带有悖谬性。（CG）本身在实在论的、康德式的、唯心论的语言探究路径之间是中立的。

然而，无论我们把实在论问题引向哪条道路，我们都得认识到，就其语言性质而言，完整的句子在某种意义上是基本的。如果词的意义必须包括它们的语法，那么词的意义就必须包括它们借以同其他词结合成完整句子的那种方式，因为词的语法**不外乎**就是它们同其他词以某些方式组合成完整句子的能力。因此，关于词语意义的任何解释都必须预设完整句。这便把弗雷格引向了他著名的“语境原则”。他以不同的方式表述这一原则。这是其中一个版本：

> 绝不要孤立地，而只在命题（句子）的语境中，询问词语的意义。[2]

这是另一个版本：

---

1 值得指出的是，尽管这第三种观点明显是唯心论的，但它似乎无法陈述其自身的唯心论。因为，要陈述其自身的唯心论，它就不得不考虑它必定会认为不可理解的一种可能性——这个世界（按第二种康德式的观点）应当是世界自身。这种困难一直萦绕在《逻辑哲学论》对唯我论的处理中：见第六章。

2 弗雷格（1884: x）。

只有在命题（句子）的语境中，词语才有意义。[1]

这条原则到底意味着什么，或者，弗雷格究竟需要怎样让他的论证更有效[2]，这些都不完全清楚。但我们可以认为弗雷格想要坚持的是如下这一点：

（CP）一个词的意义，只在于它对于它出现于其中的合理 99
构造出来的句子的意义所做出的贡献。

我们将会看到，比起弗雷格本人，维特根斯坦对完整句的基本性的理解更为确实、更为彻底。

1 弗雷格（1884: 73）。

2 这里的议题是，弗雷格要求语境原则在他关于数是对象的论断中有多大的分量。这一论断将在下面的第八节做简要探讨。关于这一论断和语境原则的联系，详见赖特（1983）。

第七节　逻辑形式与逻辑常项

弗雷格和罗素，以各自不同的方式，接受了我们在本章第一节指出的关于语言的两条核心假定（Corr）和（Obj），并将它们应用于三类不同的语言表达式，而根据弗雷格-罗素逻辑语法，其中每一种类型都自然会被视作基本的。单称词项与对象（罗素的事物）相关联，谓词与概念（罗素所说的性质和关系）相关联。句子的情形不同，而且要复杂得多，但令人吃惊的是，这里也存在着类似的主张。在弗雷格看来，它们与真值相关联[1]，而在早期罗素看来，它们与命题相关联。即便是在1913年，罗素似乎也一直认为，世界包含着完整句的对等物——如果不确切是关联物的话：当一个"aRb"形式的句子为真时，便会存在一个**a与b处于R关系中这么一个复合物**，而其形式是命题性的。

但是，我们这里似乎一直没有考虑到整个一类表达式。这类

1　尽管这一般而言是派生性的关联，只是通过将谓词所指称的函项应用于单称词项所命名的对象而得到的。

表达式通常被称作“逻辑常项”——比如，“并非”“或者……或者……”“如果……那么……”“并且”等。对这些表达式的理解，对于理解逻辑是关键性的，而理解逻辑又是弗雷格和罗素的共同关切。(Corr) 适用于这些表达式吗？它们是依靠同语言外的某物、世界中的实体相关联而具有意义的吗？

按弗雷格成熟时期的观点，这些表达式明显是被当作类似于谓词的东西加以处理的。我们前面已看到，在弗雷格眼中，谓词 100 的有意义性依赖于它们同世界中一类特别的物件——他称之为**概念**——相关联。这些概念本质上是“未满足的”或不完全的实体。事实上，它们是一种特别的函项。一般来说，一个函项，就是把一个或多个对象作为输入（或主目），产生某个对象作为输出（或值）的这么一个东西。不同种类的表达式可以指称不同种类的函项。因此，“x的父亲”指称一个（关于**作为x的父亲**的）函项，若我们输入一个特定的对象（伊丽莎白二世女王），则我们得到一个特定的对象（乔治六世国王）作为输出或值。根据弗雷格的观点，谓词“x是一个君主”所指称的是一种特殊的东西：如果你把一个特殊的对象作为主目，你就会得到一种非常特别的对象——真或假（依这个主目是不是一个君主而定）——作为值。弗雷格逻辑中的“逻辑常项”——像“并非”“或者……或者……”“如果……那么……”“并且”这样一些表达式的形式对等物——也指称另外一类特别的函项。这些函项被称为**真值函项**：它们以一个或更多句子的真值作为主目，产生一个复合句子的真值作为它们的值。在弗雷格看来，一般的函项表达式凭借同一类特殊的实体——“未满足的”或不完全的实体——相关联而具有意义。这同样也适用于“逻辑常项”：它们同样与不完全实体即真值函项相关联。

这类观点对维特根斯坦的基本思想（包括他在《逻辑哲学论》4.0312中所称的他的“基本思想”）构成直接挑战。而且它还有深层的根源，具有非常一般性的哲学意义。逻辑很自然地会被视作一个下述意义上的先天学科：我们并不是通过实验或经验来发现什么从什么中推出来的。这很容易让人假定，这种认知性的论点——涉及我们如何认知逻辑——是由一种形而上学论断来支撑的，我们可
101 称这种论断为关于逻辑的**世界-独立性**论题。可将这一形而上学论题表述如下：

（WIL）逻辑不依赖于任何特定的发生的事情。

也会有人认为，（WIL）说明了逻辑的显而易见的**必然性**：在逻辑中成立的东西，也在所有可能世界中成立。（WIL）和关于逻辑的先天性的论断，都关涉到我们可称为逻辑**真理**的东西的地位：它们不是**关于**世界的真理，而我们并不需要**经验到**它们的真，以便知道它们为真。但是，有人会很自然地认为，这些论断要求更彻底的独立于世界：它们不能依赖于任何关于世界的亲知。

这些话题追溯到了哲学传统，下一节我们将进一步探讨这些关联。不过，我们已经说得够多了，足以让弗雷格关于“逻辑常项”的观点迷雾重重。弗雷格的观点似乎使逻辑依赖于世界中的某种东西：真值函项这类特别的实体。我们关于逻辑的理解似乎必定会依赖于对这些实体的直观或亲知。

罗素对这些论题驾轻就熟。在1913年《知识论》手稿中下面

这段评论中，他似乎倡导一种版本的世界–独立性论题，并拒斥弗雷格的理论：

> 一个提及任何确定实体的命题都不是逻辑的，无论这个实体是共相（性质或关系）还是殊相：没有哪类确定实体是真正的逻辑命题的成分。[1]

这似乎明显是在否认存在任何“逻辑”实体。那么，我们该如何看待所谓的“逻辑常项”呢？罗素这样说道：

> 看起来似乎是出现在逻辑命题中的实体的那些“逻辑常
> 项”，其实只涉及纯粹形式，实际上并不是其名字出现于其语 102
> 言表达式中的那些命题成分。[2]

我们注意到，这里有某种犹疑不定。“逻辑常项”不是实体，不是命题成分，但无论如何是被命名了的。我们后面将会看到，这种犹疑不定会再次出现。

这种“纯粹形式”是什么？罗素考虑了如下这个“纯粹逻辑命题”，它是通过将“如果苏格拉底是人，并且凡人皆有死，那么苏格拉底是有死的”这个命题的成分的指称移除而得到的：

---

1 罗素（1984: 97–98）：注意“命题”的意义在这里似乎发生从第一个从句中的句子到第二个从句中的句子的**客观关联物**的转换。

2 罗素（1984: 98）：显然，这里的“命题”毫无歧义地意指句子的**客观关联物**。

> 无论x，α和β是什么，如果x是α且凡α皆β，那么x是β。

他评论道：

> 这里不再有任何对应于苏格拉底、人性和有死性的成分。保留下来的只有命题的纯粹**形式**，而这种形式并不是一个“事物”，并不是同先前在这种形式中被连结起来的那些对象相并列的另一个成分。
>
> （Russell 1984: 98）

他接下来又做了几句评论：

> 显然，当一个复合物的所有成分都被列举出来之后，事实上就剩下某种可称之为该复合物的“形式”的东西了，这便是这些成分在复合物中组合起来的方式。出现在逻辑中的，正是这样一些纯粹“形式”。
>
> （Russell 1984: 98）

而且他还提出了一种刻画这些形式的可能方式：

> 例如，我们来看“苏格拉底比柏拉图年长”这个命题。它具有二元复合物的形式：我们自然可以将它的形式符号化为“aRb”。……当达到“aRb”这种形式时，我们已经实现了从“苏格拉底比柏拉图年长”出发所能做的最大限度的概

括了。

（Russell 1984: 98）

关于这一点有两个关键点需要注意。首先，形式并非**实体**， 103
因此自然要用变项（一个变项取代每一单称词项，一个变项取代每一谓词：不过，我们也应注意，将变项描述为包含“概括”是有些奇怪的）来表现。其次，形式乃**复合物**的形式：就是说，它们是命题性实体（某种意义上，它们是句子的对等物）的形式。（**苏格拉底年长于柏拉图**这个复合物将是“苏格拉底比柏拉图年长”这个句子的对等物，尽管它不是该句子的关联物，就像罗素原先所说的客观命题似的——出于第五节里考虑的那些原因）。通过断言逻辑关注于复合物的形式而非任何一种实体，这种观点似乎确保了逻辑的世界-独立性。

遗憾的是，罗素似乎未能坚守这种观点。给他带来麻烦的是一个认识论事实：我们知道（就拿刚刚这个例子来说）苏格拉底、柏拉图和年长如何能组合成一个复合物。罗素认为，我们不可能知道这一点，除非我们**亲知**该复合物的形式（Russell 1984: 99）。罗素认可这里可在一种拓展的意义上使用“亲知”一词（Russell 1984: 99），但不清楚的是，这种意义的“拓展”是否足以消除随亲知概念的引入而带来的困难。这个困难就是，在罗素看来，亲知是在一个人同语言的某种基本特征的客观关联物之间成立的一种关系，借助这种关系，这个人得以理解语言的这种特征的意义。由于假定我们甚至可以在一种**拓展的意义**上亲知复合物的形式，罗素似乎被迫将这些形式当成一类十分抽象的对象。

很难不将罗素这里对所涉及亲知的描述，看作他对这一点的一半清醒一半醉（an awkward half-consciousness）。当他说“亲知”
104 一词可以在一种拓展的意义上使用时，这种拓展之所以是必要的，是因为我们在处理的是“像纯粹形式这么抽象的东西”——也就是说，是因为亲知对象的**抽象性**，而不是因为它并非真正的对象。下面的评论也很能说明问题：

> 反思下来，我们时常会觉得难以查明这种亲知；但毫无疑问的一点是，尤其是在涉及非常抽象的事物时，我们经常会具有一种很难看清或很难被亲知到的亲知。
>
> （Russell 1984: 99）

这里并没有暗示，这种“拓展的”亲知的对象，比这种亲知本身更不像是一个对象。

由亲知概念造成的压力，很自然地被理解为罗素改变其表达形式的惯用方式的原因。就像我们已经看到的，“苏格拉底比柏拉图年长”的形式，先前是由包含变项的表达式“xRy”所给出的，但罗素很快就将这种形式变成了一个**事实**——即“这样的事实：存在着这样一些实体，它们构成了具有所说的那种形式的复合物”。（Russell 1984: 114）他对这种形式的最后表达，不再包含变项，而包含量词：不再是“xRy”，而成了“某物与某物具有某种关系”（Russell 1984: 114）。[1]

1　这是对维特根斯坦致罗素的一封信（*CL*, pp. 24–25）中关于形式的观点的回应。

当罗素在数页之后回到形式概念时，这里所暗含的东西被清楚地揭示出来了：

> 需要记住的是，根据我们关于如何理解命题的理论，纯粹形式总是理解-复合物的一个成分，而且是我们要理解该命题必须亲知的对象之一……由于我们想把“形式”这个名字赋予真正的对象，而不是符号化的虚构物，所以我们把这个名字给了“某物以某种方式与某物相连结”这个“事实”。要是存在着对形式的亲知这么一种东西的话，就像有好的理由相信的那样，那么，形式必定是真正的对象；相反，像“某物以某种方式与某物相连结”这个绝对一般的“事实”，是没 105
> 有成分的，不可分析的，因此必须被称作简单的。
>
> （Russell 1984: 129）

在这里，形式毫不含糊地是判断的成分，与可在罗素关于判断的分析中找到的寻常对象和关系享有同等地位。而罗素本人却已经提出了似乎对任何这样一种理论做出决定性驳斥的主张：

> 形式不可能是一种新的成分，因为假如它是的话，则必定会有它同另外两个成分连结在一起的方式，而假如我们把这种方式再当作一个成分，我们便陷入了无穷倒退。
>
> （Russell 1984: 98）

罗素最终似乎陷入了一种困境，这种困境同弗雷格的概念与对象困境不无相似之处。罗素引入亲知概念来处理一个引人注目的认知事实，而这一概念的特征似乎迫使他将形式当作对象加以处理——尽管他有令人信服的理由不这样设想它们。

罗素为理解逻辑而按亲知概念的要求引入的对象，还不只是形式这种东西：

> 除了原子复合物的形式之外，在构造非原子复合物的过程中还涉及许多其他逻辑对象。像**或者**、**并非**、**所有**、**有些**这样一些词语都涉及逻辑概念；而且，由于我们可以满怀智慧地使用这些词，所以我们必定会亲知到所涉及的这些逻辑对象。
>
> （Russell 1984: 99）

罗素对逻辑常项的这种处理方式，连同他对“纯粹形式”的处理方式，激发出了维特根斯坦《逻辑哲学论》语言观中的那些最
106 引人注目的基本论断。[1]他认为，逻辑不需要任何类型的亲知，而且不存在与逻辑常项对应的“逻辑对象”。这只是他对我们所称的“关于逻辑的世界–独立论题”的承诺的一部分。[2]这一论题也同罗

1 弗雷格也有一种关于逻辑常项的指称性构想：例如，他认为否定记号指称一个“概念”（Frege 1893: §6）。

2 也有人认为，维特根斯坦是要反对他在罗素那里发现的一种明显“一般主义”的逻辑观：按这种观点，逻辑真理就是关于世界的“最一般的”真理。不过，这一观点对罗素到底有多大用处，还有不小的争议：见戈德法布（1989）、沙利文（2000）和普卢普斯（2007）。

素从弗雷格那里承接下来的那个数学哲学规划有关：事实上，提出这一论题的动因可以在那一背景下更清楚地展现出来。

第八节　弗雷格和罗素论数学

事实上，罗素对逻辑常项和形式——一类特殊的亲知对象——的处理方式，同他从弗雷格那里承接下来的数学哲学进路之间存在着张力。但罗素与弗雷格均投身于关于数学的**逻辑主义**——主张数学只依赖于逻辑。这种观点，以及与之相关的重大哲学论题，可视作《逻辑哲学论》的一般哲学观点的最初来源。事实上，人们自然会认为，源自这条数学进路的那些难题，甚至在他采纳那种最终决定性地影响了该书内容的语言观的过程中，也起到了重要的作用。《逻辑哲学论》中的思想最初表达在维特根斯坦的《笔记本》中，而这些笔记不是从任何关于语言的一般思想开始的，而是从以下这句著名的评论开始的：

> 逻辑必须照顾自己。
>
> （*NB*: 2; *TLP*: 5.473）

可以认为，这一评论既表达了我们上一节探讨的世界－独立论题（WIL），也表达了如下观点：逻辑是一门先天学科，不需要关于世界的经验。维特根斯坦对这些论题的关注，直接源自弗雷格和罗素数学逻辑主义这个背景。数学逻辑主义乃是维特根斯坦的逻辑观与整个哲学传统之间的纽带。

数学逻辑主义的重要性可回溯到康德。康德是要根据对“形 107
而上学”这个概念的某种理解来捍卫形而上学的可能性。按这种理解，形而上学乃是关于世界必定如何的研究，亦即，它旨在提供这样一些真理，它们既是必然的，又是真正关于世界的。康德认为，要成为必然的，它们就得是先天的：在所有思想中以某种方式被预设。但是，要成为真正关于世界的，它们却不可能只是对我们带到世界上的那些概念进行分析的产物：就是说，它们不可能是分析的。所以，在康德看来，形而上学的可能性是建立在如下这种可能性之上的：存在着既是综合的（非分析的，不只是分析所涉及概念得到的结果）又是先天的真理。在坚持这类真理时，康德是在反对休谟，在后者看来，必然真理只是反映了我们的概念，而且（当我们以一种适度傲慢的眼光来看时）它们总归是微不足道的。

康德认为可以存在先天综合真理，不只是出于理论上的根据，他认为存在实际的例子。他认为，数学真理就是这类真理的明显事例，因为一方面它们既是必然的又不是通过实验被知道的，另一方面它们又可清楚地应用于实在世界（我们可以数实在事物；我们可以把几何学应用于我们周围空间中的物件），而且并非微不足道的。因此，康德的数学哲学乃是他关于思想与世界的一般构想的核心内容。根据康德的观点，数学真理依赖于两种官能的合作：感性官能提供关于世界的某种亲知（“直观”）（即使它是一种前经验的先天直观，而且只是关于作为时空实体的世界的）；知性官能贡献思维律。

与康德相反，弗雷格旨在表明数学（更确切地说，算术：就
108 几何而言，他并不反对康德）并不依赖于任何直观或亲知：他宣称，在假定下类似于关于逻辑的世界-独立论题前提下，算术只依赖于逻辑。弗雷格的观点是要表明，算术是分析的，而不是综合的。当然，他的观点既需要进一步丰富“分析的”这个概念——不能再被视作由总归无关紧要的真理所构成的领域——也需要进一步丰富“逻辑”这个概念。弗雷格发展出了一种新的逻辑系统，而这一系统实际上就是现代逻辑：他声称，仅凭这种逻辑便足以产生出整个算术。

算术基于少许公理。这些公理最初由戴德金（Richard Dedekind）表述出来，紧接着又由皮亚诺（Giuseppe Peano）表述出来，如今，这些公理就是以后者命名的。如下是对这些公理目前通用版本的非形式化表达[1]：

（Pe1）0是一个自然数；

（Pe2）任一自然数的后继是一个自然数；

（Pe3）0不是任何自然数的后继；

（Pe4）没有任何自然数是多于一个自然数的后继；

（Pe5）若0具有一个属性，而且任一具有这一属性的自然

1　格雷厄姆·普利斯特（1998）提供了关于皮亚诺公理的非形式表达及其他相关问题的一个有益的例子。皮亚诺本人把1而不是0当作第一个自然数。

数的后继也具有它，则所有自然数均具有它。

关于这些公理，有两个基本点需要注意。第一，处于核心位置的，是对计数程序（自然数就是用于计数的数）的那些形式预设的描述，它带着关于**后继**的概念。第二，在它们于此所具有的形式中（而且弗雷格和罗素也认为它们具有这种形式），它们暗含着一种单纯的（如果是外延的）本体论：自然数被当成了对象。要是我们按其字面意思接受下来这两个基本点，那么，要表明算术仅从逻辑中推出来，便需要完成如下任务：我们需要表明存在某些对象（自然数），其存在只依赖于逻辑（这使得它们成为逻辑对象[1]），而且它们具有若要保障计数程序就必须具有的那些属性。

那么，如何可能存在仅依赖于逻辑，而且具有为保障算术而 109
必需的关键属性的对象呢？弗雷格的回答依赖于如下想法：处于逻辑之核心的是述谓这个概念，而述谓本身便足以产生合适类型的对象。这个观念（用近代的术语说）就是，每一个谓词都定义一个类：由这个谓词对其为真的那些事物构成的类（比如，“x是一支钢笔”这个谓词就定义了由钢笔组成的类）。这个类反过来又是谓词应用于其上的一个对象。所以，仅凭述谓就足以引入一种特别的对象，亦即一个类；而类这个概念可用于产生算术。首先，可以构造出一系列拥有持续增加的元素的类。如下是一个可直观地加以

1 关于弗雷格对这个术语的一种用法，见（1980: 141）。

刻画的方式（接近于弗雷格本人的方式[1]）。让我们这样来定义一个类：它由不与自身同一的对象所构成。这也就是由“x≠x”这个谓词所适用的那些对象构成的类。由于根本不存在这样的对象，所以这个类是一个（那个）空类。重要的是，无须诉诸经验，便可看出这个类没有元素：不可能存在任何不与自身同一的对象，是一件只关乎逻辑的事情。一旦拥有了这第一个显然仅凭逻辑便可构造出来的类，我们便可接着构造出整个系列的类。那第一个类，尽管是空的，但它本身是一个对象；存在着“x是一个空类”这样一个谓词可应用于它。这个谓词可用来定义一个类，这个类的唯一元素就是这个空类。我们现在引入了两个类：那个空类和一个只有一个元素的类。这两个类本身是对象，可以集合在一起形成第三个类——一个有两个元素的类。可清楚地直观到，这个系列可无限地延展下去，其中每一项都是一个比前一项多一个元素的类。

这样一个系列为我们提供了某种至少反映出关于连续的基本算术概念的东西，但它还不是数本身的系列。我们想要的并不是这
110 一系列的每一步骤的那个类本身，而是这个类中的物件的数——可称之为**这个类的数**。为把握这一点，弗雷格使用了等数性或同数性这样的概念。我们可以问两个类是否具有同样数目的元素，或者，是否是等数的。事实上，等数性概念可在不谈到数的情况下被定义：若其中一个类中的每一元素都恰好同另一个类中的一个元素

1　弗雷格最初的建构是在他的（1884）中提出的。这种建构在弗雷格（1893）中做得更严谨、更规范了。对弗雷格关于算术的解释的一个不错的导引，见波特（2000: Chs 2 and 4）。更彻底的论述，见达米特（1991）。

相匹配，反之亦然，那么，这两个类就是等数的；而这一点可通过量化逻辑和同一性概念得到完全的说明。若回到原先那个由其元素持续增多的类构成的系列，我们显然可以将一个由类的集合构成的系列与之关联起来——构成这一系列的类与构成原先那个系列的类是同数的。实际上，弗雷格正是把这后一个系列等同于了自然数的系列。按弗雷格的观点，一个类的数，就是与原先那个系列中的适当的类等数的那些类的类。因此，0这个数就是与我们原先那个系列中的第一个类（由不与自身同一的事物构成的类）等数的那些类的类，依此类推。在弗雷格看来，自然数的系列就是一个类的类系列。

弗雷格由此认为自己确证了数是对象这一论断。首先，他赋予了“……的数”这种形式的短语以意义，以使其同如下的等值式相符合：

> （E）C1这个类的数＝C2这个类的数，当且仅当，C1这个类与C2这个类是等数的。

根据弗雷格的理论，“……的数”这种形式的短语具有单称词项的语法。由于适当地拥有意义的单称词项必定指称一个对象，所以必定存在由“……的数”这种形式的短语指称的对象；而且这些对象 111
必定是数。其次，他实际分辨出了数所是的一系列对象：这是一系列这样的类，它们是这样的对象，其存在只依赖于定义它们的那些谓词的有意义性。

无论弗雷格关于数的定义带有怎样的人工痕迹（我们真的认

为数就是类吗？)，它似乎都足以成为一种完全的算术构造的基础：我们可以用它推演出皮亚诺公理。令弗雷格感到沮丧的是，眼看着自己的逻辑主义规划就要正式完成了，罗素却向他指出，他的系统是矛盾的（Frege 1980: 130–31）。问题出在被设计出来表明整个构造只依赖于逻辑的那些关键假设之一上面，亦即这一假设：任何谓词都可用来定义一个特殊类型的对象，即一个类。问题出在这样的事实：在弗雷格的系统中，没有任何东西阻止定义了一个类的那个谓词被应用于那个类自身，而正如罗素所表明的，这将导致悖论。为看清这一点，我们先来考虑“是自身的一个元素”这个谓词。如果我们把它作为一个融贯的谓词接受下来，那么它便可真实地应用于那些是自身元素的类——比如，由不是钢笔的事物构成的类（因为这个类自身不是一支钢笔）——而且虚假地应用于任何其他的类。其他那些事物似乎是由一个不同的谓词——“不是自身的一个元素”这个谓词——挑选出来的。现在假定这后一个谓词定义了一个类：由不是自身元素的事物（类）构成的类。我们把这个类称为S。现在来问：S是自身的一个元素吗？亦即“是自身的一个元素”这个谓词可以真实地或虚假地应用于S这个类吗？先假定，S是自身的一个元素：由于要成为自身的一个元素必须满足由谓词“不是自身的一个元素”设置的条件，这样它便必定不是自身的一个元素。再反过来假定，S不是自身的一个元素。但不是自身的元素已足以满足由谓词“不是自身的元素”设置的条件，而这意味着S有
112 资格成为自身的一个元素。因此，若S不是自身的一个元素，它便是自身的一个元素。我们得出一个矛盾。似乎一旦我们允许自己构想出“不是自身的一个元素”这个谓词，并允许这样一个谓词定义

一个类，我们就将陷入麻烦。

罗素本人既没有一般地放弃逻辑主义规划，也没有放弃将数学建基于类理论这样一个具体的努力。相反，他试图通过限制构造类的方式及可容许的谓词的范围，来应对悖论。更具体地说，他主张在一个等级系统中构造类：处在基层的是个体；上一层是由个体组成的类；再上一层是由个体类组成的类，依此类推。类只能以等级系统中下一个层次的东西作为元素，因此，一个类或者是或者不是自身的一个元素的观念，成了完全不可理解的。与此相关的是（由于完全一样的悖论会产生于像一个不为自身所拥有的属性的观念，或者像“x并不应用于自身”这样一个谓词的观念），谓词只能有意义地应用于对象等级系统中较低层次的那些对象；所以，“x并不应用于自身”这样一个谓词，就被视作完全无意义的。这种理论——罗素的“类型论”——或许避免了悖论，但却导致了这样的后果：等级系统的不同层级间的共同特征成了无法把握的（因为任何把握它们的努力都会包含一个不遵守等级限制的谓词）。而这还意味着，必须引入另外一些地位不确定的公理，以产生出全部算术。[1]这些额外的公理并不显然只是逻辑的事情；因此，作为对数

1　这中间最明显的是所谓的无穷公理，它断言：存在无穷多个体（处于类的等级系统的最低层次的对象）。罗素理论的最终版本（连同“分枝”类型论）也要求引入一个更进一步的公理，即可还原性公理。若不引入罗素理论的技术术语，便难以表述可还原性公理，不过，其要点可非形式地传达如下：它是要恢复罗素悖论迫使他从弗雷格系统中排除的某种东西；实际上，它所做的就是，容许他主张每一有意义的谓词都界定一个类。对罗素关于算术（尤其包括可还原性公理）的解释的讨论，详见波特（2000: Ch. 5）。

学逻辑主义的维护，罗素的这种构造的最终地位是不清楚的。

维特根斯坦显然坚信数学逻辑主义的核心原则：数学不依赖于关于世界的任何直观或亲知，不管这种直观是多么的一般或抽象；因此，数学真理并不在康德意义上是综合的。这是将关于必然
113 性的一般观点向数学的情形的一种应用，而这种关于必然性的一般观点支撑着关于逻辑的世界－独立论题。但是，构造一个由“逻辑对象”组成的伪似世界（pseudo-world）的努力，并没有给他留下深刻的印象：这种努力尽管并未诉诸直观，却似乎为我们提供了只有直观才能提供的东西。他之拒绝关于算术的类－理论构造，同他之拒绝与通常的逻辑常项相对等的、特定的亲知逻辑对象的观念，至少是相互平行的。

如果我们把《逻辑哲学论》视作部分地是由他想要坚持从弗雷格和罗素那里承接下来的某种形式的逻辑主义的愿望激发出来的，与此同时还带着对将数学当成先天综合真理的领域的观念的拒斥，我们便可看到这部著作的一个更大的、更为一般的哲学目标。正如康德试图将形而上学一般地理解为要求先天综合真理，我们也可以将《逻辑哲学论》看作这样一种努力：去理解对于世界必然为真的东西——一般地，而不只是在数学的情形中——而不诉诸先天综合真理。如果我们贯彻这一思路的话，《逻辑哲学论》便开始显现为这样一部著作：它所关注的，在广义上说，是同康德的著作一样的问题域，尽管它对这些问题提出了完全不同的解答。

第三章 114

一般表象理论

第一节　维特根斯坦的出发点

按维特根斯坦的观点，《逻辑哲学论》开篇的那套宏大的形而上学理论，只不过是语言的可能性所要求的。可是，确切说来，所要求的究竟是什么呢？依据弗雷格和罗素的工作，维特根斯坦发现了两个基本假定和一对难题。两个假定就是我们在上一章中辨别出的**关联**假定和**客观性**假定：

（Corr）语言的有意义性依赖于语言物件和语言外物件之间的关联。

（Obj）为使语言有意义，语言物件必须与之相关联的那些语言外物件，乃是世界中的物件（对象）。

（Corr）或者某种十分接近于它的东西，似乎是显而易见的[1]： 115

1　尽管就像我在上一章指出的，尚不清楚戴维森（1984）是否接受了它，而且，它似乎是维特根斯坦本人后来（在《哲学研究》中）所拒绝的。

它是支撑着“语言乃记号系统”这一论断的东西，而这一论断至少从亚里士多德以来就被毫无疑问地接受下来了。而（Obj）也会被强加给我们，只要我们接受下由弗雷格对心理主义的拒斥而来的、朝向世界的一般定位：正是同世界中的物件的关联，而不是同心灵中的东西的联系，使语言成为有意义的。

而维特根斯坦所面对的两个难题是：

> （P1）为使语言有意义，哪些语言物件需要同世界中的事物相关联？
>
> （P2）如何对句子的统一性加以说明？

这两个难题须略作说明。就（P1）的情形而言，对于一种弗雷格式语法中的三种基本类型的表达式（单称词项、谓词和句子）中的每一种都会生出一个议题。单称词项自然会被直接定义为其意义依赖于同特殊的个体对象相关联的那些词项。这么一来，就出现了这样的问题：日常语言（及其他符号系统）中的哪些表达式应被算作单称词项？弗雷格很大方地将一些日常表达式纳入其中：尤其是，他把平常的专名和限定摹状词当成单称词项。如此一来，难题就在于把握在不存在与某个这类表达式相关联的对象的情况下，这个表达式如何能具有意义。弗雷格使用“意思”这个技术性概念对这一难题提出了一种解答，其优点充其量也是不清楚的。罗素通过其摹状词理论找到了一种精简单称词项的办法。事实上，无论是限定摹状词还是平常专名都没有被包括在内。单称词项——罗素本人称之为“逻辑专名”——的范围被限制在被关联于我们亲知到的物件的那些词项之中。这是一些我们对其存在无法弄错的物件，因此，一个表达式要被算作单称词项，仅当我们可以确定实际存在一个与之 116
相关联的对象。

至于谓词情形中的难题，则可从弗雷格处理**马**这个概念时遇到的困难，以及罗素的替代方案所面对的困难中，清楚地看出来。谓词自然会被理解为在某种意义上是不完全的，因为它们之中包含着可由单称词项填补的空位。这一想法反映了如下事实：弗雷格语法中的谓词包含系词或动词，它们传统上被视作负责将句子部分连结起来构成一个统一体。我们可以看出这里面的困难，只要我们去考虑是不是这样的情况：**如果**谓词是凭借同世界中的某个实体相关联而具有意义的，那么，所说到的那个实体本身便将某个对等物纳入了传统上认为谓词所具有的句子－统一语法之中了。如果它确实这样做了——如果谓词的世界对等物本身是一个不完全实体——我们便会遇到弗雷格的**马**概念难题：即便从最好的情况着想，也不大可能通过实际使用指称这个概念说出这个谓词指称什么，因为每一次这么做的努力都势必会把这个谓词的世界对等物当成一个**完全的**实体。[1]相反，如果我们采纳罗素的解决方案，并在最基本的逻辑

1 当然，就像前面在涉及第二章第六节时所指出的，我们可采纳一种戴维森似的解决办法并指出，我们可借助于如下这一点来具体指明（比如）“x是一匹马”所指称的东西：

（H）谓词“x是一匹马”对一对象为真，当且仅当该对象是一匹马。

而且，弗雷格本人或许就在弗雷格（1893：§5）中对横线“—”做出了这种解释。可是，就像我们在涉及第二章第六节时所指出的，这种解释本身并没有用到与谓词相关的指称概念，所以，尚不清楚它是否真的利用了谓词指称任何东西这种想法。

种类层面上将谓词的世界对等物视同于单称词项的世界对等物——它们全都是**对象**（罗素的“项”）——我们似乎就无法理解谓词的语法了：这样一些语言物件何以能拥有它们貌似拥有的句子－统一语法呢？乍看之下，只要我们还把谓词当成句子统一的代理者，则无论以哪种方式把谓词同世界中的物件关联起来，都将会把我们引向严重的问题。

就句子本身而言，弗雷格与罗素之间的观点分歧也给我们提了个醒。弗雷格和罗素都曾认为句子的有意义性要求同世界中的实
117 体的关联。[1]就弗雷格的情形而言，实体本身——真和假——就很奇怪，而且在所有真句子或所有假句子的意义之间没有做出任何区分。罗素在其早期理论中，将句子看作是同命题——句子的类似－句子的世界对等物——相关联的。但这种处理方式却面临着这样的困难：很难理解如何实际存在着假句子的类似－句子的世界对等物。[2]为对此做出回应，罗素转向了“多元关系”判断理论，从而抛弃了句子需要同世界中的实体相关联的想法——而他接下来就要面对如何理解句子的统一性的困难。

除了关乎单称词项、谓词和句子的多个版本的（P1）类型的难题之外，还存在着另外一类对于弗雷格的系统很关键的表达式，但无论是弗雷格还是罗素都没有对它们说出任何重要的东西。我们

1 当然，就弗雷格的情形而言，这种关联乃是我在第二章第一节所称的派生性的关联：并不是说，弗雷格彷佛假定，句子的意义可通过明确而直接地将整个句子同真值关联起来而得以确定下来。这里，有必要回顾一下我在第二章第一节的（C）中所提出的对关联这个概念的刻画。

2 还有斯蒂文斯（2005: Ch. 2）所讨论的其他一些困难。

如何理解逻辑常项——“如果”“并非”“并且”“或者”这样一些表达式的形式对等物——和量词（对应于“所有”和“有些”）？在《知识论》手稿中，罗素至少承认，需要为这些表达式的意义做些说明，而且很快（如果说还相当模糊的话）便假定，必定存在着它们与之相关联的“逻辑对象”。但这是有问题的，其原因将在第五章详细探讨。

关于（P1）这个难题的各种表现形式就说到这里。（P2）这个难题——如何对句子统一体加以说明——并非与它们毫不相干。如果语言是凭借语言物件与语言外事物相关联而具有意义的，那么我们很自然地就会认为，句子所具有的独特的统一性和完整性必定反映了某种语言外统一体（即便这种语言外统一体本身只是语言统一体的一个投影）。[1]可是，到哪里去找那个语言外统一体呢？它似乎不可能是由判断动作创造出来的某种东西——像洛克或主张多元关系判断理论的罗素所认为的那样——因为这看起来同表达在 118
（Obj）中的关于语言的世界-定向的一般构想不一致。而且它如何可能是世界中的某个东西，也不是一目了然的，因为就假句子的情形而言，很难看出如何可能存在任何适当的语言外统一体。事实上，这一难题似乎隐藏在谓词情形中出现的（P1）形式的难题背后。在世界中为传统上被赋予谓词的句子-统一语法寻找对等物，类似于早期罗素对如何说明句子的统一性这一难题的解决办法——因此似乎要求甚至为假句子设定客观的句子对等物。另一方面，假定谓词的世界关联物中没有任何东西对应于谓词的独特语法——至

1　见第二章第六节对实在论和唯心论问题的简要讨论。

少从表面上看——似乎迫使我们采纳关于句子统一性的洛克式的判断－动作解释。

我们可以认为，维特根斯坦将（Corr）和（Obj）视作关于语言所能思考的仅有的东西，而这导致他面对以这些让人不快的形式呈现出来的（P1）和（P2）这两个难题。这样一来，我们便可将《逻辑哲学论》中的语言理论看作他对这些难题的解答。这一理论乃是关于表象的一般理论在语言上的应用。本章接下来将关注这种一般理论；我们将在下一章探讨这种一般理论在语言情形中的应用。

第二节　巴黎法庭模型

在写于1914年9月的一段著名评论中，维特根斯坦的新语言理论的核心内容被表达出来了：

> 在命题中世界被试验性地组合起来。(就像在巴黎法庭上，一场车祸被借助于玩具车等表现出来。)
>
> （*NB*: 7）

括号里提到的事儿，显然是维特根斯坦在一本杂志上读到的。 119

法庭上的这个模型似乎激发出了后来被称作维特根斯坦关于语言的“图像”理论。“图像”（“picture”）这个术语可能会产生误导。它译自“Bild”这个德语词，其意思不尽相同。像“picture”一样，“Bild”首要地是用于视觉表象，但它到达这一步所经由的是不同的路径：“picture”在词源上同绘画相关联，而“Bild”则与更为一般的组合及形成的观念相联系。这意味着，“Bild”自然可以被应用到模型，而“picture”却不行。而事实上，维特根斯坦乐意使用“模型”这个词表达“图像”论（*TLP*: 2.12）。在描述维特根斯坦的理论时，我大多数时候都谈论“图像或模型”，以防止太过随意地将德语词“Bild”和英语词“picture”等同起来。

事实上，要想理解维特根斯坦提出了什么，关键是要看出他对语言的解释实际**植根于**关于模型的思想——就像巴黎法庭上的那个模型。他并不是在从一个美术馆出来或者看了一本素描之后，才想出了所谓的“图像”论的。很重要的一点是，他在《逻辑哲学论》中表达他的语言理论时说出了下面这句话：

> 3.1431　若设想命题记号由空间对象（桌、椅和书）而不是由写下的记号所构成，其本质便昭然若揭了。

在理解维特根斯坦的理论时，我们不应当在图画或照片与句子之间做类比。我们应试图把握这样一类模型的重要性，亦即我们自然地会将其描述为“试验性地组合出一个世界”的模型。

那么，维特根斯坦在看到法庭上的模型时，突然打动他的究竟是什么？[1]打动我们的又会是什么？我们来略微详细地设想一下
120 这个模型。我们可以假定，它可能包含画在一块巨大的板上的、类似于地图或街道分布图之类的东西；甚至还可能包含一些块状物（比如，木块）以标示出建筑物的位置，要是这些东西与所发生的

1　当然，只有当他乐于被它打动时，他才会为它所打动。众所周知，为这一观点做好了铺垫的东西之一就是赫兹（1894）。明显相关的是赫兹（1894: §§418–28）关于动力学模型的章节。

事故有关的话。所有这些实际都是背景中固定的东西。现在假定这场事故牵涉三辆交通工具和两位行人。我们需要代表每一辆车的模型，以及代表行人的玩具或者其他大小合适的东西。这些模型实际上是松散的：它们的位置事先没有固定下来。我们要做的是，把它们放置在街道模型和人行道模型的适当位置上，以显现在事故发生的那一刻，真实的汽车、真实的行人在真实的街道和人行道上所处的位置。

当我们从这样的细节来考虑这一模型时，关于它的最明显不过的一件事就是，模型汽车和人是**可移动的**：我们可以将它们摆放在模型街道和人行道的不同位置上。这样，我们移动它们的方式——用手拎起它们并把它们放在别的地方——当然是完全不同于真实的车辆和人的移动方式的。但它们最后落在的位置差别却不大，只要我们接受了某个比例尺的话。汽车模型和人物模型是固态空间对象，可用适合于这些事物的几何学和一般物理学加以描述；真实的汽车和人也是这样。汽车模型和人物模型在底板上出现的位置范围——鉴于比例尺的改变容许某些细节的丢失——完全同真实的汽车和人在真实的街道和人行道出现的位置范围一样。可移动的模型的配置可能性与可移动的事物——真实的汽车和人——在现实中的配置可能性完全一致。这让我们得以使用这一模型去试验性地构造出一种方式，而真实事物就是按照这种方式配置起来的。

这便是维特根斯坦的观察结论的核心内容。这个模型由一组以一定方式排列起来的可移动事物构成。每一可移动的事物都在某 121
种意义上代表或表现真实世界中的一个可移动的事物。可移动事物在模型中配置起来的方式的系列——容许比例尺的改变——完全同可移动事物在真实世界中配置方式的系列相一致。

可移动性就是生动化了的可能性：可移动的东西**可实际**被放置在不同的位置上。而正是这种生动性解释了法庭模型所带来的启发。不过，对于某个模型中固定下来的东西，也存在着替换的可能性：即便是固定下来的东西，**也可以**被放置在不同的位置上。所以，法庭模型的固定部分的实际位置——街道和建筑模型的摆放——**也可以**是别种样子的。广义地说，同样的道理也可以像应用于模型的可移动部分一样，应用于固定的部分。模型的每一个固定部分都代表或表现真实世界中的某个固定的事物。而且固定部分可以被配置起来的方式的系列——可考虑比例尺的因素——也同固定事物在世界中可被配置起来的方式的系列是一样的。至此，我们可以看出，对于带有可移动部分的模型最为明显地成立的东西，也可被认为适用于非常广泛的一类表象——包括那些被标准地理解的图像。比如，一幅写生画可能是由颜料在画布上留下的印记构成的。其中每一个印记，尽管现在没法移动了，都**本来可以**是留在画布上不同位置的。而且我们至少可以不那么荒谬地假定，其中的每一块印记（尺寸可大可小）都代表或表现世界中的某个东西。而这么一来，这些印记排列起来的方式的系列，一方面仍可视作表现了世界中的同样的事物，另一方面也可被认为是等同于相关事物在世界中可被排列起来的方式的系列的。

我以为，这恰恰就是把维特根斯坦引向他的语言理论的思考过程。这种理论通常被称作“图像论”，而我则宁愿将它描述为主
122 张句子就是**模型**的理论。巴黎法庭模型自然可被视作能依据如下三个事实对这起交通事故进行表征或描画的：

（PM1）该模型有可移动的部分，而真实情境包含可移动的对象；

（PM2）该模型的可移动部分可以同真实情境中的可移动对象关联起来；

（PM3）该模型中的可移动部分可被放置的方式的系列，同可移动对象在实在中可被放置的方式的系列是一样的。

若我们从可移动性概括出更为一般的可能性概念，便可得到如下关于模型的一般构想：

（M1）一个模型拥有本来可能以别的方式排列起来的部分，而真实情境包含本来可能以别的方式排列起来的对象；

（M2）一个模型的部分可被关联于实在中的对象；

（M3）一个模型的部分可被排列起来的方式的系列，同实在中与之相关联的对象可被排列起来的方式的系列是一样的。[1]

---

1 试比较：

> 当一个物质系统中的联系可通过满足如下条件的匹配物（coordinates）加以表达时，我们便可以说第一个系统是第二个系统的一个动力学模型：
>
> （1）第一个系统中匹配物的数目与第二个系统中匹配物的数目相等。
>
> （2）有了对两个系统中的匹配物的适当排列，就有了同样的条件方程。
>
> （3）通过匹配物的这种排列，对某个位移量的表达在两个系统中相互一致起来。
>
> （Hertz 1894：§418）

这种关于模型的一般构想，随后被维特根斯坦应用于所有类型的表象，包括由我们通常视作图像的那种东西所做的表象。

这便是维特根斯坦观点的核心内容。不过，这里还是要提请大家注意在表达他的理论时用语上的一个特点，这对我们下一章考虑语言的情形时将是有意义的。到现在为止，我们一直都在使用或多或少日常意义上的“表象”概念，来颇为随意地刻画维特根斯坦的观点。但维特根斯坦本人却以（广义上）系统地不同的方式，使用了两个判然有别的语词系列。一方面是与德语词“Darstellung”
123 相关的词语：这些词自然是用“represent”这个英文词的某种形式翻译过来的。另一方面，有一些与德语词“Bild”（图像、模型）相关的词语。那么，维特根斯坦的这种用词上的不同到底有什么奥妙呢？

简单地说，其奥妙如下。图像或模型与实在之间的关系一般用“Bild”的一个同源词来描述，并且很自然地被用“picture”的一个同源词（比如，“pictorial”“depict”）译成英文。用这些术语来说，模型与实在之间的关系是**图像性的**；模型**描画**实在——而且它可以正确地或不正确地描画实在。另一方面，“Darstellung”的同源词被用于描述**一个模型将实在作为存在加以描画的方式**。如果我们用“表象”的某个同源词来表达这个观念，我们会说，一个模型表象事物是某个特定的方式。[1]按这种对表象观念的用法，没有任何图像或模型可以**不正确地**表象某种东西：毋宁说，它所表象的**东西**

1 请注意，斯特纽斯（1960: 98）以对立的方式使用“描画”（depict）和“表象”（represent）这两个术语：我觉得这有些不自然。

可对于由模型描画的实在是正确的或不正确的。一般来说（尽管并非总是如此），维特根斯坦会以这两种系统地不同的方式小心使用这两个系列的德语词（可在2.173中找到一个例外，另外在4.04和4.12中也有类似情况），但奥格登在他的译文中并未留意这种差别（就此而言，皮尔斯和麦克吉尼斯的译本更为可取）。在引用时我会继续使用奥格登译本，尽管我会考虑到实际用到的德语词（本着皮尔斯和麦克吉尼斯译本的精神）并重新表述引文，且在注释中记下来。这一点对于本章的目的而言不是关键性的，但当我们在下一章（见第四章第三节）讨论一般表象理论在语言中的应用时，它会显出重要性来。

第三节　一般表象理论

在《逻辑哲学论》的以2.1和2.2打头的诸码段中，维特根斯
坦提出了他的一般表象理论——也就是说，这些码段呈现了得自巴
124 黎法庭模型的洞见在一般类型的表象或“图像”中的应用。这样，
它们就似乎在引入一个新的论题，某种不同于占据了1下面的诸码
段及2下面靠前的那些码段的那种宏大的形而上学理论的东西。不
过，这些评论的编码——它们仍完全处在2下面这个事实——自然
会表明，在维特根斯坦心中，它们归属于关于事实之性质的一般阐
述，而这乃是这些段落的首要任务。这是需要我们加以说明的。

2.1向我们提供了关于我们与世界的关系的简要陈述。把这个评论同时用两个经典译本的译法呈现出来，将会是有益的。奥格登是这样翻译的：

> We make to ourselves pictures of facts.（我们为自己制造事实的图像。）

皮尔斯和麦克吉尼斯则译成这样：

We picture facts to ourselves.（我们把事实图示给自己。）

奥格登的译文还是一如既往地抠字眼，而皮尔斯和麦克吉尼斯则更多地保留了原文的口语味道。奥格登如此抠字眼地翻译过来的德语表达式具有一种口语的力量，而这种力量近乎被皮尔斯和麦克吉尼斯完全把握到了：这是一种说我们看见了事实——甚或就是，说事实就在眼前——的再平常不过的方式。[1]如此一来，一旦我们接受世界本身是由事实构成的，这似乎就是不容否认的。奥格登的翻译所展现的是，如果我们从字面上看待它，日常德语描述这种几乎不容否认的事物的方式，实际上暗指我们在观看世界时构造了某种东西——某个**事物**。日常德语暗示，观看世界是一件构造图像或模型的事情。

当我们把从这两种翻译中得到的东西放在一起时，我们便得到了维特根斯坦这里所主张的东西的真正力量。我们一旦确认世界由事实构成——这毕竟是1下面的码段和2下面靠前的那些码段的一个核心论断——似乎就无法否认，我们在某种意义上把事实图示 125
给自己。而这正是说我们接近了这个世界。维特根斯坦的意思就是说日常德语的这种字面含义是正确的：我们对世界的接近确实包含

1　而且奥格登本人在3.001中用“设想”来翻译同一个构造——事实上是毫无帮助的（即便遵从了维特根斯坦本人的建议）——见第三章第五节以及注释25。

为它构造图像或模型。[1]而这将意味着，得自巴黎法庭模型的关于表象的构想——这种构想表达在（M1）至（M3）中——适用于我们同世界的最基本交道。[2]

可以说，从2.11到2.174之间的大多数评论是用来阐述这种关于表象的模型构想的。不过，它们也引出了关于这种构想的一些结论，这些结论对于如下两件事都是关键性的：一是维特根斯坦对他在弗雷格和罗素那里发现的困难的回应，二是《逻辑哲学论》的整体地位。2.13和2.131这两个码段是（M2）的表达。2.14至少预设了（M1）一半的内容：图像的元素以一种确定的（特定的、明确的）方式组合起来这一事实，预设了它们本来也能以别的方式组合起来。另外，这句话是对2.031的回应，那里说的是，原子事实中的对象以一种确定的（特定的、明确的）方式组合起来：而这给出了（M1）的另一半。

维特根斯坦关于**形式**所说的东西给了我们（M3）。先来回想一下与对象（事实的终极成分）相关的形式概念的引入：

> 2.0141　*对象出现在原子事实中的可能性即其形式。*

这就是说，一个对象的形式就是该对象可借以同其他对象组合成原

1　维特根斯坦所做出的恰恰就是同3.001的翻译相关的这个论点。见对第三章第五节关于3.001的讨论的注释，即下面的注释25。

2　试比较："一个动力学模型与它作为其模型的一个系统之间的关系，同我们的心灵所形成的关于事物的意象与事物本身之间的关系，恰好是一样的。"（Hertz 1894: §428）

子事实的一系列方式。再来考虑这一形式概念向原子事实的应用：

> 2.032　对象在原子事实中关联在一起的那种确定方式，就是原子事实的结构。
>
> 2.033　形式是结构的可能性。 126

一个原子事实的形式，就是构成它的那些对象之可能以它们可以被组合起来的方式被组合起来。它实际就是，从这些对象作为其成分的原子事实的视角来看，所有这些对象被归置在一起的形式。

随后，这一形式概念以一种恰好与此平行的方式被应用到图像上：

> 图像的要素的联结被称作它的结构，而这种结构的可能性被称作该图像的描画形式。[1]
>
> （2.15）

而这乃是一个实际是关于（M3）——一个模型的部分可被排列起来的方式的系列，同实在中与之相关联的对象可被排列起来的方式的系列是一样的——的断言的基础。维特根斯坦最先是这样表述它的：

> 2.151　描画形式就是事物如图像的要素那样组合起来的

1　我这里用“描画形式”替换奥格登的“表象形式”来翻译“Form der Abbildung”。

可能性。[1]

这种模型构想要求某种东西必须是**一样的**——根据（M3），模型和实在的构成部分的排列可能性的系列必须是**一样的**。维特根斯坦用形式来表达这一点，而我们已经看到，形式就是排列可能性：

> 2.161　在图像和它所图示者之间必有某种同一的东西，以使前者得以成为后者的图像。
>
> 2.17　图像为能——正确地或不正确地——描画实在而必须与之共有的东西，即其表象形式。[2]

127 这实际就是用形式这个概念表达出的（M3）。

维特根斯坦在这些码段（以2.1和2.2打头的码段）中又就一般表象做出了三个重要论断：其中的两个只有在这种一般理论应用到语言上时才完整地展现出其重要性，而第三个论断的最终后果直到全书结尾处才呈现出来。

第一个论断表达在如下两个评论中：

> 2.14　一幅图像在于这样的事实：其要素以确定的方式关联在一起。

1　我这里又用"描画形式"替换奥格登的"表象形式"。

2　又用"描画形式"替换奥格登的"表象形式"。

2.141　一幅图像即一个事实。

严格地说，2.14在这里被过度翻译了：德语句子中并没有与英语中的“fact”对应的词。德语句子只是说“图像在于这一点：其要素……”，但这并不会让表达该论断的这一方式成为完全错误的：毕竟，一个事实就是一个that从句——事物以某种方式排列起来。而且这一论断也在接下来的评论中恰恰以奥格登翻译的方式被概括出来了（2.141确实包含了一个对应于“fact”的德语词——我们熟悉的“Tatsache”）。

这一论断不同凡响。我们自然会把图像或模型当作复合对象：一个有构成部分的对象——这些构成部分就像是巴黎法庭模型中的可移动部分。维特根斯坦这里否定了这一点：图像或模型就不是一个对象，我们通常视作其构成部分的东西，并不是像部分与整体的关系那样，同图像或模型联系在一起。毋宁说，一幅图像或模型就是一个that，而我们视作部分的东西实际上只是“要素”。与其说一幅图像或模型就是一个带有部分的对象，不如说它就是某些要素以确定的方式被排列在一起**这么回事儿**。

若要图像或模型能表象事实，则图像或模型是事实，便是（M3）所要求的；（M3）要求模型的成分和与之对应的实在的成分能以相同的方式被排列起来。如果相关的实在是一个事实，这个事实的构成部分以适当的方式组合起来，那么，任何可表象那一事实的表象都必定也是一个事实。维特根斯坦因此写道： 128

图像的要素以确定的方式关联在一起，**这**表现出，事物也以同样的方式关联在一起。

（2.15，我的强调）

至此，图像或模型是事实这一论断尚未得到辩护。事实上，维特根斯坦从未给它提供明确的辩护。不过，一旦看到这一论断对语言哲学的重要性，我们便可代他来提供这样的辩护。到那时，我们就会看到它如何成为维特根斯坦解决（P2）这个难题——说明句子的统一性的难题——的基础的（见第四章第八节）。

维特根斯坦关于图像或模型所做的第二个重要论断——其重要性也只有在这一理论被应用到语言上之后才能完全展现出来——体现在如下这些评论中：

2.1511 这样，图像便同实在联系起来；它触及实在。

2.1512 它就像一把衡量实在的标尺。

2.15121 只有刻度线的顶点会实际**接触**被测量的对象。

2.1514 表象关系由图像要素同事物间的相互对应所构成。[1]

2.1515 这些相互对应好似图像要素借以触及实在的触角。

这里所表达的基本观点是：一幅图像或模型，凭借它的要素同它要表象的实在的成分相匹配，而成为一幅图像或模型。就是

1 这里用“描画”替换“表象”来翻译“abbildende”。

说，正是这种关联——（M2）宣示了其可能性——使得一幅图像成为一幅图像。就巴黎法庭模型的情形而言，该模型成为那场交通事故的一个描画，所凭据的就是汽车模型和人物模型同事故中涉及的真实汽车和真人之间的关联——以某种方式代表它们。就像维特 129
根斯坦所评论的：

> 2.1513　按这种观点，使之成为一幅图像的这种描画关系，也属于这幅图像。[1]

维特根斯坦所做出的关键论断就是，图像与实在之间的关联只是图像中的要素与实在中的事物之间的关联：并不要求在作为一个整体的图像——其要素以某种特定的方式排列起来这一事实——与实在中的一个事实——实在中的事物以某种特定的方式排列起来这一事实——之间也存在一种符合关系。这意味着，可以存在这样的表象，它们不正确地或虚假地描画了事物——它们把事物表现得和它们实际所是的情况不同。把这种理论应用到语言上时，这一点便会现出明显的重要性。这意味着维特根斯坦对于由（P1）——如何确定为使语言有意义哪些语言物件需要同世界中的物件相关联的难题——引出的那些论题持一种特殊的立场。他将反对弗雷格和早期罗素的观点，否认句子的有意义性要求它们同世界中的任何东西相关联。他主张，我们不需要像弗雷格那样，生造出真值这么一种奇特的对象；也不需要像早期罗素那样，设定“客观的

1　这里又用“描画”替换“表象”。

虚假”——所谓的假事实。在维特根斯坦看来，所需要的只是图像（说到底就是句子）的**要素**与实在中的**事物**之间的关联，而不是图像（句子）与实在中的某种可视作图像（句子）的关联物之间的关联。

现在值得停下来谈谈2.1512和2.15121所呈现的生动意象。这是一把平常的尺子的意象，每隔一段刻有一道线（公制中的毫米和
130 厘米；英制中的四分之一英寸、半英寸、一英寸）：这些便是维特根斯坦说的“刻度线”。维特根斯坦说，只有这些线的顶点——尺子边缘的顶点——才接触到被测量的对象。这里提出的是怎样的论点呢？或许就是我们刚刚说明过的论点：只需要有图像的**要素**与实在中的**事物**之间的关联，不需要作为整体的图像与实在中同它对应的某物之间的关联。可是，在这种解读之下，尺子的意象却瓦解了。维特根斯坦所说的是，刻度线的其余部分——远离尺子边缘的部分——不接触实在。所提议的解读不得不假定，整幅图像被比作整段刻度线。但这里的困难是，图像在于其要素以特定的方式排列在一起；按我们的意象，这些要素是一条条刻度线；而这意味着，构成这幅图像的事实乃是关于这把尺子上的所有刻度线（它们各自与实在中的某物相关联）的事实，而不是关于每条刻度线的不同部分之间的关系的事实。因此很难看出，这种意象是要证明，不需要在实在中有整幅图像的关联物——即便这是维特根斯坦想要得出的论点。

如果我们把2.1512和2.15121放在它们的上下文中来考虑，便可对这种意象做出更令人满意的解释。这个上下文就是维特根斯坦版本的（M3），亦即他关于表象必须同它描画的实在具有相同的**形式**的论断。于是，2.15121所主张的便成了这样的：对于一幅图

像或模型的要素而言，重要的只是，它们与实在中同它们相关联的物件具有同样的组合可能性系列。无须更多的相似性。而这实际就是主张，图像或模型的要素只是任意的记号。无论一幅图像的要素可以做怎样的表象工作，这项工作都可由完全不同的事物来做，只要这些事物与其他事物具有同样的组合可能性。根据这种解释，这一评论的要点就是坚持认为，这种表象只要求表象与实在之间的一种非常抽象的相似性：只是形式的相同。[1] 131

如果这是对的，那么2.15121与2.1515之间明显的关联——它们都包含图像要素**触及**实在的观念——便得出了一个进一步的论点。依我提出的解释，2.15121所主张的是，一幅图像要成为一幅图像，所要求的只是图像**形式**与实在**形式**相同；而2.1515则主张，所要求的是图像的要素与实在中的事物相关联。把这两条评论放在一起，似乎就得到如下论断：只有当关联双方的物件可以同样的方式与其他物件组合在一起，图像中的要素才能与实在中的事物相关联。就是说，这里所做的论断是，由（M2）——关联的可能性——所断言的东西要求由（M3）——形式相同——所断言的东西。并不是说，我们可以把模型的要素同实在中的物件相关联，**随后**确定模型的要素可怎样移动：而是说，只有模型的要素**已经**或**从而**[2]具有了与实在中的物件同样的组合可能性系列时，这种关联才首先得以建立起来。

1 试比较："一个系统不会被如下事实完全决定：它是某个给定系统的模型。物理外观上完全不同的无穷多系统，可以是同一个系统的模型。"（Hertz 1894: § 421）

2 就语言的情形而言的"已经"和"由此"阐释之间的差异，将会在第四章第三节中加以考察。

第四节　形式不可被描画

维特根斯坦认为可以从他的一般解释中得来的第三个重要论断出现在以下几个段落中：

> 2.172　然而，图像无法描画其描画形式；它把它展现出来。[1]
>
> 2.173　图像从外面表象其对象（其立场即是其表象形式）；因此图像正确地或错误地表象其对象。[2]
>
> 2.174　但图像无法将自身置于其表象形式之外。[3]

132　2.172的论断将被表明对于整个《逻辑哲学论》具有极其根本的意

1　这里用“描画”替换了“表象”。

2　请注意，在这里，令人吃惊的是，“represent”和“representation”乃是德语的（“stellt”和“Darstellung”）相近的翻译。

3　尽管区分开“描画”和“表象”具有一般的重要性，我还是看不出在描画形式和表象形式之间有什么区别。

义：这一论断使《逻辑哲学论》本身成为毫无意义的。在2.173和2.174中，我们看到了维特根斯坦对这一论断的论证。有理由说，这两个短小的码段乃是全书的关键段落。

遗憾的是，这一论证并不完全清晰。关键步骤似乎有这些：

（1）一幅图像只有在可以正确地或不正确地描画某物（其"对象"）时才可以描画它；

（2）一幅图像只有从它所描画的某物**之外**的一个位置才可以正确地或不正确地描画它；

（3）一幅图像可占据其自身形式**之外**的某个位置；所以

（4）一幅图画无法描画其自身形式。

我们首先需要弄清楚的一点是，维特根斯坦在2.173中谈到"对象"时，他不是在谈论作为事实的（从而最终也作为世界的）基本成分的对象。他用于指代那种意义上的对象（其形式即为世界的形式的那些必然存在物）的术语是"Gegenstand"；而这里用到的术语是"Objekt"。这种意义上的（"Objekt"意义上的）表象对象是**被描画的东西**，亦即维特根斯坦所说的实在中的某个特定的情境（皮尔斯和麦克吉尼斯实际上把这里的"Objekt"译成了subject）。

我们知道，一个表象的形式就是它的元素能以它们所是的方式组合起来：例如，巴黎法庭模型中的汽车模型和人物模型能以它们所是的方式被排列起来。如此一来，2.172做出的论断便是，表象事物处于某种特定的排列方式的一幅图像，无法表象它自身的元素处在同样的排列方式中。原因显然就是，一幅图像无法将自身置于它本身的表象形式之外。因此，论证显然有赖于一幅图像处在它所表象的东西之外是什么意思。稍后的一个码段提示了一种自然的解释：

133 2.22 图像通过其描画形式，独立于其真或假，表象它所表象的东西。[1]

我以为，说一幅图像占据一个处于它所表象的东西之外的位置，就是说它之作为一幅图像（实际就是它之作为它所是的那幅图像）独立于它到底正确地还是不正确地表象了事物。如果采纳这种解释，我们便可将整个论证重写如下：

（1*）只有当一幅图像可以正确地或不正确地表象p时，它才能表象p（对于一个给定的“p”而言）；

（2*）只有当一幅图像之作为一幅图像独立于p是否为真时，它才可以正确地或不正确地表象p；

（3*）一幅图像之为一幅图像无法独立于其元素是否可能如其所是地排列起来（或者实在中的事物可能如此排列起来）；因此

（4*）一幅图像无法表象其要素可能如其所是地排列起来（或者实在中的事物可能如此排列起来）。

1 这里用“描画”替换了“表象”。

一旦我们接受了维特根斯坦关于表象概念的核心论断，亦即，一旦接受了（M3），这里的前提（3*）就必定会被接受。但（1*）和（2*）包含着什么呢？有时会有人认为,《逻辑哲学论》的推理从根本上依赖于所谓的两极性原则。根据这一原则，就其最一般形式而言，每一有意义的句子必定既可以为真，也可以为假。一个句子要么为真要么为假（所谓的二值原则），这还不够。两极性原则要求，不仅每一命题必定落入两种类型之一当中，而且这两种类型都必须是每一命题的实时选项。如果我们认为两极性是2.173和2.174的论证的基本假设，那我们便会被诱惑去认为2.173，从而前 134
提（1*）明显包含这条原则：一幅图像之表象p的条件就将是，正确地表象p和不正确地表象p都必须是实时选项。

的确，两极性原则是维特根斯坦在创作《逻辑哲学论》的过程中时不时会接受的（*NL*, pp. 98–99, 101–02）。可是，尽管我认为某种类似两极性原则的东西——至少以某种受限的形式——包含在该论证当中，但我觉得这条原则本身并不具有这种推理赋予它的那种根本作用，而且它在2.173中是以一种同这种推理所意指的略微不同的方式出现的。如果我们把“可正确地或不正确地表象p”这个短语（或者2.173中的“正确地或错误地表象其对象”这个短语）视作本身就是对两极性原则的一种表达，那么它实际就将意味着：在表象p时，既可以是正确的，也可以是不正确的。这么一来，前提（1*）就将是实质性的论断，而前提（2*）就将是微不足道的真。但是，这确实错误地呈现了该论证（及2.173）的形态，这一形态要求（2*）是实质性的论断，而细想下来,（1*）即便不那么微不足道，也还是不可否认的。

我以为，接受（2*）的理由可探究如下。还是来考虑法庭模型。假定它非常糟糕地错误表现了真实的交通事故：汽车模型和人物模型被摆在完全错误的地点。我们设想有人说“无论如何，这个模型还是有某种正确的东西”。我们对此感到不解。“哦，至少就其本身的几何学来说，它还是正确的。”我们得到这样的回答。这种回答的确很荒谬，而其荒谬性正是2.173的基础。

这种回答荒谬在哪？似乎如下。表象的全部任务，就是描述独立于该表象本身的某物。这一直都是表象的关键。某物**独立于**一个表象，是怎么回事？很自然的想法是，如果该表象对于某物可能是错误的，则在相关的意义上，该物就是独立于它的。把所有这些
135 都放在一起，我们就得到这样的想法：一个表象只能描画可能对它是错误的某种东西。而这意味着，没有任何表象可以描画某种被预先设定在它之为它所是的表象中的东西。由于没有任何表象可以是它之所是的表象，而没有其自身的存在至少是**可能的**，所以，没有任何表象可以表象或描画其自身的可能性，而这意味着，没有任何表象可以表象或描画维特根斯坦意义上的形式。

假如这就是维特根斯坦推理的核心，那么它的确包含某种类似于两极性原则的东西——尽管以相当不同的形式——但是，这条原则并不是有关这种推理的最根本的东西。最根本的东西是如下关于表象的简单看法：表象本质上就是关于某种独立于该表象的东西的表象或描画。而由此得来的两极性原则比起早先的表述，一方面更加一般化了，另一方面却又受到了更多的限制。最先的表述包含这样的论断：每个有意义的句子都必定既可以是正确的也可以是不正确的。维特根斯坦所承诺的原则（实际就是［2*］），比这个更

为一般，因为它可应用于非句子表象。不过，乍看之下，它似乎又受到了更多的限制，因为它适用于作为表象的句子，而维特根斯坦并未明确假定所有句子都是表象。[1]

维特根斯坦这里的论证，似乎会对可能性与必然性的论题造成十分重要的影响。他似乎接受如下主张：

> （NF）没有任何表象可仅仅凭借其形式而必然是正确的或必然是不正确的。

因为如果一个表象可仅凭借其形式而必然是正确的或不正确的，那么它便仅凭借是它所是的表象而为正确的或不正确的；这同（2*）相矛盾。而（2*）似乎是如下两段评论的基础：

> 2.224 单从图像本身，无法看出它是真的还是假的。 136
>
> 2.225 没有先天为真的图像。

当我们论及哲学的地位时，所有这些论断都将具有相当大的意义。

关于2.172的论断还有另外一个极为重要的论点。尽管它主张没有任何表象可**描画**自身的形式，但它并不主张表象形式是不可见的。毋宁说，在另一种意义上，它是可见的：一个表象不描画自身的形式，但它“把它显示出来”（或者，像皮尔斯和麦克吉尼斯所

1 重要的是，维特根斯坦在4.61—4.661中对重言式的处理是和这一修正了的原则相一致的，而与最初表述的两极性原则不一致。

翻译的，它“展现它”）。这里，我们第一次看到对于《逻辑哲学论》及其关于哲学之地位的观点而言具有核心意义的一个对比：一方面是可被表象的（说到底，是可被言说的）东西，另一方面是只能被显示的东西。我们这里看到的是，被描画的总是一个that——某件事情发生了（事物以某种方式被排列起来）；而被显示出来的（至少在这一情形下）就是**形式**——事物组合在一起的可能性。

第五节　思想与逻辑形式

维特根斯坦为我们提供了一种关于表象的一般构想。其中心论点是：表象要求在一个表象同它所描画的实在之间有一种形式的同一性，亦即各自的组成部分之间的组合可能性的同一性。关于表象的一般构想被应用于句子这种特殊情形时，用到了两个关键概念：**逻辑**形式和**思想**。本章最后就来探讨这两个概念。

逻辑形式这个概念是在2.18中被引入的：

> 无论何种形式的图像，为能——正确地或错误地——以任何方式表象实在，而必须与实在共有的东西，就是逻辑形式，亦即实在的形式。

这个论点在两个码段之后得到阐明： 137

> 2.182　每一幅图像**同时**也是一幅逻辑图像。（相反，并非每一幅图像都是，比如，空间图像。）

这里做出了一系列论断，既有对逻辑形式的刻画，又有对它之作为**逻辑**形式的确切描述。

首先，逻辑形式是可为表象与被表象者共同拥有的最一般形式。这一点可依据组合或排列的可能性（毕竟维特根斯坦的形式概念就是关于这些可能性的）得到最为自然的说明。可以有空间排列的可能性，可以有时间排列的可能性，可以有按音高排列的可能性，或者在光谱上进行排列的可能性。每一种排列可能性都不同于其他可能性，而在维特根斯坦看来，所有这些都是**逻辑**排列的可能性。这一论点的重要性，会在我们后面谈到《逻辑哲学论》结尾处如下这个惊人论断时，清楚地展现出来[1]：

> 只有**逻辑的**必然性。
>
> （6.37）

逻辑形式的普遍性可借助**空间**概念得到表达。我们可以把空间当作是由"在其中什么是可能的、什么是不可能的"而得到定义的。所以，我们可以想象一个欧几里得空间和一个非欧空间，而依然不超出几何学的范围。我们可以谈论颜色空间或音调空间。如果这样来表达逻辑形式的普遍性，那我们就可以说，所有这些空间都是**逻辑**空间的构成部分，或者说，它们在逻辑空间之内。因此维特根斯坦才得以说：

1　这一评论将在第七章第三节加以探讨；具有根本重要性的还有《逻辑哲学论》第5节和第6节，第五章第四节和第五节将加以探讨。

2.202 该图像（每一幅图像）表象逻辑空间中一个可能的事态。

这自然让人回想起《逻辑哲学论》一开始便做出的如下论断： 138

1.13 逻辑空间中的事实就是世界。

这样，关于逻辑形式的第一个论点就是，逻辑形式是一个表象可与实在共有的最一般形式。第二个论点与此相关，尽管它似乎超出了这一点之外：这便是，逻辑形式乃实在之形式（2.18）。为什么说这一点超出了第一个论点呢？因为如下这个（关于实在的某些方面的不可表象性）的论断似乎可以是真的：

（UR）存在着无法被表象的实在的方面。

显然，假如（UR）为真，这将意味着，存在着对象借以组合起来的一些方式，它们超出了任何表象可以匹配的范围。这么一来，便会有这样一些可能性，它们无法在任何表象中被反映出来。

由于维特根斯坦在这里（2.18）坚持认为，一个表象可与实在共有的最一般形式就是逻辑形式，所以，他不会接受（UR）。不过，尽管如此，这里还是很有必要区分开如下两种不接受（UR）的不同方式：

（i）有人会认为（UR）是**错的**——不存在无法被表象

的实在的方面；

（ⅱ）有人只是拒绝接受（UR），而并不断定没有任何实在的方面无法被表象。

很有必要在（ⅰ）和（ⅱ）之间作出区分，因为从（ⅰ）至少可以嗅到一丝悖论的威胁：貌似就连在沉思无法被表象的实在方面的可能性（以便否认这种可能性）之时，我们也至少需要力争把它们（作为无法被表象的方面）加以表象。或许这里并不存在真正

139 的悖论，但我们至少应该意识到一种比（ⅰ）更少受限的立场的可能性；我们应当意识到，有人可能只是拒不赞同一个包含无法被表象的方面的实在。

我们会倾向于认为，任何避免接受（UR）的观点都在某种意义上是**反实在论的**。在第一章第六节，我给出了关于**实在论**的如下表述：

（R）实在本身完全独立于任何同表象它的方式有关的东西。

我们或许会认为，（R）让对（UR）的否定看起来是动机不明的，因此，一个实在论者要是否认（UR）就会显得很奇怪：如果实在本身完全独立于任何同表象它的方式有关的东西，我们就一定会期待存在着实在的不可表象的方面吗？事实上，在（UR）与反实在论之间并不存在如此明显的联系。这些都是第六章将要详细探讨的话题。

维特根斯坦关于逻辑形式的正面主张，我们就谈到这里。可

是，维特根斯坦决定用“**逻辑**形式”这个术语来描述可为表象和实在所共有的最一般形式（实在本身之形式），其意义何在呢？选用这一术语的首要的、最为明显的理由是，维特根斯坦随后会将世界的这种最基本形式用作他关于逻辑之本质的解释的一部分，同时也用作他关于所谓的“逻辑常项”（通常由“仅当”“并非”“并且”“或者”等表达出来）在句子中起作用的方式的解释的一部分。我们会在第五章探讨维特根斯坦关于逻辑和逻辑常项的解释。

不过，将实在的形式描述为**逻辑**形式，还有更进一步的用意。逻辑学是关于有效性的研究。当一个论证的结论真实地得自它的前提时，有效性便是这一论证的属性。而且论证的前提和结论是用句子表达出来的东西。若说形式关乎排列的可能性，则**逻辑**形式必定关乎**句子**内部以及**句子**之间的排列可能性。即是说，将实在的形式 140
视同于逻辑形式，便已经将实在的形式视同于可在句子中表达或表象的形式了。实际上，说实在的形式就是逻辑形式，也就是说实在中不存在任何不能为某种语言的词语所**描述**的东西。

这么一来，维特根斯坦关于表象的一般理论向貌似特殊的语言情形的应用的步骤，已通过暗示语言与其说是一种特殊情形，不如说是一般情形而被确定下来。不过，实际的应用却是间接的：

3　事实的逻辑图像是思想。

显然，维特根斯坦这里是想同弗雷格关于思想的观点保持距离。我们已经看到，弗雷格把思想视作我们所思考的东西：它是思维的**对象**，是在思维活动中被**把握**到的某种东西。根据他关于意义的解释，思想是句子的“意思”（在其专门意义上的“意思”）。相反，在维特根斯坦看来，思想是一个表象，是同世界中的物件相关联的图像要素之间的一种排列。它并不是思维的**对象**，并不是在思维活动中被**把握**到的某种东西，而是在思维活动中被**产生**出来的某种东西。维特根斯坦把这一点运用到接下来的一个评论中，奥格登译作：

> 3.001 “一个原子事实是可思的”——意味着：我们可以设想它。

这是奥格登译本中少有的重口语轻字面的情形，出现意义丢失的情况。[1]仿照2.1码段的处理办法，更书面化的译法是这样：

> “一个原子事实是可思的”意味着：我们可以为自己制造

1 这个偏好是维特根斯坦本人的而不是奥格登的，尽管维特根斯坦选择这种译法就是为了表达我在文本中提出的论点。如下便是他就3.001对奥格登所说的：

> 我不知道如何翻译这句话。德语中“Wir können uns ein Bild von ihm machen”是一个常用的短语。我将它译成“我可以设想它”，因为“设想”源自“意象”，而这是某种类似于一幅图像的东西。在德语中这是一个双关语。（*LO* p. 24）

（我非常感谢沙利文向我指出了这一点。）这里的难点是，“意象”这个名词更多地消失在了“设想”这个动词里，不像“Bild”这个名词在“ein Bild machen”中那样。这部分地反映了关于德语和英语词源学的差异的一个非常一般的事实；但这也是因为维特根斯坦这里使用的一个特殊的德语习语和一个特殊的英语词之间的对比——德语把一个名词用在了一个复合短语中，而在英语中，一个名词被转换成了一个动词形式。

一幅关于它的图像。

其中所表达的，似乎是如下的意思。凡是可表象的东西，均可在我们为自己制造的一幅图像中被表象出来，而我们为自己制造的图像 141
就是维特根斯坦所称的**思想**。

给定维特根斯坦关于作为模型的一般表象的构想，3.001便会引出一个惊人的结论：

> 可思的也是可能的。
>
> （3.02）

若我们可以思考某件事情是实际发生的，我们便可以做成一幅图像或模型来表象它是实际发生的。但是，一幅图像或模型要能表象某件事实际发生了，只有凭借其要素以这样一种方式排列起来，这种方式正是实在中与这些要素相对应的那些物件**可**借以排列起来的那种方式。而如果实在中的物件**可**这样排列起来，则图像或模型表象为实际发生的事情必定至少是可能的；而这就是维特根斯坦在3.02中所主张的。

这意味着我们无法表象一个不可能的事态，亦即实在中的事物不可能那样排列起来的方式。我们甚至不能这样做，以便说出事物无法那样排列起来。这么一来，我们似乎无法真实地说：

> （5）p是不可能的。

因为如果（5）为真，那么这里的“p”就不得不表象一个不可能的事态。[1]而这也似乎让我们同样不可能真实地说：

（6）**非p**是不可能的。

但是，这一论断等值于“p为必然的”。这意味着，我们既不能真实地说p是不可能的，也不能真实地说p是必然的。

如果我们既不能真实地说p是不可能的，也不能真实地说p是必然的，那么我们也许会怀疑甚至是否可以真实地说：

（7）**p**是可能的。

142 毕竟存在这么一种意义，在这种意义上，我们在说下面这句话时，不可能是在排除任何实质性的东西：当我们说p是可能的时，不存在任何我们正在排除的实质性的——可想象的、可图示的、可模拟的——备选项。而假如我们并不是在排除任何实质性的东西，就很难看出我们在使用（7）时可以是在**断定**任何东西。

事实上，维特根斯坦似乎确实认为，我们无法真实地说某个事态甚至是可能的。我们将在第六章详细讨论这一话题。可是，为了看清他为什么这样想，我们先得看清他的一般表象论是如何应用于语言的，而这是下一章的主题。

1 至少，当“p”是一个基本命题时，是这样一种情况。尽管如此，没有任何东西让（5）成为不被容许的，如果“p”本身具有（比如）“p&~p”的形式的话。

第四章

句子作为模型

第一节　预备性的说明

《逻辑哲学论》的语言理论基本上就是一般表象理论在语言中的应用。我们在上一章考察了这种理论，亦即主张各种表象就是像巴黎法庭模型那样进行表象的理论。因此，《逻辑哲学论》的语言理论的基本主张就如4.01所述：

> 命题是实在的一幅图像。
>
> 命题是如我们所认为的那样的一幅实在的模型。

可是，“命题”是在3.1中首次被提到的：那么，从3.1到4.0031这些码段都说了些什么？大致说来，这些中间段落做了两件事情：它们为命题可作为实在的模型这个观念做了辩护；它们以一种为1s（1字头码段）和2s（2字头码段）的形而上学（本书第一章所概括的那种形而上学）做辩护的方式发展出了上述这个观念。4.03之后的那些码段阐述了命题作为模型这一论断为哲学带来的一些后果，并引入了逻辑理论。（我将在第五章探讨这种逻辑理论，在第七章 144

探讨关于哲学的解释。）

命题[1]是在下面这个评论中被引入的：

> 3.1　在命题中，思想以可被感官感觉到的方式被表达出来。

在皮尔斯和麦克吉尼斯的译本中，这一论点被表达得略微清楚一些：

> 在命题中，思想得到了可被感官感知的表达。

这一评论直接提出了两个问题。第一，什么是“命题”？这个词是德语词“Satz”的翻译。然而，并不完全清楚的是，我们到底该如何理解它。最为自然的是把它理解为用于指称**句子**——或者，毋宁是一种特殊类型的句子：语法上适合于说某种为真或为假的东西的**陈述**句。可是，即便说Satz是陈述句，也不能最终解决问题：句子到底是什么呢？维特根斯坦似乎绝大多数时候用Satz意指有意义的句子（像在3.12中那样），但有些地方他却没有做到（比如在6.54中）。我会（在下面第三节）回到这一点：这会儿只要知道这个论题就行了。

由3.1直接引出的另一个问题是，维特根斯坦这里究竟想要

1　原文为“语言”，疑误。——译者注

做出怎样的论断？或可认为，他做出了如下两个论断或者其中的一个：

> （ⅰ）每个句子都是关于某个思想的表达。
>
> （ⅱ）每个思想都在一个句子中被表达出来（可在一个句子中表达出来）。

我觉得，维特根斯坦实际是想同时断定（ⅰ）和（ⅱ）。而（ⅱ）正是如下评论所包含的思想序列的关键：

> 3　事实的逻辑图像是思想。 145
>
> 3.1　在命题中，思想以可被感官感觉到的方式被表达出来。
>
> 3.2　在命题中，思想可被如此表达，以使思想的对象与命题记号的要素相对应。

仅当3.1包含断言（ⅱ），我们才有理由认为，每一思想都可在一种揭示出其真实形式的记号法中被表达出来（这是3.2所主张的）。另一方面，仅当3.1包含断言（ⅰ），《逻辑哲学论》中的一般表象理论才能被一般地应用于语言，从而也才能特别地应用于说出哲学命题的企图（下面第七章将澄清其重要性）。

我将首先概述一下维特根斯坦是怎样把他的一般表象理论应用于语言的。不过，有件事必须先弄明白：这种应用是完全从字面意义上说的。维特根斯坦所主张的，并不是句子在某种程度上**像**图像或模型；他的主张也不是说句子**在比喻的意义上**是图像。他的主张乃是，他在以2.1和2.2打头的码段中关于模型的分析完全地、直接地、原原本本地应用于句子——或者，至少某些基本句子。从严格的、原本的意义上说，句子**就是**模型。

回顾一下一般表象理论的核心承诺：

> （M1）一个模型拥有本来可能以别的方式排列起来的部分，而真实情境包含本来可能以别的方式排列起来的对象；
>
> （M2）一个模型的部分可被关联于实在中的对象；
>
> （M3）一个模型的部分可被排列起来的方式的系列，同实在中与之相关联的对象可被排列起来的方式的系列是一样的。

146 若句子要成为图像或模型，则从（M1）和（M2）可推出它们必须由要素构成；于是，维特根斯坦说：

> 仅当一个命题是逻辑上清晰有节的，它才是事态的一幅图像。
>
> （4.032）

有了这一点，（M3）便要求[1]：

> 4.04　在命题中必定有和它所表现的情况中同样多可区分出来的东西。
>
> 它们必须拥有相同的逻辑的（数学的）多样性（参见赫兹的《力学》中的“论动力学模型”部分）。[2]

毕竟，不同数目的成分无法具有恰好同样的组合可能性。

但是，句子并不只是作为其图示要素的词语的**混合物**。在对2.14做出回应的一个表述中，维特根斯坦说道：

> 命题记号在于这样的事实：其要素，即语词，以某种确定的方式组合在一起。
>
> （3.14）

1　至少看起来确实如此。或许会有人认为，4.04包含了没有出现于（M3）中的对分析可能性的一种承诺：毕竟它用到的是“可区分的”而不只是“区分开的”。要最后确定这一点，就得考虑维特根斯坦关于日常语言的句子与（分析所达到的）基本句子之间的关系的构想：见下面第五节。我的看法是，一旦弄清分析中所发生的事情，“区分开的”与“可区分的”之间的差别就不那么重要了。分析下来，日常语言句子要么是由基本句子组成的简单命题–逻辑复合体，要么（至少在绝大多数情形中）是其实例即为基本句子的量化句子。我觉得，在第一种情形下，其要素已经在那里被区分开了，而不只是可区分的。在第二种情形下，它们甚至是不可区分的，因为，按维特根斯坦的看法，量化句子不只是基本句子的逻辑和或逻辑积（见第五章第三节）。

2　这指的似乎是赫兹（1894: §418），在那里，一个系统被说成另一个系统的动力学模型，仅当“第一个系统的匹配物的数目等于第二个系统的匹配物的数目”。

就是说，正如图像或模型一般地都是事实（2.141），句子也是：

> 命题记号是事实。
>
> （3.14）

维特根斯坦承认，我们并不乐意把句子当成事实：相反，我们倾向于把它们看作复合对象。我觉得，这便是《逻辑哲学论》序言（*TLP*, p. 27）[1]中所说的处于哲学难题核心位置的“关于我们语言
147 的逻辑的关键误解”之一。不过，维特根斯坦认为，若我们设想句子具有不同于书写的形式，其真实本性就变得更加清楚了：

> 3.1431　若设想命题记号由空间对象（桌、椅和书）而不是由写下的记号所构成，其本质便昭然若揭了。
>
> 如此一来，这些事物的空间排列便表达命题的意思。

我们这里看到，句子呈现为一个清晰的模型，一如巴黎法庭模型。而随后他用到了第一次提到法庭模型时（在 *NB* 7 中）所用的同样的说法：

> 在命题中，事态被试验性地组合起来。
>
> （4.031）

1　其他人会把将“提及”一个复合物的表达式（3.24：下面第五节讨论）视为像名字一样起作用的倾向包括进来；而且，一般会受到日常语言的复杂性的蒙骗（见第四节）；以及这样的事实：日常语言中的同一个词常常是不同的符号（3.323；下面第三节讨论）。

当然，如果我们坚持认为句子是事实而不是复合对象，就会对我们如何谈论它们带来差别。这便是如下评论的论点的一部分：

> 3.1432　不要说："复杂记号'aRb'说a和b处在关系R中"，而应当说："'a'与'b'处在某种确定的关系中**这一事实**说aRb**这一事实**。"

（这一评论还有其他方面的重要性，我将在第七节回到这些方面。）

事实上，如果句子是事实而不是复合对象，要**谈到**它们就会面临某种困难：

> 事态可被描述，但不能被命名。
>
> （3.144）

后面这一点对于提出句子是图像或模型的理论的一般动因是至关重要的。维特根斯坦这里在两类关系之间做了一个根本的区分：一方 148
是名字与它所代表的对象之间的关系，另一方是句子与若该句子为真便会得到的事实之间的关系。句子不是任何一种名字：假定它是，就会把句子——它们像图像或模型一样是事实——当成复合对象。这种区别以多种方式反映在语言中，但以下这种是最重要的方式之一。有关语言的一个基本事实是，每种语言都包含无限多这样的句子，任何一位熟练使用这种语言的人，都可在先前没有碰见过它们的情况下理解它们。维特根斯坦似乎拿这一基本事实来**证明**句子就是图像或模型：

4.02　可从如下事实看出这一点（4.01所说的命题是实在的图像）：无须说明，我们便能理解命题记号的意思。

维特根斯坦这里说的确实有道理，不过，我觉得他有些夸大了。确实，句子作为图像或模型的理论，可以**说明**一个人如何可以理解她先前没有碰到过，也没有谁跟她解释过的句子。原因如下。正如我们在上一章所看到的，维特根斯坦认为，一个模型之作为一个模型，不能依赖于它是正确的。如果句子同图像或模型是一样的，那么，一个句子——或者，至少一个作为表象的句子——的有意义性就一定不依赖于它是否为真。关于如何理解一个句子的意义，维特根斯坦持如下看法：

理解一个命题，意味着知道，若它为真，会有什么事情发生。

（4.024）

而且他正确地得出结论说：

因此，我们可以在不知道它是否为真的情况下理解它。

（4.024）

149 我们获得这种理解，是因为这一观点为真：

若理解了一个命题的组成部分，我们便理解了它。

（4.024）

按照我们上一章探讨的关于表象的一般构想，上述观点直接脱胎于句子是图像或模型的论断。因为根据那一构想，句子并不是因为其本身与世界中的任何事实相关联而具有意义的：要是我们不被早期罗素带到客观虚假（假事实）的话，因为那样便会让一个句子——作为如其所是的表象——的有意义性依赖于其为真（见第二章第四节）。相反，就像所有图像或模型一样，句子凭借其**要素**与世界中的物件相关联而具有意义。因此，要理解一个句子的有意义性，我们所需要的只是知道其**要素**与实在中的哪些物件相关联。

我说维特根斯坦在4.02中夸大了他的理由，是这么回事。他所提供的是一个可信的——有人或许认为是令人信服的——理由，可据以认为，主张句子乃图像或模型的观点，为我们可以理解从未碰见过的句子这一事实，提供了一种好的（甚或是最好的）说明。可是，仅仅给定4.02所声称的事实，即我们可以理解未碰见过的句子，却无法**证明**句子就是模型。一般说来，导向最好说明的那些推论使得**相信**某件事是**合理的**：它们并未证明那件事为**真**。

关于图像或模型的一般解释向句子的应用，还有最后一个重要的方面。像一般的图像或模型一样，句子也有如下的局限：无论它们能表象或描画别的什么东西，它们却不能表象或描画自身的形式。在关于表象的一般解释中，维特根斯坦对这一局限的说明所依据的是：一幅图像不可能处于其自身形式“之外”（“ausserhalb”）—— 150
处于其成分如其所是地排列起来的可能性之外（2.173、2.174）。在同模型与实在共有的数学多样性相关的句子理论中，又用到了这种空间比喻：

4.041　这种数学多样性本身自然是无法被描画的。在描画中，我们无法越出其外（“heraus”）。[1]

在明显对2.172—2.174做出回应的4.12中，这一论题又回来了：

命题可表象整个实在，但它们不能表象为能表象实在而必须与之共有的东西——逻辑形式。

为能表象逻辑形式，我们必须能将自身同命题一道置于逻辑之外（“ausserhalb”），亦即置于世界之外。[2]

我们前面看到，在一般表象的情形下，“显现”或“展示”的观念被同形式联系起来使用：

2.172　然而，图像不能描画其描画形式；它显现它（“weist sie auf”）。

类似的观念被同句子的**意思**联系起来使用：

4.022　命题**显示**（“zeigt”）其意思。

命题**显示**（“zeigt”），**若**它为真，事情是怎样的。

1　我这里用“被描画的”和“描画”替换奥格登的“被表象的”和“表象”来翻译德语词“abbilden”和“Abbilden”。

2　注意维特根斯坦这里用了“darstellen”（“表象”），而不是我们所期待的“abbilden”（“描画”）。

而且它**说**，它们就是这样的。

而且它也十分明显地被用在了关于形式的评论中，这些评论恰好平行于关于表象的一般理论中所做的那些评论：

命题无法表象逻辑形式：它自己镜现于语言中。

命题显示（“zeigt”）实在的逻辑形式。 151

它们显现（“weist sie auf”）它。[1]

（4.121）

不过，这里得出了一个甚至比一般表象情形中明确得出的结论还要引人注目的结论。

4.1212 **可**显示者**不可**说。

这个结论之所以更加引人注目，是因为它隐含地做出了关于每一句子的形式的论断。一般表象理论告诉我们的是，没有任何表象可以表象其自身的形式；但这似乎并没有断言一个表象的形式不能为另一表象所表象。因此，我们可能会认为，尽管没有任何句子可以表象其自身的形式——陈述其自身的意思——某个句子的形式或许可以由另一个句子表象出来。但是，这种可能性被4.1212明确

1 我这里用“show it forth”替换了奥格登的“exhibit it”。为了在英文中保留这一段的德语和2.172的德语之间的相似性。“表象”相当恰当地翻译了“darstellen”。

排除掉了：没有哪个句子可以陈述任何句子的形式。只有在每个句子都具有同样的形式的情况下，上述论断才是合法的。我们将在下面的第五节略微深入地探讨这一论断所意谓的东西，而在第五章讨论逻辑理论时我们会再次回到这个论题。

我们这里看到了一般表象理论是如何被清晰地、原原本本地而且细致入微地应用于句子的。一般说来，和图像或模型一样，句子进行表象，凭据着拥有可与实在中的物件相关联的元素，还凭据着拥有和与之对应的实在要素一样的可能组合系列——和实在一样的形式。但这会带来一种必要的限定，无论对于一般的图像或模型，还是对于句子：任何句子都无法表象或描画其自身的形式。就维特根斯坦关于句子作为模型的解释，先概述到这里。我们接下来需要做更仔细一点的探讨，以弄明白它是如何解答维特根斯坦从弗雷格和罗素那里承接下来的那些难题的，以及它是如何引出1字头和以2.1打头的码段所表达的形而上学的。

第二节　形式相同性与翻译规则 152

《逻辑哲学论》语言观的核心论断就是，句子与它们所描画的实在拥有同样的形式。我们已经看到，这个关于形式的论断实际就是关于排列可能性的论断。就句子而言的这种关于形式相同性的关键论断，乃是关于模型的一般论断（M3）的如下这个变体：

> （SM3）句子成分可以被排列起来的方式的系列，同实在中与之相关联的对象可被排列起来的方式的系列，是一样的。

我们可能会觉得这个论断有些奇怪：如果一面考虑句子中词语的排列，一面考虑房间中（比如）家具的排列，我们会觉得，各自的排列可能性之间没有什么相似之处。维特根斯坦显然也感觉到了这一点：

> 4.011　乍看之下，命题——比如印在纸上的——似乎并不是它所处理的实在的一幅图像。但音符乍一看也不是乐曲

的图像；而我们的声音拼写（字母）似乎也不是我们说出的语言的图像。

尽管如此，这些符号系统还是被证明是它们所表现的东西的图像，即便是在“图像”一词的通常意义上。[1]

而在有些情形下，维特根斯坦又认为（SM3）是显而易见的：

4.012　显然，我们觉察出带有aRb形式的命题是一幅图像。这个记号明显与它所标记的东西有某种类似性。

这看起来似乎是虚张声势，但在许多包含二元谓词的情形中，（SM3）确实是一目了然的。例如，我们来考虑下面这个句子：

153　约翰恨玛丽。

很难不以维特根斯坦的方式来设想这个句子：我们设想约翰在一侧，玛丽在另一侧，以及由“恨”这个词表达的从一侧投向另一侧的怒视。困难在于，如何看到词语在纸面上的排列可能性，在严格的意义上，和约翰与玛丽相互怒视的关系的可能性是**相同的**。

我以为解决之道是，正如即便“约翰恨玛丽”这个陈述是真的，我们也不能单凭它来把握约翰与玛丽之间的所有关系一样，纸面上词语排列的可能性也并不能涵盖约翰与玛丽之间相互怒视的**所**

1　又用“表象”翻译“darstellen”。

有可能性——因为即便是怒视也要比单单“恨”这个词传达更多的信息。即便词语的排列可能性仅仅同实在中的物件的**某些**排列可能性是相同的，我们就有了维特根斯坦为使（SM3）成立而需要的一切。

维特根斯坦援用**投影**的几何影像来说明语言和实在的关系（3.11—3.13、4.0141），这表明以上所述就是他本人的解决之道。在一个几何投影（比如，把一个三维对象投射到一块二维屏幕上）中，我们期待被投影对象的某些属性会被抹掉、另一些属性会被变换——取决于视角的不同——但有些属性会被保留下来。保持不变的往往是一些极为抽象的东西。维特根斯坦的想法似乎是，如果我们发觉在一个表象与它所描画的实在之间没有形式上的相似性，那只是因为我们在寻求一种过于全面、过于具体的相似性。

维特根斯坦对这些论题的观点表达在他对这样一些情形的反应中：在那里，所涉及的相似性并不明显。

> 4.0141　事实上有一条一般规则，音乐家可借以从乐谱中读出交响乐，而凭借这条规则，我们从留声机唱片的沟纹里 154
> 播放出音乐，再根据原有的这条规则又可以写出乐谱来：所有这些东西之间有着内在相似性，尽管初看之下它们是完全不同的。而这条规则就是将交响乐投射到乐谱语言中的投影法则。它也就是将这种语言翻译为留声机唱片语言所遵循的规则。

这里做出的是一个很强的论断：并不是说某种类型的一条翻译规则的存在乃是形式相同性的**证据**；也不是说这样一条规则的存在以某

种方式**表达了**一种隐含的形式相同性。这个论断是：模型与实在之间的形式相同性**只在于**这二者之间存在着一条翻译规则。实际上，这是关于相似性的最大化的抽象构想。将一个文本从一种语言翻译成另一种语言，产生出这样一种东西，它在第二种语言中以某种方式**等同于**原文本在第一种语言中所是的那种东西。这样一种等同概念正是形式相同性要求最终所是的东西：如果一个句子在语言中就某个方面而言等同于它所描画的对象，那么它便与之有相同的形式；而这就是说，被描画的东西可从它那儿复原出来，就像可从乐谱中复原出交响乐。

这里说到的翻译概念的一个重要方面是，它并不涉及将一种语言中的单个文本或句子零零星星地翻译成另一种语言。它乃是一种关于将一种语言整个儿翻译成另一种语言的想法：

> 将一种语言翻译为另一种的过程，并不是将每一个命题都翻译出来，而只是翻译命题的那些构成部分。
>
> （4.025）

按这种翻译观，构成部分相互关联在一起，一如句子的构成部分一般地与实在中的事实的构成部分关联在一起。正因为这里所说的翻
155 译概念从根本上涉及命题构成部分的翻译，我们才有理由说，形式相同性本质上**在于**一条翻译规则的存在：形式相同性就是组合可能性的相同性，而这要求构成部分之间的某种等同性。

此外，这种翻译概念还提供了一种关于形式相同性的比喻的一种合理阐述。从字面上说，形式意指**形状**：说语言同世界具有同

样的形式，就是说语言同世界具有同样的**形状**。这显然是一个比喻性的论断：我们如何自然地理解它？句子要具有世界的**形状**会怎样？我们自然会想到：要使一种语言中的句子具有同世界一样的**形状**，就是要一个对世界有了亲知却尚未理解这种语言的人，可以只基于对世界的、在未理解语言的情况下所获得的经验，再加上理性的使用，就可以逐步理解这种语言——至少就这种语言是可理解的而言。这让我们得以理解用语言映射世界的观念。这种映射假定：就这个世界是可理解的而言，它是可独立于所涉及的这种语言而被理解的，而且这种语言就只是基于对这种映射关系的理解而成为可理解的（就其是可理解的而言）。[1]

---

1 维特根斯坦这里的语言观似乎预示了蒯因（1960）和戴维森（1984a）使之流行起来的那种构想。蒯因和戴维森将彻底翻译或阐释置于他们关于语言之理解的中心位置。翻译或阐释如果是基于如下这一点而做出的便是彻底的：对于被翻译或阐释的语言所做的假定，并不比假定它算作一种语言更多。一名彻底阐释者将这样接近她对其一无所知的语言，而且仅仅基于她从这一无知状态对说话者和世界的观察所得，她便遵循着合理的程序，以便最终得以用她自己的语言去陈述被阐释语言中的句子的意义。蒯因和戴维森认为，只有在彻底翻译中，我们才能看清语言到底是什么。因此，他们便承诺了如下这一论点：

> （RI）对于任何一种语言的语词而言，只要它们有意义可寻，那么，原则上总可以由某个人寻得其意义，这个人从无需理解这种语言便可得到的证据出发，而且借助于同样无需理解这种语言便可得到的一种合理的理论建构来进行她的工作。

这非常接近于维特根斯坦的如下主张的核心承诺：任何可以表象世界的语言都具有和世界相同的形式。（当然，我并不是想说，蒯因和戴维森之间就彻底翻译没有任何意见分歧。二人似乎尤其对起点有不同的理解——他们对阐释所由开始的那种关于世界的观察有不同的构想：这是戴维森［1984b］的观点的一部分，而我以为，戴维森这里表明了他本人比蒯因更接近于维特根斯坦。）

从实在论的角度来理解这种关于语言同世界之关系的构想，是再自然不过的事情。请回想一下我曾把实在论表述为对下述论断的接受：

> （R）就其自身而言，世界之性质完全独立于任何同关于它的思想或表象相关的东西。

对于这一论断的任何实质性的否定，都可算作一种唯心论。对于形式相同性的这种翻译规则构想的这种自然的实在论解读方式，似乎可以在维特根斯坦本人那里找到。于是，在他于重返哲学不久的1930年所做的演讲中，有人记下了这样的笔记[1]：

156 但语法并不完全是一种随意的选择。它必须让我们得以表达事实的多样性，必须像事实那样给我们同样的自由度。

（*WLC* 8）

语法是实在的一面镜子。

（*WLC* 9）

第一段评论表明，客观可能性**约束着**语法，而这意味着客观可能性独立于语法；这也是“镜子”意象所暗示的。

当然，上面这些评论比《逻辑哲学论》晚很多，而且此时的

1 约翰斯顿（2007b）似乎将这些评论视作了实在论的明显标记，尽管他或许并不把实在论看作如（R）所定义的。

维特根斯坦或许已差不多忘了当初激励他的那种哲学。但无论如何，尽管人们自然会以实在论的方式理解这些评论，也还是可以把它们同某种形式的唯心论融通起来。关键是要注意到，在我对关于形式相同性的翻译规则构想的表述中，可以很自然地谈论“一种语言”——而不只是**语言**。在谈论翻译时，我们心中想到的是一种语言与另一种语言之间的翻译，而不是一般意义上的语言与整齐有序的世界本身之间的翻译。[1]一旦我们准确把握了这种解释，关于形式相同性的翻译规则构想的一种非实在论理解，作为对《逻辑哲学论》的阐释，就是可行的——实际上，也是水到渠成的。

假设某人有能力思考世界。按《逻辑哲学论》所表达的思想，这意味着她有能力自己构造关于世界的图像或模型。某人可能处于这种情况，却尚未具备说某种特定的语言（比如英语或德语）或者使用某种记号法的能力。但她自己构造图像或模型的能力本身就可以当成关于某种语言的知识。我们看一下维特根斯坦在回应罗素的一个问题时是怎么说的：

> 一个思想是由词构成的吗？不！是由心理成分构成的，157
> 它们与实在的关系，同词与实在的关系是一样的。
>
> （*CL* 125）

这么一来，我们的主体所处的情况就是，她可以运用一种语

1 正是对这一点的注意，让维特根斯坦更接近于戴维森（主要参见他的［1984b］）而不是蒯因。

言——这种语言使用一种可称之为思想的符号的东西——同时却不能使用任何熟悉的日常语言或记号法。

现在假定，我们可用唯心论的方式理解这种思想－语言与世界的关系。就是说，我们设想这位主体将她的思想－语言的结构投射到世界中，以便其语法在对象的本性中呈现出来，而这种语法又被反射给她。（关于这一观念，请回顾前面第二章第六节关于实在论和唯心论的讨论。）作为其思想－语言的适当关联物的世界，现在被理解为部分地依赖于它在其思想－语言中被表象的方式的。当然，我们这位主体现在有了一种对于世界的接近，而这种接近是独立于对任何熟悉的语言或熟悉的记号法的理解的。这种被供奉在关于形式相同性的翻译规则理解（它支撑着4.0141）中的语言观所说的，只是存在着某种翻译规则，可引导某人从这种对世界的思想－语言接近进入对任何一种熟悉的语言或记号法的理解。而且我们也可用同样的方式来解读1930年讲座笔记：语法会将自身作为“并不完全是一种随意的选择”呈现给某个人，这个人业已对世界有了**某种**构想——由她自己的思想－语言提供的构想。甚至这些评论都不需要一种实在论解读。

而这意味着，就连看似要求一种实在论形式的关于形式相同性的翻译规则理解，事实上也是和对于语言或表象同世界的根本关系的唯心论观点相容的。

第三节　形式相同性、意思与空谈 158

除了维特根斯坦所持有的形式相同性构想所带有的抽象性之外，还是有个进一步的原因可解释，世界为什么不大可能具有同语言一样的形式。按维特根斯坦的观点，形式关乎组合的可能性。但应用于语言情形的组合概念同应用于世界的组合概念似乎是大为不同的。就语言的情形而言，我们真正感兴趣的关键概念本质上是**规范性的**：我们关注于**语法**组合，这些组合是**合法的**，通过这些组合生成**符合**语法的，而非**不符合**语法的字符串，从而产生适当的句子。我们倾向于认为，还有其他可能的组合——这些组合是**不合法的**或者是**违背语法的**，它们不产生适当的句子。相反，就世界的情形而言，关于其要素组合的概念中就不存在这种规范性——只是存在着可能的组合。如此一来，我们怎么能够说语言中的组合可能性与实在中的组合可能性是相同的，而不至于在组合可能性的概念上含糊其词呢？

维特根斯坦解决这一难题的办法是，在语言的情形中，阻止任何关于可能组合的规范与非规范的区分：

5.4733　弗雷格说：每一合法构造的命题都必定具有某种意思；而我说：每一可能的命题都是合法构造的，而如果它没有意思，只是因为我们没有赋予它的某些部分以**意义**。

（即使我们相信这样做了。）

因此，“苏格拉底是同一的”没说任何东西，因为我们没
159 有赋予形容词“同一的”以任何意义。当它作为等号出现时，它以完全不同的方式进行符号化——符号关系变了——因此，这一符号在两种情形下完全不同；两个符号共一个记号，纯属偶然。

下一节我们将回到与弗雷格的对照。维特根斯坦在5.4733中所提出的论点，依赖于**记号**与**符号**之间的对照。**符号**概念是在如下这个评论中连同**表达式**概念一起引入的：

命题中每一个表征其意思的部分，我都称之为一个表达式（一个符号）。

（3.31）

但这依然是相当含糊的，因为“表征”（“characterizes”）一词在这里意指什么是不明显的。最好的办法是更具体地去看“命题”一词的意义以及维特根斯坦关于**意思**的构想。意思这个概念——在同一般图像的关联中——在如下评论中被引入：

2.221　图像所表象的是其意思。

要理解这个评论，得回顾一下维特根斯坦一般地用到的“表象”（“darstellen”）和“描画”（“abbilden”）这两个术语之间的对比。[1]被描画的是实在——不多不少就是实际发生的事情。相反，被表象（按维特根斯坦对这个术语的一般用法）的，乃是世界可能是的一种方式。考虑“约翰恨玛丽”这个句子，并假定约翰事实上**并不**恨玛丽。实际的事实，亦即约翰与玛丽之间的真实关系状态，为这个句子所**描画**；但这个句子所表象的就是约翰恨玛丽；而这一点——约翰恨玛丽——就是维特根斯坦视作这个句子的意思的东西。

意思概念的这种用法同弗雷格的用法有很大的不同。[2]按弗雷格的观点，每一有意义的语言表达式都有一个意思（依他对这个术语的用法）：一个表达式的意思只关乎所指称对象——这样的实体， 160
它同表达式的关联让后者成为有意义的——被呈现的方式。相反，按维特根斯坦的用法，只有完整的句子才有意思，而句子的意思就是它所表象的可能事实。弗雷格将意思这个观念用来意指意义的一个额外的**维度**——除了表达式的指称之外的另一个认知意义层次，而维特根斯坦却没有采纳这种用法。他在意思和指称之间所做的对比，不是**同一个**表达式的意义的不同维度之间的对比：毋宁说，是**不同种类的**表达式的不同种类的意义之间的对比。名字具有指称，但句子具有意思。[3]选用不同词语的目的是强调名字和句子在类型

1 见上述著作第三章第二节。

2 关于弗雷格的想法，见第二章第三节；更一般的论述，见莫里斯（2007: Ch. 2）。

3 维特根斯坦的用法可能更接近于罗素的用法，见罗素（1910: 158）。罗素将“意思”与方向联系起来；在 *TLP* 3.144 中，维特根斯坦采纳了类似的想法。

上的根本差别，而这种差别却为弗雷格理论所掩盖了。

想着这一点，我们就可以接着考虑维特根斯坦表征命题的方式了：

> 3.11 我们用可感的命题记号（说出的或写下的，等等）作为可能情况的投影。
>
> 进行投影的方法就是思考命题的意思。
>
> 3.12 用来表达思想的记号称为命题记号。——而命题就是与世界处于投影关系中的命题记号。
>
> 3.13 命题包含投影所包含的所有东西，但不包含被投影的东西。
>
> 因此，尽管被投影的东西不包含于其中，其可能性却包含于其中。
>
> 所以，命题并不实际包含其意思，却包含表达其意思的可能性。
>
> （“命题的内容”意指有意思的命题的内容。）
>
> 命题包含其意思的形式，却不包含其意思的内容。

这些评论之间不是没有内在张力的，但其思想似乎如下。纯粹的声
161 音或书写标记（维特根斯坦所说的记号）本身并不决定语法——我们前面视作词语的合法排列的东西。即是说，单凭记号并不能决定语法组合的方式系列。但是，只有当语法组合系列被确定下来之后，我们才能考虑建立同世界的关联。命题就是**在可能的语法组合系列确定下来的情况下**，我们拥有一个记号串时所拥有的那种东

西。因此，只有**命题**的成分——而不是纯粹的命题**记号**——才能同实在中的物件相关联。实际上，一个命题就是**在句法确定的情况下**的某种类型的记号。与现代的一些用法相反[1]，句法带来比纯粹的记号所能给予的更多的东西：我们可以拥有同一个记号的两个有不同句法的实例；句法为我们提供组合的系列。

一个符号在下述意义上是一个命题的构成部分：它是一个有某种句法的记号。就像一个命题记号是“可被感官感知的”（3.11）一样，“一个记号就是符号中可被感官感知的部分”（3.32）。而且，就像记号一般说来对于句法是不够的——

> 3.321　所以，同一个记号（写下的或说出的，等等）可为两个不同的符号所共有——这种情况下，它们是以不同的方式进行指代。

说两个符号以不同的方式进行指代（也见于3.322），就是说它们具有不同的句法，亦即，是不同的符号。而且，维特根斯坦清楚地表明，这还不只是说它们具有不同的意义：

> 在命题“格林是幼稚的”（“Green is green”）——这里，第一个词是一个人的专名，最后一个是形容词——中，这两个词不只是具有不同的意义，它们是**不同的符号**。
>
> （3.323）

1　显然（而且令人吃惊地）包括波特（2000: 164）。

然而，符号这个概念究竟包含些什么，依然有些不确定性；
162 命题这个概念也是一样。这值得我们做稍微详细一点的探讨，因为它不仅对于5.4733本身的阐释很重要，而且对于整个《逻辑哲学论》的阐释也很重要。我们已经看到，引入符号概念是为了聚焦于表达式的句法：3.323的要点是，专名与形容词的不同在于句法，而不只在于意义（不只在于指派给它们的对象）。而我们自然会认为，存在着这样一些表达式，它们有同样的句法，却有不同的意义（正如可以存在具有相同形式却表面上不同的对象——见2.0233）。但这里仍有两个没有得到最终解决的问题。首先，是否可能存在有某种句法却没有意义——没有对象被指派给它——的表达式呢？（要么，只有在赋予一个记号以意义时，我们才确定了它的句法？）其次，**符号**和**命题**这两个概念的用武之地到底在哪儿？即是说，即便句法可独立于意义被确定，确定下句法是否就足以为我们提供一个**符号**或**命题**呢？要么，只有当意义也和句法一样被给定时，我们才得到一个符号或命题吗？

我们先来处理第一个问题。如果符号是命题的成分的话，3.13就在强烈提示，一个符号的句法可在没有赋予它以意义、没有指派给它对象的情况下被确定下来。因为维特根斯坦在那里说，命题包含“其意思的形式，而不包含其内容”——确实只有它的句法，而没有实际被表象的东西。而且，命题还被说成包括“所有属于投影的东西”——组合可能性或句法——“但不包括被投影的东西”——不包括由一个有意义的命题所描画的世界中的那些特殊的方面。而这一点似乎在稍后的一个评论中确定无疑地表达了出来：

3.33 在逻辑句法中，记号的意义绝不起任何作用。在不提及记号的**意义**的情况下确立逻辑句法，必定是可能的：**只须**预设对表达式的描述。 163

看样子，3.33是毫不含糊的。它似乎清晰地呈现了《逻辑哲学论》关于我们的第一个问题——句法是否可以在不给定意义的情况下被确定下来？——的正式观点。[1]原则上——而且在理想的条件下——句法可以在指派意义之前被确定下来。这样做，就只要确定在完整句中——这些完整句自然会随之将记号变成符号——将记号组合起来的规则。把这看作该书的正式观点的理由是，这乃是如下这种情形所要求的：对句子作为模型的解释，严格遵从由关于表象作为建造模型的一般解释所确立的范例，而巴黎法庭模型又为建造模型提供了一个既清楚又有用的范式。关于表象的一般解释设想了两个平行的系统——一方面是表象系统，另一方面是实在系统——它们受制于同样的必然性，从而容许相同的排列可能性。如果这两个系统是平行的，那么，其中一个必定在某种程度上独立于另一个。而且，坚持从字面上理解句子作为模型的观点是很重要的，因为这会对《逻辑哲学论》所提出的对“形而上学如何可能”的康德式问题的回答造成重大影响。我在导论第五节中概括出了我认为维特根斯坦会给出的回答。在第五章以及接下来的本章第五节，我会回到这个问题上来。说语言和世界构成两个平行的系统却受制于同样的必然性，似乎要求句法原则上独立于语言与世界之间的关联。

1 这也是约翰斯顿（2007b）的观点。持相反观点的，如皮尔斯（1987: 88）。

我觉得，抵制这种阐释的主要理由是这种想法：它包含着对实在论的承诺[1]，而按我前面给出的定义，实在论就是对如下论断的接受：

(R) 就其自身而言，世界之性质完全独立于任何同关于它的思想或表象有关的东西。

164 而我们可以合理地怀疑维特根斯坦是个实在论者。（这一论题将在第六章予以适当考虑。）但是，我一直在将句子作为模型的构想阐释为包含着受制于同样的必然性的平行系统的，而且我也已经论证说，对这种平行的承诺本身并不足以让维特根斯坦承诺实在论（见本章第二节和第二章第六节）。

我们似乎对第一个问题“句法是否可以在不确定意义的情况下被确定?”有一个清晰的答案。但我们的第二个问题依然留在这儿：确定下句法是否足以给我们提供一个**符号**或**命题**？按这一问题，证据似乎不是决定性的——它实际上是矛盾的。正如我们已经看到的，3.13似乎很清楚地说，命题是独立于意义而为句法所定义的。但是存在着如下这个明显矛盾的陈述：

3.326　为了在记号中识别出符号，我们必须考虑有意义的使用。

1　约翰斯顿（2007b）似乎认为这要求某种形式的实在论。

而上面这个陈述的来龙去脉又让表面的矛盾更加明显了。3.326的想法最先出现在《笔记本》中相对较早的一个评论中：

> 为了从记号中识别出记号，我们不得不注意用法。
>
> （*NB*: 18）

这两个以德语写成的版本中有两处不同。[1]第一处是，写《逻辑哲学论》的时候，维特根斯坦引入了**符号**这个新的、技术性的概念。[2]第二处是，“sinnvollen”——senseful、significant、meaningful——被插入进来修饰“Gebrauch”（用法）。要是可以存在没有意义的符号（包括命题、句子），维特根斯坦何苦要插入这个词呢？

此外，维特根斯坦随后这样说（就像我们已看到的）：

> 理解一个命题意味着，知道若它为真会是什么样的情况。 165
>
> （4.024）

而且很难看出，我们如何能理解没有意义的东西。

维特根斯坦在写给奥格登的一封信中对3.326的翻译做了明确

1 这些在《笔记本》中被译作“we have to attend to the use”的词同在《逻辑哲学论》中被译作“we must consider the…use”的词是一样的。我认为“attend to”（德文是“achten”）更好。我接下来提出的解释会略微偏向“have to”而不是“must”（以便更准确地表达一种实践的而非形而上的必然性）。

2 这一观念在《逻辑哲学论原稿》中表达出来（《逻辑哲学论原稿》3.2013——*TLP* 3.2和3.21的原型）。

的评论。不过，他的评论并非毫无歧义的。其全文如下：

> 我认为这里译成“significant”（有意义的）就很好。这个命题的意义是：为了在一个记号中识别出符号，我们必须看这个记号是如何在命题中被有意义地使用的。就是说，我们必须观察这个记号是如何根据逻辑句法规则而被使用的。因此，这里的“有意义的”的意思跟“句法上正确的”是一样的。
>
> （*LO*: 59）

我们可以把最后一句话看作是做了如下断言：在3.326中，“sinnvollen”（有意义的）这个词的意义就是**句法上正确的**。但这本身是有问题的：这并不是“sinnvollen”的意义。这个术语的意义是**有意思的或具有意思**，而“sinnvollen”（有意义的）是同没有意思相对照的（而这正是5.4733所探讨的东西）。而且，我们很快就看到它在3.14中被用来意指**有意思的、有意义的**。这实际是诱使我们把维特根斯坦给奥格登的关于3.326的评论阐释为：他是想着重新表述3.326，让它更明显地同3.14相一致。这么来看的话，整个这段评论似乎就是对3.326文本的一点一点的修正，以使其接近3.14的观点。

但是，3.326和3.14之间表面上的矛盾，不过就是表面现象而已。尽管在理想化的条件下，符号原则上可在被赋予意义之前被引入，但从实践上说，这两项任务经常会同时完成，而我们通常碰到的是已经被赋予意义的符号。而且我们可以把3.326看作是仅涉及后面这种情况。从实际使用中的表达式的句法来看，我们很容易为它们所误导（3.324）。尤其是，当同样的记号——同样的标记或声音——被用到时，就容易假定有同样的句法（这便是3.323的担忧）。为避免这种情况，我们应该理想化地建立一个没有歧义的符号系统（3.325）。不过，对于我们已经拥有的词语而言，关键是要适当地注意它们被使用的方式（3.326）。在实践中，这将是弄清它们的句法的唯一途径（于是才有了3.326中的“必须”）。 166

就像在4.024中一样，在3.13中放在括号里的下述评论中维特根斯坦似乎就已经预见到了将命题视作具有某种意义的东西的诱惑：

> “该命题的内容”意味着有意义的命题的内容。

3.13似乎是想说命题只是**句法**实体，因而在这个上下文中，就得把上述评论理解为：**一旦其构成部分被赋予了一种意义**，“该命题的内容”就意指该命题的内容。

因此，我认为，《逻辑哲学论》的正式观点就是，一般意义上的符号，从而特殊意义上的命题（句子），是独立于其意义而由其句法所定义的，不过，这更多地取决于对第一个问题的回答而不是对上述第二个问题的回答。

依我看，将符号——从而命题——看作是由它们的句法来定义的，还可以让我们最为自然地理解本节一开始所讨论的5.4733这个码段，在这里维特根斯坦将自己关于空谈的观点同弗雷格的观点相比照。[1]请回顾一下：正是在这里，他堵死了在语言组合可能性的规范性与非规范性构想之间做出区分的可能性，从而容许语言中的组合可能性同实在中的组合可能性是一样的。维特根斯坦将自己的观点表达如下：

167 每一可能的命题都是合法构造的，而如果它没有意思，只是因为我们没有赋予它的某些部分以**意义**。

（5.4733）

（我们注意到，维特根斯坦再次明确赞同句法独立于意义的观点。他似乎赞同的是，某种“合法构造的”——“句法正确的”［*LO*: 59］——东西是没有意思的，因为它的某些部分没有被赋予意义。）关于命题的两种不同构想——仅由句法定义，或者，本质上具有意义——对上面的第一个从句给出了不同的解释。依据关于命题的纯句法构想，那一从句所说的只是：

不可能存在不合法地构造出来的命题。

于是，这一评论的其余部分便容许存在没有意义的命题。相反，依据关于命题的句法-加-意义构想，第一个从句则表达类似下面的

1 维特根斯坦所反对的观点出现在哪里？或许是这里：

然而，不只是指谓，还有意思，都属于可由我们的记号正确地构造出来的所有名字。（Frege 1893：§32）

意思：

> 任何一种不合法地构造出来的东西都不可能是**可能的命题**这一范畴中的一个实体。

而这一评论的其余部分仅仅容许存在没有意义的**可能**命题（也就是说，它们不是实际的命题）。我觉得，第一种解读是最为自然的。

可根据第一种解读将维特根斯坦在5.4733中的观点做以下说明（若按另一种解读则很容易做出调整）。关于命题（句子）作为模型的一般理论要求，任一可能句子的要素必须能够像与之对应的实在的要素那样以恰好一样的方式组合在一起。假定我们容许有违 168
背语法的句子——句子成分的不合句法的组合，这便意味着，组合句子成分的可能方式**既**包括合法的组合**又**包括不合法的组合。要是我们依然坚持认为句子就是模型，那便不得不假定，这种更大范围的可能性——既涵盖合法的又涵盖不合法的——同世界中的对象的组合可能性的范围相一致。但这会让句子成为实在之模型的能力完全独立于其句法：这么一来，句法同句子的表象能力便毫无关系了。句子实际成了一类自然实体。

另一方面，假如我们容许句法同表象能力相关联，我们便无法容许违背语法、不合句法的句子的可能性。因为假如有不合法的句子，它们便不得不表象对象的**不可能**组合，而如果我们容许一个句子表象对象的不可能组合，我们便是在容许句子成分能够以相应的实在要素**不能**组合起来的方式组合在一起——而这同句子乃是模型的论点相矛盾。因而，我们先前视作符号的不合法组合的东西，实际不过是记号串或声音串。只有当我们有了句法上可能的某种符号组合，亦即某种合法地构造出来的东西，我们才有了5.4733意义上（依据我认为的自然解读）的一个**命题**——某种可以表象世界的东西，而不只是记号串或声音串。显然，这样一个东西不可能因为不合语法而成为没有意义的——成为一个空谈。因此，它只能在如下情形下才是无意义的：尽管句法上没有毛病，但它的有些构成部分没有被分派给任何对象。这便是5.4733的主张。

169 5.4733对《逻辑哲学论》的整体阐释的一个重要方面有巨大意义——我们第七章再回到这个论题。我们在这里看到，维特根斯坦显然是在倡导一直被称作关于空谈的“朴素”构想（Conant 2000: 176）的一部分主张。这种“朴素”构想由两个核心主张构成[1]：

（Au1）空谈这种东西没有任何意思；它并不具有某种不融贯的意思；

（Au2）没有意思的东西之所以没有意思，是因为它或它的构成部分没有被赋予意义。

5.4733是关于（Au2）的清晰陈述：维特根斯坦这里拿他自己的观点同他归于弗雷格的一种观点相对比，后者容许一个命题由于被不合法地构造出来而未能获得意思。维特根斯坦采纳

1 这两种关于空谈的“朴素”构想在莫里斯和多德（2008）中被区分开来；我在那之后发现，在格劳克（2004: 222）可以找到十分类似的区分——尽管他对这些论题持相当不同的看法。

（Au2）的原因显然是他需要这么做，因为他得坚持同样形式的论点（SM3），而这一论点是他的语言观的核心，又不依赖于关于可能组合的规范性与非规范性构想之间的暧昧不清。而且，同样的相同－形式论点（SM3）还导致了对于某种形式的（Au1）的承诺：它排除了关于一个不知怎么就表象了一个不可能事态的无意思命题的观念——就像我们在第三章末尾看到的那样。

第四节 语境原则和句子的一般形式

表达在5.4733中的关于空谈的构想，是同维特根斯坦关于弗雷格的著名原则——语境原则——的理解联系在一起的。弗雷格在其早期著作《算术基础》中以不同的方式对这一原则做了阐述。这里是其中的两种表述方式：

（CP1）绝不要孤立地，而只在命题的语境中询问一个词的意义。

（Frege 1884: x）

170 （CP2）只有在命题的语境中，词才具有意义。

（Frege 1884: § 62）

弗雷格一开始引入这个原则时，其总目标是拒绝将意义视作某种心理学的东西的想法——比如，词的意义只是说话者心灵中的“观念”。语境原则的最低要求是，词的意义必须总是要么包含要么依赖于其语法，以使得拥有完全不同句法的词语必定具有不同类型的意义。正如我们在第二章第四节所看到的，要顾及句子统一体而不使其意义成为心理学的东西，上述这种要求是必不可少的。要是我们假定词的语法同其意义无关，则作为句子的独特标志的统一性和完整性就不能被看作是自然地产生于句子的成分的——必定是加于其上的。而如果是加于其上的，句子的统一性就一定是心灵的某个动作的产物，仿佛这种被创造的统一性必定是**在心灵中的**；这样便很难看出意义如何可能是非心理学的。

可是，为实现这一目标，弗雷格到底需要些什么呢？也许他所需要的就是如下这一点：

> （CP）一个词的意义不多不少就是它对于它出现于其中的合法构造的命题的意义的贡献。

这似乎就是维特根斯坦在5.4733中表达出的对弗雷格的解读，而且，（CP1）表述所要求的肯定也就是这一点（尽管它也可以解读为对于出现在［CP2］中的同样的想法的表达）。重要的是要弄清，尽管这暗示着——通过仿佛为**不合法**构造的命题打开了空间——关于空谈的一种构想（它与上节探讨的关于空谈的“朴素”构想的子句［Au2］相冲突），但是，即便根据这种解读，它并不会导致对 171
（Au1）的违背。毕竟，就像可以很自然地将某种形式的语境原则归于弗雷格一样，我们同样也可以很自然地将可称之为“组合性原则”的原则归于他。

> （PC）一个命题的意义不多不少就是由其构成部分的意义

以及这些部分之间的组合模式所决定的。

从这个原则，再加上（CP），就可以推出，词的不合法组合是完全没有意义的——并非具有某种不融贯的意义；因此，它是同关于空谈的“朴素”构想的子句（Au1）完全一致的。

尽管同（CP）相一致的某个版本的语境原则对于弗雷格用来为引入这一原则做辩护的那些目标来说已经足够了[1]，但是，这对于维特根斯坦的目标而言依然是不够的。正如我们所看到的，维特根斯坦对于语言和世界之间的形式相同性——组合可能性的相同性——的坚持，要求他排除任何将词的合法与不合法组合相对照的空间。他不得不认为，只存在合法的组合：假想中的不合法组合实际上根本不是那些词的组合——它们只是标记或声音的聚集。因此，他似乎赞同最强意义上的（CP2）这种表述形式：

3.3 只有命题具有意思；只有在命题的语境中，词才具有意义。

第一句话表明了维特根斯坦在意思这个概念上对于弗雷格的偏离（见第四章第三节）：意思是整个句子所具有的那类意义——它不是弗雷格所说的意义的一个维度。第二句话表达了语境原则的强版本。

1 我这里撇开它对于弗雷格（1884: § § 55–63）所做出的数乃是对象的论断是否足够的问题——即便这或许是弗雷格采纳这条原则的最重要的理由。

维特根斯坦为什么要坚持这个版本呢？也许是这么回事儿。172
他不能容许有词的不合法组合。可是，假如词可以单独出现——不出现在合法的命题组合中——那么它们似乎就可以出现在不合法的组合中。毕竟，到底什么是一个不合法的语词组合，而不仅仅是由这些词的单独出现组成的一个串呢？于是，我们似乎可以认为，维特根斯坦不得不否认语词可以单独出现。

这听起来很荒唐：词确实可以单独——仅凭其自身——出现吗？尤其是，这些单独的用法似乎是由赋予句子统一体以重要性的那个事实所预先假定下来的。对于句子很重要的一点是，它们不同于纯粹的词串：它们具有纯粹词串所不具有的完整性和统一性。但这么说，似乎就假定了词可以有不在句子中的出现——尤其是在一个词串中。而且，词难道不是明显可以出现在词串中，因而不是出现在完整句中吗？

这是一个很强的论点，但维特根斯坦似乎有不同的看法。下面是维特根斯坦关于表达式（词、符号）的看法：

> 3.311 一个表达式预设了它可出现于其中的所有命题的形式。它是一类命题共有的特殊标志。
>
> 3.312 因此，它借助于它所刻画的命题一般形式被表现出来。
>
> 在这一形式中，此表达式是**常项**，其余的都是**变项**。

维特根斯坦这里阐明了一种关于词与句之间的关系的构想，这种关系不同于由反对意见所预先假定的那种关系。在维特根斯坦

看来，词并不是在句子中的**要素**：它们乃是不同类型句子的**共同标**
173 **志**。一个词并不是某种从别的地方拿来、同其他类似的东西组合成句子的东西：它们总是一系列句子共有的东西。如果这便是一个词之所是，那么，当一个词出现在词串中时，它便并不出现在句子之外：毋宁说，把一个词写入一个词串，乃是一种将该词出现于其中的所有句子归总在一起的方式。维特根斯坦这样写道：

> 所以，一个表达式借助于一个变项被表现出来，此变项的值就是包含这个表达式的命题。
>
> （3.313）

按这种解释，当我们只看见一个词串中的表达式时，我们倾向于误解我们所看到的东西：实际上我们只是看见了被呈现给我们的东西的一部分，亦即该表达式可作为其一部分的所有那些句子所共有的那一部分，而不是那些句子总是有别的构成部分这样一个事实。为弄清这一点，我们可用“……E……”这种表达形式作为一种方式，来展现任何一个表达式“E”作为其一部分的句子。这样的话，每当遇到一个看似单独出现（比如在一个词串中）的表达式“E”，我们实际拥有的是某种具有“……E……”这种形式的东西。我们来考虑通常会书写如下的这个词串：

“苏格拉底”
“是”
“同一的”。

如果这实际就是一个由词（或者维特根斯坦所说的**表达式**或**符号**）组成的串，那么，它便等同于我们用新记号法书写如下的词串：

“……苏格拉底……”

“……是……”

“……同一的……”。

要是这样看待词串的话，它们便不是词在句子的语境之外单独出现的场合的实例。宁可说，列出词串就是列出句子系列的一种方式。 174

这里有必要停下来考虑3.3中出现的“语境”这个概念。当弗雷格写下“只有在命题的语境中，一个词才有意义”时，其中被译作“语境”的是德语词“Zusammenhange”，其字面意思是“挂在一起”。而维特根斯坦在3.3中表述语境原则的时候，用到的也是这个词。这种用法体现了维特根斯坦在词源方面的考究。回想一下，在解释世界的基本结构中的对象与原子事实的关系时，维特根斯坦这样写道：

2.03　在原子事实中，对象如链子的环（“Kette”）那样挂（“hängen”）在一起。

而当他论及原子事实的语言对等物——所谓的基本命题——时，他又这样写道：

4.22 基本命题由名字构成。它是名字的连挂（“Zusammenhang”）和链接（“Verkettung”）。[1]

我们上面才看到，维特根斯坦认为所有表达式均可用变项来表现，即是说，每一表达式在一个命题系列中都是共同的、恒定的，而其余的东西是可变的。因此，每个表达式都可用**命题**变项展现出来——这里变项指明共有该表达式的句子（“命题”）系列（3.313—3.314）。（请注意，维特根斯坦对“命题变项”这个概念的用法和现在的用法不大一样。如今，我们在表达论证时用一系列字母代表完整的句子——通常用“p”“q”和“r”。然而，维特根斯坦却认为，每一个日常表达式本身就是一个“命题变项”［3.313］。）

我们以“苏格拉底”这个名字为例。这个名字可以出现在与
175 一元谓词（例如，“是丑陋的”“是聪明的”“是暴躁的”等）的组合中，以构成一类简单句。[2]我们可以通过用一个变项替换一个一元谓词来表示整个命题系列——所有将“苏格拉底”这个名字同某个一元谓词组合而成的句子。这么一来，我们就可以用“f苏格拉底”这个表达式来表示整个命题系列：整个这一表达式就是一个命

1 奥格登用“联系”（英文）翻译“Zusammenhang”，我这里略作调整，以使词源点更加清晰。

2 这里使用的谓词的例子很简单，只为解释的便利。我并不是想否认“如果x是人，那么x是有死的”是一个一元谓词，而事实上，就我们这里关注的论题而言，似乎可以无害地将这一复杂谓词视作一元谓词。就这里涉及的（部分）论题，参见达米特（1982: 27-33）。同样的论点又会在后面的第四章第六节出现。

题变项。这个变项的值就是“苏格拉底”与某个一元谓词组合而成的所有句子。显然，我们也可以用一个变项——其功能是表现整个系列的名字——替换“苏格拉底”这个名字。可以把由此而得的表达式写作“fx”。整个表达式又是一个命题变项：它表示由单个名字同某个一元谓词组合而成的整个句子系列。那一系列的所有句子都是这个变项的值。这便是在如下评论中描述出来的那个过程：

> 3.315 若将一个命题的某个成分改成变项，则可得这样一类命题，它们都是由此而得的命题变项的值。一般而言，这个命题类会有赖于通过任意约定赋予原命题的成分的意义。若原命题中所有被任意赋予意义的记号都改成了变项，我们依然会得到这样一个命题类。不过，这个命题类就不依赖于任何约定，而仅依赖于此命题的性质了。它对应于一个逻辑形式——一个逻辑原型。[1]

作为这类命题变项的值的所有句子都是有其特定类型的：比如，由某个一元谓词和一个名字组合而成的句子，或者，由某个二元谓词和两个名字组合而成的句子，或者，由用“并且”联结起来的两个句子组成的句子——如此等等。不过，我们似乎应该可以具体指明某种更为一般的东西——**所有**句子共有的东西。舍此，我们 176
便会对句子这一概念本身的融贯性心怀疑虑。[2]这便是句子的**一般**

1 比较罗素（1984: 98）。

2 这是维特根斯坦后来认为他所依赖的论证：见《哲学研究》第一部分，§66。

形式。

存在着这种一般的句子形式——这对于《逻辑哲学论》具有根本的重要性。维特根斯坦在他关于逻辑的解释的语境中探讨这一论题，我们将于下一章在这一语境下考虑它。不过，这里有必要预先略作一点讨论，以便将其向后联系到关于语境原则的评论，而正是这些评论引入了关于命题变项的观念。在后来的讨论中，维特根斯坦说了如下这些话：

> （G1）命题的一般形式是：事情是如此这般的。（4.5）
>
> （G2）一般的命题形式是一个变项。（4.53）

（G2）是对维特根斯坦在3.311—3.316中表达的关于一般表达式的同样论点的一种表达。一般的命题形式——一般的句子形式——是所有句子共有的。而所有句子共有的东西，可用一个由任一句子代换的变项来表现。

在这个语境下，有必要对奥格登对（G1）的翻译与皮尔斯和麦克吉尼斯的如下替代译法之间的差异略作评论：

> 命题的一般形式是：事情就是这个样子的。

奥格登的译法显然是可取的：其中的“如此这般的”是更接近德文

“so und so”的译法，而且准确地表达了变项这个观念。[1]“如此这般的”（就像德文中的“so und so”）乃是这样一个表达式，它本来就该由一个更精确的说明取而代之：它是一个日常语言变项。[2]

维特根斯坦（在4.5中）为存在一般的命题形式做了一个论证。这个论证似乎不同于如下这个简单想法：缺了这种一般形式，句子这个概念总的说来就是不可理解的。而且它似乎依赖于他关于 177
逻辑的确切主张，所以我们将在那一语境下详细探讨它。但这一主张的某种重要性可在《逻辑哲学论》的一般语言论——句子作为模型的理论——的语境下看出来。因为，若存在句子的一般形式——所有句子共有的一种形式——则存在某种不能为任何句子所描画的东西，因为一般来说，任何图像都无法描画自身的形式。同样，从关于语言的一般解释中还可推出，任何只能通过描述命题的一般形式加以描述的东西，都将是不可描述的。当维特根斯坦探讨哲学的地位时，上述这一点就显得极为重要了。

1 麦克吉尼斯本人暗示“如此这般的组合成立”（McGuinness 2002a: 78），尽管他与皮尔斯合作给出了一个替代者。

2 在这一语境中，弗格林费了很大劲说明“这便是实际的情况”（Fogelin 1987: 48）中指示代词的用法，就很有讽刺意味；这句德语中根本就没有指示代词。

第五节　分析与基本句子

《逻辑哲学论》语言观的核心主张是：句子就是模型，就像巴黎法庭模型那样。这尤其意味着，句子的要素必定像实在中的相应物件那样具有同样的组合可能性。可是，维特根斯坦真的主张所有句子都是模型吗？他真的认为句子的每个部分都同实在中的某个东西相关联，并与之共享同样的组合可能性吗？

对上述两个问题的回答都是**否定的**。他关于句子是图像或模型的主张（例如，在4.01中），应该同他的如下主张相比较：任一事实要么发生，要么不发生，其余的一切保持不变（在1.21中）。1.21中的主张看似可以无限制地应用于所有类型的事实，但维特根斯坦实际只认为它对**原子**事实成立：这就是说，这种更为一般的事实概念必须在第一种情形中加以使用。同样，尽管表面上毫无限制的关于句子是图像或模型的主张，似乎可应用于所有句子，但维特根斯坦实际上并不需要它对任一种类的句子成立，而我觉得他显然
178 并不坚持这一点。他实际上只需要它对于非常有限的句子类型亦即他所称的**基本**句子成立——而且是真心要求它对于它们成立。对于

大多数目的来说，我们可以将严格意义上的“图像理论”——句子作为模型的理论——只视为关于基本句子的理论。这可用来说明如下这一系列评论：

> 3.2　在命题中，可这样来表达思想：命题记号的要素对应于思想的对象。
>
> 3.201　我称这些要素为“简单记号”，称这样一个命题为“完全分析的”。
>
> 3.21　一个情形中的对象之间的排列对应于命题记号中的简单记号的排列。

实际上，3.21就是对关键的形式相同性假定（SM3）的一种陈述；这里的语境清楚地告诉我们，它只适用于仅由“简单记号”构成的句子。3.201也表明，并非句子中的所有单词都算作“简单记号”：因为有些句子似乎不是“完全分析的”，包含需要进行分析的组成部分。也就是说，未分析的句子中的某些单词不能算作“简单记号”。

维特根斯坦这里主张，原则上可以存在完全由“简单记号”组成的句子。只有这些句子在严格的意义上是模型，尽管用语言描述世界的可能性，原则上依赖于借助由“简单记号”组成的基本句子来分析日常句子的可能性。可是，什么是“简单记号”呢？对这一问题的回答包含在下面两个码段中：

> 3.23　设定简单记号的可能性，就是设定意思的确定性。

3.24　关于复合物的命题同关于其组成部分的命题，处在内在关系中。

179 一个复合物只能通过某个描述给出，而这个描述会是正确的或错误的。要是命题提到的某个复合物不存在，则这个命题不是没有意思的，而只是假的。

当一个命题元素指代一个复合物时，我们可以从它出现于其中的命题的某种不确定性中看出来。在此类情况下，我们**知道**该命题让一切悬而不决。（对一般性所做的标记**包含**一个原型。）

将代表复合物的符号缩略为简单符号，可用定义来表达。

从这里可以看出，维特根斯坦持有如下这些主张：

（ⅰ）意思必须是确定的。

（ⅱ）只有存在简单记号，意思才能是确定的。

（ⅲ）包含代表复合物的记号的句子显然是不确定的。

不过，关于这一点，有三件事情还不是那么清楚。第一，维特根斯坦所说的“确定性”是什么还不那么一目了然。第二，还不是特别清楚“复合物”是什么。第三，（ⅰ）至（ⅲ）中所包含的论证的特征还不完全清楚。

维特根斯坦这里所关心的不确定性可通过反思括号内的如下评论来发现：“对一般性所做的标记**包含**一个原型。”这一点的明显性——通过对“**包含**”的强调表示出来——显然是想凸显包含复合物记号的句子的不确定性。由于在上一节考虑了3.315（严格说来，是乱了顺序），所以我们已经遇到了“原型”或“前模型”的概念。这种意义上的原型，是通过用变项替换句子的某些或所有部分而得到的像“x是聪明的”“fx”之类的东西。对一般性的标准（逻辑）记号法确实包含这种意义上的一个原型。例如，“所有东西都是f”被写成“∀xfx”（或者“（x）fx”）；“有些东西是f”被写成 180
“∃xfx”。这里包含的原型在**非特指的**意义上是不确定的：“x是聪明的”并未说出哪个特定的人是聪明的；“fx”并未说出哪个特定的对象具有哪种特定的性质。事实上，正是这种非特指性使得包含一般性的句子不是真正意义上的图像或模型：它们并不是由同实在中的物件相关联的要素构成的（我们将在第五章第三节看到，它们也不单单是由同实在中的物件相关联的要素组成的句子复合——结合或变换——而成的）。

这么一来，主张（ⅰ）就必定是这样的论断：意思不可能像维特根斯坦意义上的原型所是的那样，是非特指的。但这意味着什么呢？很自然的解释是，它意指这样一些非特指的原型——比如，在一般性的表达式中——要具有意思，只有凭据这些原型乃是原则上可用**特定的**句子替换的变项。即是说，这些原型的用法，实际上只是指明这些特定命题系列的一种方式。这大致相当于如下这种更日常的想法：像“所有东西都是f”和“某个东西是f”这样的一般性论断，只有凭借具有“a是f”这种形式的更为特殊的论断，才能实际成为真的。

维特根斯坦似乎认为，一般性表达式之明显缺乏特定性**表明**，“提及”复合物的句子同样缺少特定性。这似乎要求，“提及”复合物的句子本身必须包含一般性表达式。而在《逻辑哲学论》的历史语境中，这只有一种自然的解释。一个提及某个复合物的表达式必须以类似于限定摹状词的方式加以处理，亦即视作带有“这个f”（这里的“f”是单数）这种形式的某种东西。弗雷格将这些表达式视作单称词项——亦即，仅凭同世界中的某物相关联才具有意义的表达式。但罗素在其摹状词理论中将它们视作含量词的表达式，
181 亦即包含着一般性（见第二章第三节）。[1]他将具有“这个f”形式的表达式视作在意义上等同于“恰好存在某个是f的东西，而且这个东西……”。罗素理论的一个特征就是：在没有任何东西满足这一摹状时——当不存在任何f时——包含这个短语的句子并非是没有意义的——像弗雷格所认为的那样（暂且抛开弗雷格的“意思”这个概念），而是假的（因为恰好不存在一个是f的东西）。这刚好与维特根斯坦如下说法不谋而合：

> 要是命题提到的某个复合物不存在，则这个命题不是没有意思的，而只是假的。
>
> （3.24）

同罗素的联系在该书靠后的部分更为清晰了：

> 5.526　可用完全一般化的命题完全地描述世界，亦即，

1　请注意，维特根斯坦在《笔记本》（第63—64页，《逻辑哲学论》中的这些评论就是从中抽取来的）的讨论中似乎明确将复杂性和一般性联系起来了。

无须一开始便将任何名字对应于特定的对象。

随后，为达到通常的表达方式，我们只消在“有且只有一个x，其……”这个表达式之后说：这个x就是a。

因此，维特根斯坦似乎仅仅是假定，看似代表复合物的表达式，可像罗素处理摹状词那样，得到正当的处理——尽管带着一个小小的限定条件。这个限定条件就是，维特根斯坦不大乐意将“复合物”视作某种东西。将如下观点归于他似乎更合适一些：在一般人看见一个“复合物”的地方，维特根斯坦只看见其构成部分以及它们排列而成的事实——或者更确切地说，只看见存在着**某些**以特定方式排列起来的成分。他因此说道：

2.0201 每一关于复合物的陈述都可解析为一个关于其成分的陈述，以及完全描述复合物的那些命题。

这样看来，维特根斯坦似乎不加论证地假定了：关于“复合物”的句子需援用一般性来加以分析。由于一般性的记号法总包含“原型”的非特定性，而“原型”的非特定性本身又是它们可被特定的表达式替换的标志，所以，代表复合物的表达式需借一般性加以分析——这一事实被用于表明：必须得有“简单记号”。而且，由于这里的“简单记号”是同代表复合物的表达式相对照的，因而，“简单记号”必须是代表简单实体——**对象**——的表达式。 182

若以上所说的没错，则这里对简单实体——命题2开头的那些码段所引入的**对象**——的存在便没有给出任何真正的论证。这里所给出的论证似乎**预先假定**了“复合物”与简单实体之间的对照，接下来只是表明，原则上必定可能存在着代表简单实体的**记号**，亦即完全分析的句子由以构造出来的那些名字。这意味着，对于命题2开头的那些码段所论及的那些对象之存在的论证，恰恰必须依赖于《逻辑哲学论》中的语言理论的一般特征——尤其是依赖于语言和世界必定具有共同的形式这一假定。而且，按我的阐释，2.02及随后诸节对实体的论证确实依赖于《逻辑哲学论》中的语言理论的一般特征（见第一章第四节）。

这样的话，3.23—3.24诸节要应对的便是另一种担忧。而且不难看出这种担忧是什么。这种担忧就是：我们日常语句中的词并不代表世界中的物件，这些物件的可能组合系列与词的可能组合系列一致，而且其可能组合系列构成世界自身的形式——事物相互组合的终极可能性。事实上，我们对于语词必须与之相关联以实现这种匹配的那些对象不甚了了。这么一来，3.23—3.24的意思只是说，
183 我们日常语言的表层语法不满足句子乃是模型的理论的需要，并不构成对这一理论本身的反驳——或者说，实际上也不构成对日常语言的有意义性的反驳。事实上，维特根斯坦认为，我们的日常语言是完全有意义的[1]：

---

1 请比较“但这一点确实是清楚的：人类所使用的仅有的那些命题会如其所是地具有意思，而不必等待将来的某种分析而获得意思”（《笔记本》：第62页）。这就是罗素误解《逻辑哲学论》的一个方面：

> 维特根斯坦先生关注于一种逻辑上完备的语言的条件——并不是任何一种语言都是完备的，或者我们此时此刻可以构造一种逻辑上完备的语言，而是说语言的全部功能就是具有意义，而且只有当它接近于我们设定的理想语言时它才实现了这种功能。（罗素，1922：8）

实际上，我们日常语言的一切命题在逻辑上是完全有序的。

（5.5563）

维特根斯坦没有放弃句子作为模型的理论，也没有怀疑我们日常语言的有意义性，他只是认为我们需要把日常语词理解为包含着隐性概括，其实例最终都完全是由代表简单对象的记号所组成的，它们就像链子的环节那样挂在一起。维特根斯坦在如下评论中对他关于日常语言的看法做了概括：

4.002　人有能力构造可表达各种意思的语言，而无须了解每个词如何具有意义或者其意义是什么——就像人们会说话而无须知道一个个声音是如何发出的。

每一种语言都是人类机体的一部分，而且跟它一样复杂。

人不可能一眼看出语言的逻辑来。

语言掩饰思想；就好比从服装的外型无法推知其背后的想法的形式，因为服装的外型设计不是为了展现身体的形式，而是出于完全不同的目的。

理解日常语言所凭据的默契非常复杂。

第五节 谓词与关系

现在，我们可以更清楚地理解维特根斯坦的一般理论了。语言可借助如下这类句子存在的可能性表象实在：它们完全由简单记
184 号——名字——构成，这些名字所代表对象的配置可能性构成了世界的终极可能性。维特根斯坦轻蔑地抛开关于这些对象之性质的——超出其理论要求之范围的——那些问题，不过，对他来说似乎存在着一个紧迫的问题，而对于这一问题他是不是有一个确定的观点，还留有一些疑问。维特根斯坦所说的对象包括性质和关系吗？从一个古老的争论的角度来看，维特根斯坦是一个关于性质和关系的“实在论者”或“唯名论者”吗？[1]（在关于这一论题的传统争论中，**实在论者**主张共相——性质和关系——在作为事物——对象——的意义上存在着，而**唯名论者**则否认这一点，以便将貌似指

1 这一争论可一直追溯到关于《逻辑哲学论》的一开始的讨论。大致说来，拉姆齐（1923）、斯特纽斯（1960）和麦克吉尼斯（2002b）认为是一种实在论观点，而安斯康姆（1971）、石黑英子（1969）和里基茨（1996）认为是一种唯名论观点。

称共相的语言解释为，只是包含着处理语言表达式之用法的一种错综复杂的方式而已。请注意，这里对“实在论”这一术语的使用，同前面第一章第六节将它与“唯心论”相对照的那种用法，关联不大。）

维特根斯坦关于这一论题的观点，初看之下是混乱而不一致的。困难来自他在《逻辑哲学论》之外的文本中所说的话，而这些话显然是相关的。他于1913年写道：

> （a）我改变了关于“原子”复合物的看法：我现在认为，性质和关系（比如，爱）等等全都是系词。
>
> （*CL*: 24）

又写道：

> （b）不可定义者分两类：名字和形式。命题不可能仅由名字构成，它们不可能只是名字的集合。
>
> （*NL*: 96）

可是，他于1915年却这样写道：

> （c）关系和属性，等等，也是**对象**。
>
> （*NB*: 61）

而在他重返哲学后不久（1930—1931年的某个时间），有人记下他 185

在解释《逻辑哲学论》2.01（“事态是对象［事物］组合”时）这样说道：

> （d）对象等词这里是用来指像视觉空间等等中的一个颜色、一个点等事物。……“对象”也包括关系；一个命题不是两个事物由一个关系连结而成。“事物”和“关系”处于同一层面。对象就像在一条链子中一样挂连在一起。[1]
>
> （*WLC*: 120）

困惑如下。如文本（a）和（b）所表明的，1913年维特根斯坦似乎认为性质和关系**不是**对象，而且，除了名字之外还要有别的东西才会有完整的句子。可是，到了1915年，以及在写出《逻辑哲学论》很久以后，他似乎又认定性质和关系是对象了。这本可归因于他主意的改变，可我们偏偏在《逻辑哲学论》自身中发现了一个关键的文本：

> 3.1432　不要说：“复杂记号‘aRb’说a和b处在关系R中”；而应当说：“‘a’与‘b’处在某种确定的关系中**这一事实**说aRb**这一事实**”。

这似乎刚好表达了（除了别的东西之外）文本（b）的意思：似乎“R”并不作为某个关系的**名字**起作用，而只作为“a”和

1　注意这是对《逻辑哲学论》2.03的回应。

“b”这两个名字可被联系起来的一种方式——这两个名字可以写在其两侧的某种东西。而且，从字面上看，3.1432同下面这则写于1913年的评论实际是非常接近的，而且似乎就是从那里来的：

> 在“aRb”中，“R”看似一个实词，其实不然。在“aRb”中起表征作用的乃是：R出现在a和b之间。
>
> （*NL*, 98）

在这一点上，我们看到的似乎是一个怪怪的历史序列。我们发现维特根斯坦于1913年赞同一种观点，1915年改变主意，又 186 （大约于1918年）在该书的最后版本中改了回去，然后又于1930—1931学年再度改变主意（同时还在利用《逻辑哲学论》本身的意象）。这看似在一个主要论题上的摇摆不定，可我们又很难把这种摇摆不定归于维特根斯坦。

事实上，即便是在关于维特根斯坦到底在做什么的解释并不完全清楚的情况下，也不存在如此严重的异常现象。我将首先试着弄清楚《逻辑哲学论》的立场，然后再回过头来考虑维特根斯坦到达这一立场的过程中所历经的几个阶段。最后将表明，这一过程并不包含任何特别的摇摆。

首先我们来看一下，传统上是怎么看待性质和关系的。它们乃是（以某种方式）与谓词相关联的实体：就性质而言，是一元谓词；就关系而言，是多元谓词。鉴于此，我们要做的第一件事情就是区分开两个问题，一个是语义学问题，另一个是本体论问题，即便二者必定是相互关联的：

（SQ）基本句子中有谓词吗？

（OQ）基本对象中包含某些性质和关系吗？

我们从语义学问题（SQ）开始。要回答这一问题，我们得知道什么是谓词。在其最中性的意义上，一个谓词就是一个包含名字的句子在被移除一个或多个名字之后所剩下的东西。[1]显然，在这种最低的意义上，要是基本句子包含名字的话，则基本句子中必定有谓词。由于一个句子必定**多于**单独一个名字，所以，当一个名字被移除之后，一个句子中必定会留下某种东西。由此可清楚地看出，任何提出（SQ）的人心里都会想到高出这种意义的“谓词”。
187 我们可称之为“谓词”这一术语的一种**富**意义，并说明如下：一个（在这种富意义下的）谓词乃是句子的一个**不同于名字的基本成分，一旦与一个或多个名字适当地组合起来，便可产生一个完整的句子**。以为名字和谓词之间（在较早的术语系统中指“主词”与谓词之间）有一种根本的对照的那些人坚持认为，即便在最基本的句子中也包含这种富意义上的谓词。维特根斯坦显然不同意：

4.22　基本命题由名字构成。它是名字的连挂和链接。

4.22的整个意思（就像文本［d］所确证的）似乎就是说，我们不需要任何名字之外的东西来粘连起一个句子：名字凭它们自身挂连在一起。因此，基本句子中便没有谓词，要是“谓词”在这种

1　达米特就是这样定义“复杂”谓词的（Dummett 1981: 29）。

富意义上被理解成**不同于名字的**句子成分的话。

这有些让人迷惑不解，因为维特根斯坦显然乐意使用现代谓词逻辑中我们所熟悉的**谓词字母**（比如，在3.1432中）。不过，对这些熟悉的谓词字母的使用，所要求的不过是“谓词”的最低意义。我们可以对这一点做如下阐明。假定基本句子就是名字串，就像下面这三个：

（1）abcdef

（2）nbcdef

（3）mbcden

可以把（1）和（2）看作是共有同一种形式的：它们都表象某个对象（分别是a和n）同b、c、d、e、f这几个对象的某种组合。我们完全可以用字母“F”来表征它们所共有的东西，接下来按照熟悉的现代写法将它们改写如下，以表象那一事实：

（1a）Fa 188

（2a）Fn

现在这两个句子都可视为具有Fx的形式。接下来，我们可以把（1）和（3）看作共有同一种形式。它们均表象一对对象（分别是a和f，以及m和n）同b、c、d、e这些对象的组合。我们可以用“R”表征它们所共有的东西，并将（1）和（3）改写如下：

（1b）aRf

（3b）mRn

这样，（1）和（3）都可视为具有“xRy”的形式。在（1a）（2a）（1b）和（3b）中，字母“F”和“R”都不是作为名字起作用的。宁可说，它们都在一种非常特殊的意义上是函项表达式：它们将整个句子表象为某些选定的名字的函项。于是，“Fa”将句子“abcdef”表象为名字“a”的函项，“aRf”将“abcdef”表象为“a”和“f”这两个名字的函项。[1]（一个句子作为其中的一个或多个名字的函项，参见3.318和4.24：这一论题将在后面的第五章第二节做进一步探讨。）3.1432中“R”的用法同下面这一点是相容的：它出现在那里只是作为表征某种可为其他句子分享的共同性的一种方式——即便这种共同性原则上可阐释为只由一串名字构成。

这是否意味着用到谓词字母的句子不可能是基本句子呢？例如，我们就得说出现在3.1432中的“aRb”不是一个基本句子吗？这里，在句子和记号法之间的关系上，有一个略为棘手的问题。如果看一下“F”在（1）和（2）的基础上被引入、“R”在（1）和（3）的基础上被引入的方式，我们便会看到，这些谓词字母不过是写下大量句子的便利方式而已——用于凸显共同性的方式。所以，我们可以将（1a）和（2a）当作书写（1）和（2）的方式、将
189 （1b）和（3b）当作书写（1）和（3）的方式。由于按照假定（1）（2）和（3）是基本句子，那么（1a）（2a）（1b）和（3b）也是基

1　这一论点是安斯康姆提出的（1971: 101–102）。

本句子，尽管它们被书写的方式并未显示出它们由以构成的所有名字。只要我们清楚自己在干什么，这便是描述它们的一种完全合法的方式。

因此，即使在基本句子中没有**富**意义上的“谓词”（不同于名字的基本句子成分），也依然可以合法地将标准谓词逻辑中的谓词字母用作相关类型的从名字到句子的函项。而且，似乎可以完全合法地至少将某些用到谓词字母的句子视作基本句子。

我们现在来看本体论问题（OQ）。就像对（SQ）的回答依赖于“谓词”意指什么一样，对（OQ）的回答也依赖于“性质”和“关系”确切意指什么。很自然地会将性质和关系视为**富**意义上的谓词的本体论关联物，亦即，我们可将性质和关系定义为适当的、不同于名字的基本句子成分。如果我们这样来定义性质和关系，并且将不同于名字的东西看作是由维特根斯坦关于名字的构想所决定的，那么，维特根斯坦的回答就是毫不含糊的，因为他显然并不认可存在着这些不同于名字的基本句子成分。

不过，关于名字的不同构想会导致关于何为**不同于名字的东西**的不同构想。而我们无需远求便可在弗雷格这里找到一种关于名字的不同构想。弗雷格用“名字”（严格说来，是“专名”）这个术语指称两类基本的亚－句子表达式之一；就像我们在第二章所看到的，他将**他本人**意义上的名字同“概念表达式”或谓词相对照。这种亚－句子表达式基本类型之间的对照平行于实体的基本类型之间的对照。弗雷格拿“对象”这个术语意指（他本人意义上的）名字所指称的东西，而用“概念”意指谓词所指称的东西。弗雷格将（他本人意义上的）对象视作“满足的”或完全的，将（他 190

本人意义上的）“概念”视作“未满足的”或不完全的。要是这两个对照——（弗雷格意义上的）名字与谓词之间的对照、“满足的”与“未满足的”实体之间的对照——得以成立，我们便可依据它们来定义性质和关系。性质和关系依然可以在富意义上定义为谓词所指称的东西，即是说，它们仍将（像以前一样）是不同于名字的基本表达式所指称的东西。不过，关于何为不同于名字的表达式的构想，将由弗雷格而非维特根斯坦关于名字的构想来确定。即是说，我们可以在弗雷格所关注的任何一种“未满足的”的意义上，将性质和关系定义为未满足的实体。[1]

维特根斯坦所说的某些名字是否指称这些“未满足的”实体——这种可能性至少在4.22（平行于明显本体论性质的2.01和2.03）中没有被直接排除。并没有什么直接的理由，来否认《逻辑

1 弗雷格心里想到的可能是什么？这里的论题是相当技术化的，不过这里提示了我们可能一直在关注的某种东西——要记住他不可能一直以为，单称词项比任何其他类型的表达式都要更为自立一些。他显然认为，单称词项与其他类型表达式之间具有某种根本的不对称性，在某个层面上不同于作为某个名称（在《逻辑哲学论》中用到的“名称”的意义上）的对等物。或许可对这种不对称性做如下展开说明。在用到（比如）“是丑陋的”的句子中的那些不同类型的出现之间似乎可以做出这样一个区分：一方面有在像“苏格拉底是丑陋的”这样的简单句中的出现，另一方面也有在像“如果苏格拉底是丑陋的，就难怪他会对理智事务感兴趣了”这样的复合句中的出现。我们很自然地会认为，“丑陋的”一词的意义是由它在简单句中的出现所确定的，而一旦这种意义被确立下来，就在更复杂的句子再次使用便是了。与此相反，“苏格拉底”这个名称在简单句和复合句中的出现之间，似乎并不存在这样的区分。或可将此视作完全表达式与不完全表达式之间的某种深层不对称性的基础，而它会为世界中不同类型实体之间的相应区分提供根据。关于这些论题，见拉姆齐（1925b）和达米特（1981: 27-33）。

哲学论》中的名字可以是弗雷格所说的**不同于名字的东西**。因为有可能是这样的情况：维特根斯坦视作名字的表达式事实上可分为两种类型，而这两种类型恰好就是弗雷格视作类似名字的东西和不同于名字的东西。而且可能是这种情况，亦即可在维特根斯坦视作对象的实体之间做出一种相应的简单区分：有些可被弗雷格视作"满足的"，有些可被视作"未满足的"。

被4.22直接排除的是这样的想法:《逻辑哲学论》所说的所有名字都是弗雷格意义上的类似名字的东西，而维特根斯坦的名字所指称的所有对象都是**满足的**实体。因为这意味着同时做出如下三个假定：

（ⅰ）一个句子可以仅由**名字**构成；

（ⅱ）所有名字都在弗雷格的意义上是**类似名字的**；以及

（ⅲ）没有任何句子可以仅仅由（弗雷格意义上的）**类似名字的**表达式构成。

相当明显的是，这些假定组成了一个不一致的系列。

按弗雷格所提供的图景，在同最基本句子的不同成分相关联的实体之间，只可做出单一一种关键的区分；而只有当我们拥有以适当的方式由这两种表达式做成的东西时，我们才得到了最基本类型的完整句。不过，尽管弗雷格认为最基本的句子最终就是从这两种根本类型的成分中构造出来的，但是这并不是句子得以构造出来的唯一方式。我们可以假定，就基本句子之成分的根本类型而言，存在着一个比这种弗雷格式不对称所容许的更大的范围。不同类型 191

的基本表达式会拿相当不同的成分来组成完整句。但是，只要对我们关于性质和关系是什么的构想做适当修改，这种关于句子构造的更为丰富多彩的构想也是同将性质和关系纳入维特根斯坦的对象相容的。因为我们会假定，在那些同各种不同类型的基本表达式相关联的大量不同种类的对象中，我们可出于一种富有原则性的理由特别挑选出两个来；而且因为（就像会被证明的那样）与这两类特殊对象相对应的语言表达式非常接近于某些日常性质词和关系表达式，所以我们可以称这两类对象为**性质**和**关系**。这一方面意味着打破或限定**性质**和**关系**这两个概念之间的传统区分，另一方面也意味着关于谓词的相对简单的语法类型。不过，这仍然提供了容许把性质和关系纳入《逻辑哲学论》中的对象的另外一种方式。而这也是同4.22（连同2.01和2.03）相一致的。

这么一来，我们似乎便至少有了两种方式认定维特根斯坦持有一种“实在论”立场——接受性质和关系为《逻辑哲学论》中的
192 对象——同时与他关于最基本句子仅由名字构成的主张相一致。他可以采纳这种弗雷格式的观点：句子的统一性依赖于某种单一的、特殊的不对称性；或者，他可以假定存在着由不同种类的互补性构成的一个类型，它容许句子的统一性以各种不同的方式实现，让性质和关系这两个概念只用来标示那一类型中各异的共同性。[1]

《逻辑哲学论》本身并没有在这两种观点之间选边站队。或

1　似乎还有第三个选项：难道不可能存在单一一种不对称性，它和弗雷格指出的那种不完全一样？这到底是不是一个有效的选项，部分地取决于弗雷格在区分“满足的”和“未满足的”实体时实际所关注的是什么。这一论题的起始，参见达米特（1981：第八章）。也参见上一注释。

许，它是刻意保持中立的：很可以设想，维特根斯坦最终认定对象的本性无法先天地——在对语言的详细分析实际完成之前——得到解决。这似乎就是拉姆齐对文本所持的观点（在拉姆齐［1923］中透露出并在［1925b: 133］中明确加以论证的观点）。而维特根斯坦本人似乎于1929年对这一观点公开表示了赞赏（*WVC*: 42）。[1]

此外，并不只是《逻辑哲学论》从总体上对基本句子中的名字所指称对象的根本性质持中立态度：就是3.1432中也没有任何东西扰乱这种中立性。尤其是，这里没有任何东西**否认**对象中包含性质和关系——只需要假定性质和关系不被定义为维特根斯坦意义上的不同于名字的表达式所指称的东西。就我们所知，"a"和"b"可以指称某种性质或某个关系；而"R"本身则可以是对那些包含着性质和关系名字的句子的某个共同成分的替换。

所有这一切都了然于胸之后，我们该怎样来讲述维特根斯坦的思想历程呢？1913年，他似乎认为性质和关系并不包括在由名字指称的对象之内：相反，性质和关系似乎是**形式**。[2]（正如文本［b］所提示的，这种观点本身就是一个重要的改变：通过将性质和关系当成"系词"或形式，维特根斯坦旨在消除增加额外的连结

1 科林·约翰斯顿最近在一本待出的论著中极力主张,《逻辑哲学论》对基本对象的本性持中立立场，但尚不清楚的是，他所想到的是否就是主体文本中所暗指的那种中立性。

2 在文本（a）所引用的那封致罗素的信中，维特根斯坦似乎将性质和关系等同于形式，同时又非常像罗素后来在罗素（1984）中所做的那种构想形式——构想为完全一般的事实。（参阅《剑桥信函》：24-25）

193 成分以便粘合对象的必要性。[1]）可是，到了1915年，而且，显然打那以后——就文本中可见到的而言，在《逻辑哲学论》中也没有间断——他似乎乐于将性质和关系算作对象。如下文本（也来自1913年的《逻辑笔记》）似乎标志着这一转变过程中的一个重要阶段：

> 可是，一个命题的形式以如下方式起表征作用：让我们考虑“xRy”形式的符号；最初与这些符号对应的是成对的对象，其中一个有“x”这个名字，另一个有“y”这个名字。诸x和诸y彼此处于各种关系中，其中的一个关系R在有些对象间成立，在另一些对象间不成立。我现在做如下规定以确定“xRy”的意思：就“xRy”而言，若事实表现为“x”的意义处在同“y”的意义的R关系中，我就说事实同命题“xRy”“具有同样的意思”；反之，就“具有相反的意思”。这么一来，我就通过将它们区分为具有相同意思的和具有相反意思的，而将事实与符号“xRy”关联起来。与这种关联相对应的是名字与意义的关联。这两种关联都是心理学意义上的。因此，当我知道“xRy”这种形式根据x和y是否处于R关系中来区分二者的表现时，我便理解了这种形式。这样，我便像从所有可能的事物中提取一个名字的意义一样，从所

1 重要的是，维特根斯坦观点的这种改变（1913年1月告知罗素）是在1912年12月份见了弗雷格之后。

有可能的关系中提取一个关系。[1]

（*NL*: 104）

这段话中有两个引人注目的地方。一个是维特根斯坦在名字的意义的定义与“形式”的意义的定义之间找到了很大的相似之处：每一种句子要素都凭借任意的心理关联而具有意义。另一个是这样一种想法：至少句子的某些部分之具有意义，是根据句子与被规定为具有“同样意思”与“相反意思”的事实的关联来定义的。我们依次来考虑这两点。

在《逻辑笔记》靠前的地方（*NL*: 96；上面的文本［b］），维特根斯坦坚持认为，存在着两类“不可定义者”：名字和形式。这是基本表达式类型之间的一种单一的根本区分，它平行于弗雷格在 194
完全表达式与不完全表达式之间所做的区分，即便并不完全等同于它。[2]可是，后来的这个段落（*NL*: 104）的考察结论即这两类“不可定义者”之间具有根本的相似性，却促使我认为这种区分或许没有初看之下那么根本。这样的话，我们就可以将这两种“不可定义者”归为同一个种类，把它们都叫作**名字**。而维特根斯坦似乎就是这么做的。

不过，要是维特根斯坦就是这么做的，我们得避免夸大这种转变的幅度。并不是说，维特根斯坦自1913年以来就坚持同样的

1 里基茨（1996: 70–71）也引用了这一段，他认为它标示着某个版本的唯名论阐释。

2 有必要回顾一下：就像前面指出的，维特根斯坦在同弗雷格谈话之后采纳了存在着两种“不可定义者”的观点。

关于名字和对象的（基本上是弗雷格式的）构想，不同之处仅在于，他后来认识到，他早先视作“连系词”的某些表达式毕竟都是原初意义上的名字，而且，有些“未满足的”实体是包含在（“满足的”）对象之内的。毋宁说，他改变了关于名字和对象的构想：他意识到，至少就他的目的而言，在他最初视作名字的东西和最初视作“连系词”的东西之间，并不存在根本的差别。他还意识到，至少就他的目的而言，在他先前视作对象的东西和他先前倾向于同对象区别开来的东西之间，并不存在根本的差别。要说维特根斯坦的转变只是字面上的而非实质上的，确实有些夸大了；但至少不存在通常视为关于共相的实在论和唯名论之间的那种实质性差异。

维特根斯坦之所以改变关于名字和对象之性质的构想，或许是缘于我们前面引用的《逻辑笔记》中靠后的那一段中他本人关于形式之意义的解释。这一解释的显著特征是，它明确而有意地依据形式对于它们作为其组成部分的整个句子的贡献，来对它们的意义
195 做出说明。当然，这也是弗雷格观点的重要组成部分：这对于**每一种**亚－句子表达式都是适用的。事实上，他尤其是在论及单称词项（他称之为专名）时特别强调这一论点。要是维特根斯坦并不特别关注于弗雷格在“满足的”和“不满足的”实体之间所做的对比（且不管这种对比究竟是怎么回事），我们可以设想他会对弗雷格的语境原则做进一步反思，并得到如下这种想法。这里（*NL*: 104）对于形式之意义的解释可加以概括，以为我们提供一个基础，据以解释所有基本表达式——包括那些与“形式”相对照、先前被称为“名字”的东西——的意义。就是说，我们可以设想，维特根斯坦比先前更为彻底地认同弗雷格的语境原则，认为所有基本表达式之

具有意义，都凭据着在具有“相同意思”和具有“相反意思”的事实之间所做出的区分。

《逻辑笔记》中关于形式之意义的解释，还有两个值得注意的特征。第一个是它关于决定意义的主体与世界之关系的构想。决定意义的主体似乎被设想为，将世界看作一方面包含独立于语言的所有事实，另一方面又包含可与这些事实关联起来的完整句子。关于可经由独立于语言的途径抵达事实的这种想法，似乎得自罗素：这种想法在《逻辑哲学论》中消失了。[1]

不过，关于形式之意义的这种解释的另一个值得注意的特征却保留下来了。这便是，即使对最基本句子的成分的意义做出说明，都要依据它们对于它们出现于其中的完整句的真或假所造成的差别。具有“相同意思”的事实就是使相关句子为真的那些事实，而具有“相反意思”的事实就是使相关句子为假的那些事实。而且这种差别应足以完全确立相关表达式的意义。这便是关于基本句子 196
作为模型的解释与关于作为基本句子的真值函项的复合句子的解释（这是第五章的主要论题）之间的深层关联。[2]

1　对整个论题的进一步讨论，见第六章关于唯我论的论述。

2　非常感谢彼得·沙利文对本节的一个初稿的评论。

第七节　承接于弗雷格和罗素的难题的解决

所谓的“图像论”——句子作为模型（就好比巴黎法庭的交通事故模型）的理论——是用来处理弗雷格和罗素所面对的那些语言哲学难题的。维特根斯坦显然觉得，这是对那些难题的唯一可能的解决：这种确信让他坚定地认为，不存在任何不会从根本上为图像论面临的悖论所破坏的做哲学的方式。

回顾一下我们在前一章里提到，维特根斯坦是本着如下两个基本假定而行事的：

（Corr）语言的有意义性依赖于语言物件和语言外物件之间的关联。

（Obj）为使语言有意义，语言物件必须与之相关联的那些语言外物件，乃是世界中的物件（对象）。

根据这两个假定，他面临着两个根本的难题：

（P1）为使语言有意义，哪些语言物件需要同世界中的事物相关联？

（P2）如何对句子的统一性加以说明？

难题（P1）尤其（在弗雷格和罗素发展起来的新逻辑的语境下）同以下三类语言表达式有关：显单称词项、谓词和整句。就显
单称词项而言，困难在于如何处理以下事实：某些显单称词项似乎 197
是有意义的，即便世界中并不存在与之关联的真实对象。（这便是我们在第二章第三节中所称的意义稀薄化难题的一部分。）维特根斯坦在这里追随罗素的脚步，将真正的单称词项限定在不会引出这个问题的表达式的范围之内。他的单称词项——在基本句子中组合起来的名字——同必然存在的对象相关联。其他的显单称词项并非真正的单称词项，它们像限定摹状词（按罗素对限定摹状词的解释）一样具有意义：包含它们的句子涉及存在断定，因而这些句子是假的，而不是没有意义的。

如果将谓词同世界中的物件相关联，就会出现一个难题。假如世界中的这类物件要独具特征，以使它们可用于说明相应的谓词的语法，我们在将这些物件算作对象时便会面临一些困难，亦即弗雷格处理**马**这个概念时所面对的那些困难。相反，如果我们追随罗素以大致相当于处理名字的方式去处理谓词，我们便不知道怎样去说明谓词何以能同单称词项组合成完整的句子。我以为，维特根斯坦的解决办法在下面这一点上是相当清楚的：将**所有**表达式的意义视作不外乎是它们对它们出现于其中的句子的真或假所造成的差别。

就完整的句子来说，如果我们认为它们是同世界中的对象相关联的，我们似乎就在两种奇怪的理论间做出了选择。一边是弗雷格的理论，它将句子关联于真值——真或假——而这些乃是非常怪异的实体。另一边是早期罗素的理论，它将句子关联于命题：比如,“奥托琳爱贝蒂”这个句子就要被关联于奥托琳爱贝蒂这个命题。这里的难题就是如何说明，当该句子为假时，这个命题的存在是怎么回事，因为该命题的实际存在似乎依赖于奥托琳实际爱着贝
198 蒂。为避免哲学难题，维特根斯坦再次否认句子同任何东西相关联。一个句子要同它所描画的实在共有的只有形式，亦即，其要素必须同与之对应的对象具有同样的可能组合系列。不需要有对应于假句子的假事实。

难题（P1）就说这么多。《逻辑哲学论》对难题（P2）的解决极其简单。弗雷格和罗素共同面对的困难是，他们不得不依据外在于语言的东西，对完整句特有的统一性和完整性做出说明。但维特根斯坦并没有这样的困难。这是因为，在维特根斯坦看来，句子本身——像所有图像一样——就是**事实**。一个事实就是世界中具有某种独特统一性（准确地说，就是句子所具有的那种统一性）的实体。但维特根斯坦并不需要根据被假定为在先存在的事实的统一性，来说明句子的统一性：相反，句子本身就具有这种统一性，因为它们本身就是事实，就像世界中的任何事实一样。这意味着，句子的统一性不需要任何别的东西加以说明。

句子的统一性也不是某种被构造出来的东西。这便是维特根斯坦对语境原则的字面意思的一贯坚持起作用的地方。由于在维特根斯坦看来，严格地说只有在句子的语境中词语才具有意义，结果

就是：除非在句子的语境中，否则这些词语就无法出现。所以，句子就不是由那些可独立出现的部分构造起来的。句子是由那些业已成为其部分的东西所构成的。因此，就用不着去求解，一个句子的部分是如何被连结在一起，以确保所得结果的完整性和统一性的：它们只是出现在了一个实体当中，该实体已经拥有了所需的完整性和统一性。

第八节 《逻辑哲学论》中的形而上学

在第一章里，我们辨别出了《逻辑哲学论》中如下这些主要的形而上学承诺：

199 （T1）世界的基本有机统一体是事实；

（T2）事实在种类上不同于事物（对象）；

（T3）事实要么是原子事实，要么是原子事实的组合；

（T4）原子事实的存在，独立于任何其他原子事实的存在；

（T5）原子事实是对象的组合；

（T6）哪些原子事实是可能的，由对象的性质所决定；

（T7）一对象的本质在于，它能以其所能的方式构成原子事实；

（T8）除了能以其所能的方式构成原子事实之外，就再也没有什么对于对象是本质性的东西了；

（T9）对象必然地存在；

（T10）如下的情况是必然的：恰恰就是那些实际上是可能的原子事实是可能的。

这些承诺大多直接得自句子作为模型的理论。（T1）说到底就是相同-形式假定（SM3）的一个结论。就像我们（在第四节）所看到的，这一假定让维特根斯坦坚持认为，名字不可能以不与相应的对象的组合方式相匹配的方式被组合起来：不可能存在词语的不合法组合。而且，似乎很难坚持认为不可能存在名字的不合法组合，而不同时认为名字只能出现在合法的组合中，亦即完整的句子中。可是，如果名字只能出现在完整的句子中，而且名字的可能组合系列必定是和对象的可能组合系列一样的（就像［SM3］所要求的），那么，对象就只能在同其他对象的组合中出现在完整的事实中。这意味着，对象无法独立于所有其他对象或者独立于事实而存在；假如有任何实体可独立于其他同类实体而存在的话，那只有事实可以做到这一点。所以，如果存在着任何这种意义上的基本有机实体的话，那一定就是事实。于是，我们得到了关于（T1）的有条件的确认：若存在任何基本的有机实体，则（T1）为真。

事实——或至少原子事实——实际就是这种基本有机实体： 200
这种情况要求它们是相互独立的。关于它们相互独立的论断，是和《逻辑哲学论》的另外两个基本的形而上学承诺——（T3）和（T4）——密切相关的。严格说来，这两个承诺的证实不仅依赖于句子作为模型的理论——因为这一理论只直接适用于基本句子——而且还依赖于《逻辑哲学论》关于逻辑的解释。所以，这两个承诺留到下一章探讨。然而，在原子事实和其他类型的事实之间存在着某种对比——这是如下想法所要求的：并不是每个句子都是“完全分析的”。这就是说，并不是日常语言的每个句子都是由这样的名字构成的：它们所代表的对象组合可能性乃是世界的基本可能性。

（T2）和（T5）是对如下事实的反映：存在一个关于命题统一性的独特论题。这一论题将任何一种弗雷格和罗素式的世界－定向的语言理论都必须应对的主要困难之一摆在了二位的面前：句子的统一性不同于任何其他事物的统一性，而且似乎需要予以特别的说明。在早期罗素和《逻辑哲学论》的理论中，句子的统一性需要依据客观世界中的某种特别的实体——罗素早期理论中的客观“命题”和维特根斯坦理论中的事实——的统一性加以理解。就像我们所看到的，由于维特根斯坦坚持认为句子本身是事实，所以这个难题在他那里消失了。虽说如此，维特根斯坦还是对统一事实是怎么回事做出了解释。在他看来，事实的统一不在于某个特别的连系要素——某种述谓胶水——在事实中出现，它将其他要素粘合在一起。宁可说，事实的统一性仅在于对象一如既往地出现在同其他对象的某种特定组合（此即事实）之中。这便是作为4.22的形而上学对等物的（T5）的意义。

201 （T6）得自《逻辑哲学论》关于实体之性质的那些承诺，再加上如下这种想法：基本可能性就是对应于完全分析了的句子中的对象的组合可能性。《逻辑哲学论》的表象理论要求，可被表象的可能性只有作为模型要素的客观对等物的组合可能性：可供选择的排列就是该理论关于可供选择的可能性的构想。而（T7）至（T10）就来自这种实体理论。

我们在第一章中探讨了对这种实体观的论证。就像我们在那里（第一章第四节）看到的，这一论证所需要的特别假定如下：

（a）在基本情形中，句子是符号（名字）的组合（彼此挂在一起）。

（b）在基本情形中，句子要有意思，须具备两个条件：

（ⅰ）符号被关联于世界中的对象；

（ⅱ）符号以它们在句子中实际组合起来的方式进行组合是可能的。

（c）一个句子的构成符号，以它们实际组合起来的方式进行组合是可能的，且被关联于它们实际被关联于的对象，当且仅当，与之对应的对象在实在中以同样的方式组合起来是可能的。

我们这里看到的就是应用于句子情形的关于模型的基本构想。而且，正如我们所看到的，这一论证的文本自身，事实上就涉及了表象理论。明显要求存在着满足（T7）至（T10）的对象的，乃是如下这个若不存在这样的对象便会带来的后果：

2.0212　这样便不可能构造出关于世界的图像（真的或假的）。

这么一来，《逻辑哲学论》的所有十个基本的形而上学承诺中，
除了（T1）（T3）和（T4）之外，全都得自该书关于最基本句子 202
表象世界之方式的理论。而下一章将清楚地表明，（T1）（T3）和

（T4）得自该书对逻辑的解释。

似乎也很清楚的一点是，第一个大命题的那些码段和第二个大命题开头的那些码段所表达的形而上学，可建基于第三个大命题和第四个大命题的语言哲学之上，而其本身无须显现出**要么**是实在论的，**要么**是唯心论的。事实上，任何关于相同性的概念（包括在相同-形式假定［SM3］中起作用的概念）的对称性均表明，语言和世界的相互协调本身，对实在论论题是中立的。

第五章

逻辑与复合句子

第一节 难 题

句子作为模型的理论似乎提供了一种对语言的解释，这种解释解决了维特根斯坦从弗雷格和罗素那里承接下来的大量难题。它似乎还确证了一种独特的形而上学，从而对整个哲学史中的一个核心任务做出了决定性的贡献。尽管如此，这一理论即便只是作为一种关于语言的解释，也在两个十分明显的方面是不完整的。

首先，到目前为止，句子作为模型的理论似乎只适用于基本的非复合句。它似乎并不直接适用于任何复合句——以完整句作为其部分的句子——或者我们日常语言中的任何句子：维特根斯坦似乎将这样的句子看作一般陈述，而其实例就是基本句子。因此，句子作为模型的理论似乎只直接适用于维特根斯坦认为原则上必定是可能的句子——而不适用于我们实际拥有的句子。 204

其次，对于一大类亚句子表达式尚未给出解释。我们知道，句子被当成了事实，而且描述事实（正确地或不正确地）；它们本身并不是对象，并不凭借同对象的关联而具有意义。我们知道，真正的单称词项——组成基本句子的名字——被认为是凭借同对象的关联而具有意义的。有理由认为，名字和对象之间的关联就是这么回事儿：存在着一条将名字出现于其中的完整句同某些类型的事实关联起来的规则。而这至少容许我们将先前可能被当成谓词的有些表达式归入名字的类当中。我们所不知道的是，维特根斯坦想要怎样处理所谓的“逻辑常项”。我们不知道，他如何认为否定记号是有意义的，或者作为现代逻辑系统之基础的联结词——由日常语言中的“如果”“并且”“或者”之类术语转译过来的联结词——应如何起作用。我们尚不知道，他关于一般性记号——尤其是“所有”和“有些”——的观点是什么。由于维特根斯坦认为日常语言的几乎所有句子都要根据一般性加以理解，所以这是该理论到现在为止最重要的缺漏。

此外，这种关于语言的解释除了在上述两方面是不完整的之外,《逻辑哲学论》尚未论及维特根斯坦从弗雷格和罗素那里承接下来的另一个主要关切，这一关切实际可视作支撑他的整个哲学态度的东西：去表明逻辑（以及与之相关联的数学）如何独立于所有同直觉或亲知相关的东西，进而拒斥对先天综合真理的康德式承诺。

第二节　维特根斯坦的根本思想

4.0312的第二段是这样的：

> 我的根本思想是，“逻辑常项”不表象任何东西。事实的 205
> **逻辑**无法被表象。

这里译作“表象”的德语词（“vertreten”），通常也译作“代表”“代理”。（皮尔斯和麦克吉尼斯译成“我的根本想法是，逻辑常项不是代表物”。）这里说的是，“逻辑常项”并不像名字一样起作用，因而不存在与之对应的“逻辑对象”。维特根斯坦稍后将这一论点表述如下：

> 5.4　现在便清楚了，并不存在（弗雷格和罗素意义上的）“逻辑对象”或“逻辑常项”这类东西。

就像我们在第二章第七节所看到的，这是罗素拿捏不定的议题，而他的最终观点似乎表达在那里所引用的如下这个评论中：

> 像**或者**、**并非**、**所有**、**有些**这样一些词语都涉及逻辑概念；而且，由于我们可以满怀智慧地使用这些词，所以我们必定会亲知到所涉及的这些逻辑对象。
>
> （Russell 1984: 99）

而弗雷格似乎将“或者”“并非”“所有”“有些”这样一些词看作一类特别的函项的名字：所以，尽管弗雷格认为它们在严格的意义上并不代表**对象**，但它们恰恰是维特根斯坦认为它们所不是的东西——世界中的实体的**名字**或**代表物**（Frege 1893: 28）。

维特根斯坦对“逻辑常项”并非事实之成分的名字这一观点，做了如下这种看似决定性的论证：

> 假如有个叫“~”的对象，那么“~~p”就必定说了不同于“p”的东西。因为，其中一个命题处理了~，而另一个则没有。
>
> （5.44）
>
> 206 如果“~（∃x）. ~fx”说的和“（x）. fx”一样，“（∃x）. fx. x＝a”说的和“fa”一样，那么这里也出现了表面的逻辑常项消失的情况。
>
> （5.441）

这里的关键假定是，“p”和“~~p”**说**的是一样的东西。这一假定的辩护是什么？维特根斯坦对一个句子所说的东西给出了如下解释：

> 4.022　命题**显示**其意思。
>
> **如果**命题为真，它便**显示**事情是怎样的。而且它**说**事情就是这样的。

在基本情形中，一个句子所显示的，就是其构成名字所指称的对象的某种可能的排列。重要的是，表象对象的同一种可能排列的两个句子具有同样的意思，因而说的是同样的事情。这里，必须注意的一点是，维特根斯坦关于意思的概念，并不像在弗雷格那里一样，是一个认知概念：它只涉及客观可能性。

在维特根斯坦看来，所有可能性说到底都是对象的排列可能性（见第一章第四节）——通过回顾这一点，我们便从上述想法达到我们要做5.441的论证所需要的东西。假如两个句子在恰好一样的可能情境中为真，它们便必定表象了对象的同一种可能排列，从而也必定说了同样的事情。显然，“p”和“~~p”恰好在相同的可能情境中为真：因此，它们必定说的同样的事情。

一旦这一点得到保证，这一论点便会有更广泛的应用。事实上，现代标准逻辑中用到的所有逻辑联结词（除了否定之外），均可用另一个联结词加上否定加以定义。因此，“p⊃q”等值于（比如）“~p∨q”；“p∨q”等值于“~（~p∧~q）”；“p∧q”等值于“~（p⊃~q）”。事实上，亨利·谢弗（1913年）已经证明，单 207

独一个联结词就足够了。[1]这一联结词可以是“析舍”，有时写作NAND（“并非p且q”），也可以是“合舍”，有时写作NOR（“既非p亦非q”）。现在通常用“|”（“p|q”）表达第一个，并称之为谢弗竖，用“↓”（“p↓q”）表达第二个，并称之为谢弗匕（尽管一开始谢弗竖被用来表示合舍［就像在谢弗的论文和《逻辑哲学论》5.1311中那样］，而且这种用法偶尔还能见到）。[2]我将按现在通行的做法，用谢弗匕表示合舍。

维特根斯坦的主张是：假如逻辑常项像名字一样起作用，则会存在与之对应的对象，而包含这些常项的句子的真将依赖于同这些对象相关的事情是怎样的。这便意味着，由“~~p”描画的实在必定会关系到“~”这个对象如何同关联于p中的名字的其他对象联系在一起。这样的话，“p”和“~~p”便肯定会有不同的“逻辑多样性”（见4.04）。

其他联结词之间的相互界定也会遇到类似的难题。要是把联结词当成名字的话，包含某个联结词的公式必定同借助另一联结

1 一般将这一发现归于谢弗，但非常类似于它的东西在许多年以前已由皮尔士原创性地提出来了，见皮尔士（1976）。

2 谢弗用“|”表示同时否定，见谢弗（1913: 487）。他在那里既未使用谢弗匕，也未处理析舍。现在一般用“谢弗竖”这个术语或“|”这个符号表示析舍，这种用法似乎来自让·尼克。在尼克（1916）中，他提出了对“|”的合舍（NOR）与析舍（NAND）的两种阐释，并认为它们对于他的目的而言是足够的，不过他却选择了NAND解读，因为它提供了对“⊃”的更简单的翻译。用谢弗竖表示析舍，用谢弗匕表示合舍，见于蒯因（1952: 18）。这种用法本身或许富有影响，尽管仍有这样一个想要继续用“谢弗竖”这个术语和“|”这个符号表示合舍的强劲传统。

词对它所做的转译具有不同的逻辑多样性。(借助谢弗竖［析舍］或者谢弗匕［合舍］对否定的转译尤其引人注目:“~p”被写成“p|p”或“p↓p”;“p”则等值于“(p|p)|(p|p)”或“(p↓p)↓(p↓p)”。)

常见的逻辑常项并不同任何类型的“逻辑对象”相关联——对这一主张维特根斯坦还提供了另一个论证:

> 4.0621　然而,记号“p”和“~p”可以说同样的事情,这一点却是重要的,因为这表明,“~”这个记号并不对应于实在中的任何东西。
>
> 否定记号出现于一个命题中,并非其意思的特征(~~p＝p)。
>
> 命题“p”和“~p”具有相反的意思,但与它们对应的却 208
> 是同一个实在。

“p”和“~p”如何说同样的事情?线索在于“相反的意思”这个短语,它让人想起最初由关于“形式”之意义的解释所提供的关于句子与实在之关系的解释:

> 可是,一个命题的形式以如下方式起表征作用:让我们考虑“xRy”形式的符号;最初与这些符号对应的是成对的对象,其中一个有“x”这个名字,另一个有“y”这个名字。诸x和诸y彼此处于各种关系中,其中的一个关系R在有些对象间成立,在另一些对象间不成立。我现在做如下规

> 定以确定“xRy”的意思：就“xRy”而言，若事实表现为“x”的意义处在同“y”的意义的R关系中，我就说事实同命题“xRy”“具有同样的意思”；反之，就“具有相反的意思”；这么一来，我就通过将它们区分为具有相同意思的和具有相反意思的，而将事实与符号“xRy”关联起来。与这种关联相对应的是名字与意义的关联。这两种关联都是心理学意义上的。因此，当我知道“xRy”这种形式根据x和y是否处于R关系中来区分二者的表现时，我便理解了这种形式。这样，我便像从所有可能的事物中提取一个名字的意义一样，从所有可能的关系中提取一个关系。
>
> （*NL* 104）[1]

这里关键的是这句：“这么一来，我就通过将它们区分为具有相同意思的和具有相反意思的，而将事实与符号‘xRy’关联起来。”在符号“R”两边的名字的排列与世界中的对象的排列之间，并不存在独立的相似性概念。形式的相似性，是通过确定对象的有些排列可算作是同具有适当形式的句子有“相同意思”，而被构造出来的。这意味着，我们现在算作具有“相反意思”的那样一些对象排列，**本可以**被算作同“xRy”形式的句子具有“相同意思”。

209 我在第四章表明，维特根斯坦在《逻辑哲学论》中并未抛弃关于所谓“形式”之意义的解释，而是将其一般化以涵盖每种类型的表达式——尽管并不带有在《逻辑笔记》中的这段话中可以找到

1 也见于*NL*: 95。

的对于如下想法的承诺：我们可独立于业已拥有一种语言而去接近世界以及它的全部**纯粹**事实。如果《逻辑笔记》中关于“形式”之意义的解释现在作为对基本句子中的表达式之意义的一般解释（没有对接近纯粹事实的可能性的承诺）——实际上就是对名字与对象的关联的解释——而起作用，我们便很容易理解“p”和“~p”何以能说同样的事情：符号与实在的基本关联已经预先假定了逆关联的可能性：在一种赋值情形下被当成具有“相同意思”的句子，在另一种情形下被视作具有“相反意思”的句子，反之亦然。

那么，“~”在这幅图景中到底起什么作用呢？其作用只是变换句子的“意思”：被视为同某个句子具有“相同意思”的东西被确定为同其否定具有“相反意思”，反之亦然。对于常见的“逻辑常项”可一般地给予本质上类似的解释。当然，别的常见逻辑常项并不改变单个句子的意思：它们所做的（说得直白一点）是将一些句子彼此组合起来。维特根斯坦的想法是：常见逻辑常项的作用只是去确定，在给定哪些事实可视作同作为复合句子构成部分的句子具有“相同意思”、哪些具有“相反意思”的前提下，哪些事实可视作同这些复合句子具有“相同意思”、哪些具有“相反意思”。

“意思”的相同性和相反性这两个概念，显然是同真和假的概念联系在一起的。同一类句子具有“相同意思”的事实，就是使这些句子**为真**的那些事实；具有“相反意思”的事实，就是使它们**为假**的那些事实。由于可依据在给定哪些事实可视作同构成句子具有
“相同意思”、哪些具有“相反意思”的前提下，去确定哪些事实 210
同这些复合句子具有“相同意思”、哪些具有“相反意思”，来对常见的逻辑常项加以说明，所以它们的意义可根据我们熟知的真值

表进行刻画。

有人会将发明真值表这项荣誉赋予维特根斯坦，尽管有时也会受到质疑（Landini 2007: 118–24）。[1]不管怎样，维特根斯坦在《逻辑哲学论》中确实用到了真值表。我们可用真值表将“~p”定义如下：

p	$\sim p$
T	F
F	T

可以将p⊃q定义如下[2]：

p	q	$p \supset q$
T	T	T
F	T	T
T	F	F
F	F	T

1 兰蒂尼的观点是，用图表方式表现真值函项性在维特根斯坦之前就存在，而这是存在争议的。他看不出在维特根斯坦给出的真值表中有任何数学上的推进，而这也是一个合理的论点。然而，他的那些例子并未表明维特根斯坦所用的特殊的图表方式有任何先例：这种表现方式的选择从数学上看或许没有什么重大意义，但它确实具有这样的优点：让逻辑常项的意义即便对于一位非数学人士也一目了然。这一点当然并不是特别重要。

2 请注意，我这里以维特根斯坦的方式列出p⊃q的真值表，而不是以现在通行的方式。在如今的表达方式中，赋予方框左侧变项的真值顺着方框右栏交替着往下排，在左侧临近的一列里做一半的改动，再在左侧临近的一列里做一半改动，如此下去。维特根斯坦的排列方式是完全颠倒过来：真值赋值交替着出现在左列里，在临近的右列里做一半的改动，如此下去。

在给定构成句子的真值的前提下，这个真值表便给了我们一条据以计算具有“p⊃q”形式的复合句子的真值的规则。同样，它也提供了一条据以确定这些复合句子如何与事实具有“相同意思”的规则。

如果真值表给了我们一条规则，它说明了维特根斯坦所说的“p⊃q”“进行表征”的方式，那么，我们便可用真值表清晰地揭示这一点，并破除将记号“⊃”当作名字的诱惑：

> 如果图表中的成真可能性的序列由一条组合规则一劳永逸地确定了下来，那么，最后一列本身就是对成真条件的表达。如果我们把这一列写成一行，这个命题记号就变成了“(T T − T)(p, q)”，或者更明白点，就变成了“(T T F T)(p, q)”。 211
>
> （左边括号里的位数是由右边括号里的位数决定的。）
>
> （4.442）

意思就是，我们直接就可以用“（T T F T）（p, q）”来表达通常用“p⊃q”表达的东西。

任何一个其意义可用真值表定义的表达式，通常都被称作**真值函项**（因为其意义在于这样的事实：一旦输入的真值给定了，输出的真值也就随之给定了）。维特根斯坦保留了真值函项这个术语，尽管（正如我们很快就会看到的）他认为真值函项并不能严格地称作**函项**。我们可以使用维特根斯坦的旋转真值表记号法（rotated-truth-table notation）（就像在“（T T F T）（p, q）”中一样）

来表明任何一种组合句子的真值函项方式是如何进行表征的，无论所涉及的句子有多少——只要我们所处理的，是表达有限数目可能原子事实的、有限数目的句子。维特根斯坦已经给出了界定我们在真值表中所需要的行数的公式。如果我们正在处理n个可能的原子事实，其中每一个都独立于其他原子事实成立或不成立，则我们在处理Kn种可能性，对Kn的刻画见于4.27。[1]已知每一原子事实只有两种可能性——成立或不成立——则Kn等于2^n。而且，由于原子事实的存在或不存在由基本句子的真和假表达出来，所以同样的公式可应用于我们在真值表中所需要的行数。如果我们要为n个基本句子的真值函项组合制作一个真值表，我们的真值表将需要Kn
212 （亦即2^n）行。若我们正处理两个句子的真值函项组合，则我们的真值表需要2^2（＝4）行；若组合三个句子，则需要2^3（＝8）行；若组合四个句子，则需要2^4（＝16）行；依此类推。

一旦我们掌握了维特根斯坦关于常见逻辑常项的解释，再加上这种用旋转真值表取代通常符号的设计，我们便得以破除将逻辑常项视作同世界中的特殊实体相关联的名字的任何一种诱惑。不过，有必要对该如何理解它们多说两句。我们应记得罗素是带着类似的意图开始他的探讨的：

1　4.27中定义Kn的那个公式，可非形式地说明如下。它界定了：若存在n个原子事实，世界可能存在的方式的数目。这个数目是：没有任何原子事实成立的情况下方式的数目，加上只有一个原子事实成立的情况下方式的数目；加上恰好有两个原子事实成立的情况下方式的数目；加上……如此等等，直到我们把所有n个原子事实成立的情况下方式的数目都加起来为止。

> 看起来似乎是出现在逻辑命题中的实体的那些“逻辑常项”，其实只涉及纯粹形式，实际上并不是其名字出现于其语言表达式中的那些命题的成分。
>
> （1984: 98）

但我们看到，各种认识论考虑促使他将这些“纯粹形式”当作亲知对象，从而最终当作“逻辑对象”加以处理（1984: 99）。

然而，维特根斯坦拒绝了罗素将逻辑常项视为“纯粹形式”的构想。将逻辑常项应用于句子，他称之为运算；关于运算，他这样说道：

> 5.241　运算并不刻画形式，而只刻画形式间的差别。

我们可以理解维特根斯坦为什么这么热切地坚持这一点，要是我的如下阐释是正确的话：他将他早先关于形式之意义的解释一般化，以使之成为关于构成基本句子的表达式之意义的一般性解释。即便是在《逻辑笔记》中的刻画中，在名字与对象的关联 213
同“形式”与事实（它们被视为同形式具有相同或相反的意思）的关联之间，至少存在着一种非常紧密的平行关系。如果只是简单地将逻辑常项视作“形式”，那我们便禁不住会将对它们的理解当成是关乎对句子与世界之关联的理解的。我们也便不能破除这样的诱惑：认为要理解它们，就得有某种直观或亲知。

按维特根斯坦本人的理论，他将真值函项算子描述为只是刻画了“形式间的差异”，一方面足以避开这种诱惑，另一方面也是对它们的作用的准确描述。这些算子所做的，只是去确定复合句子意思的相同性和相反性，只要它们的构成句子的“意思”的相同性和相反性已确定下来。

维特根斯坦这里所做的事情，乃是他对于将句子等同于名字的诱惑的拒斥的一部分，而这种拒斥乃是《逻辑哲学论》的基石之一。这促使他采纳了一个重要的术语区分。尽管维特根斯坦继续使用“真值函项”这个熟悉的术语，他的观点却是：真值函项就不应该被当作函项。为理解这一论点，需要回顾一下历史背景。按弗雷格的理论，函项乃是某些类型的表达式的指称物：事实上，它们是“未满足的”或不完全的指称物，亦即其本身就明显是不完全的表达式的指称物（被指称的事物）。因此，在弗雷格看来，它们是同**对象**相对照的，而根据他的理论，对象是满足的或完全的。在最简单的情形下，函项把一个或多个对象当作输入（主目），产生出一个对象作为输出（值）。所以，在弗雷格眼中，“x是丑的”就是一个函项：用一个对象替换x，结果就得到另外一个对象——真或假，视x是丑还是不丑而定。“~p”（这里的“p”严格说来是一个变项）也是一个函项：代入一个作为“p”的指称物的对象——这一情形下，就是真或假——所得的结果也是一个对象——真或假。

214 按维特根斯坦的解释，这套装置都得做出改变。首先，我们将不把“x是丑的”这样的表达式看作是指称函项的，因为那样做，是为了在同基本句子中的基础表达式相关联的物件中区分出函项和对象来；而维特根斯坦的观点是，同基本句子中的基础表达式相关联的全都是对象（尽管这当然意味着，他可以不再将所有对象看作是确定无疑地“满足的”或完全的）。其次，他将不把像

"~p"这样的表达式看作是指称任何东西的：按维特根斯坦的解释，这种看法完全误解了它们起作用的方式。

所以，维特根斯坦保留"函项"这个词，用于表示某种并非是基本句子中的基础表达式的**指称物**的东西。他所关心的那类函项是如下意义上的**命题**函项。它不再是表达式所**指称**的东西，而是自身就是一个**表达式**——尤其是这样一个表达式，它拿另一个表达式去构成一个命题或句子。例如**表达式**"x是富有的"是一个函项，我们以"维特根斯坦"这个名字作为输入（主目），得到**句子**"维特根斯坦是富有的"这个输出（值）。这就是说，称一个表达式为函项，就是说某种关于其语法的东西，而不是关于其指称物的东西。维特根斯坦所说的函项就是我们现在所说的谓词：某种拿一个或多个名字（或单称词项）来构成一个句子的东西。[1]为弄清这一论点，可以参看（比如）下面两个评论：

> 3.318 跟弗雷格和罗素一样，我也将命题视作它所包含的表达式的函项。

> 我把基本命题以"fx"，"φ(x, y)"等等的形式写作名字的函项。
>
> （4.24）

相反，一个**运算**（我们通常称之为**算子**）则是一个完全不同

1 这便是我在第三章第六节所称的谓词概念的最小意思。

215 的表达式。至少就他心里想到的这种情形（所谓的真值函项）来说，这种不同可非常简单地刻画出来。一个**函项**拿一个或多个**名字**去构成一个完整句，而一个**运算**则拿一个或多个完整的**句子**去构成另一个完整句。因此，维特根斯坦说，我们可以“把一个命题表现为将其从别的命题（运算基础）中产生出来的运算的结果”（5.21）。接着又说：

> 5.23 运算就是为从一个命题中产生另一个命题而必定会对之发生的事情。

考虑到名字与句子的区分对于维特根斯坦是根本性的，他说出下面的话就不足为奇了：

> 切勿将运算与函项相混淆。
>
> （5.25）

而接下来这句话标示出维特根斯坦据以认为运算和函项互不相同的一个重要方面：

> 5.251 函项不能作为自身的主目，但运算的结果可以作为自身的基础。

我们将会看到，这对于维特根斯坦如何处理算术是关键性的。

第三节　否定算子

到目前为止，维特根斯坦对“逻辑常项”的处理还有一个明显的缺漏。量词——或者一般意义上的一般性——该如何处理呢？量词如何发挥作用呢？我们已经看到，维特根斯坦拿“~(∃x).~fx”与“(x) fx”（某些记号法中的∀x.fx）的相等来表明，这其中的符号并不像名字一样发挥作用。但我们何以能将它们理解为刻画了“形式间的差异”呢？答案是，维特根斯坦甚至对量词也做出了一种真值函项的解释。

标准逻辑系统的真值函项算子要么只拿一个句子去构成另一 216
个句子（在否定的情形下），要么就拿两个句子去构成另一个句子（在别的运算的情形下）。但维特根斯坦的旋转真值表记法可用来提供一种对任何数目的句子组合的统一处理办法。维特根斯坦对量词的解释——以及他关于全部逻辑常项的最终解释——都依赖于这一思想的应用。

我们来回顾一下谢弗匕“p↓q”，它表示同时否定（“既非p亦非q”）。能用它定义所有标准的真值函项。像最标准的联结词一样，谢弗匕也拿两个句子（这个“p”和这个“q”）来构成一个句子。维特根斯坦用其旋转真值表记法首先引入了谢弗匕的一个一般化了的变体：

> 5.5　每一真值函项都是连续应用运算（－－－－－T）（ξ, ……）于基本命题的结果。
>
> 这一运算否定右边括号里的所有命题，我称之为这些命题的否定。

这里的第一个括号里的记法——（－－－－－T）——是要表明，该运算只在真值表的最后一条线才产生**真**这个值——在这条线上，所有构成句子都被赋予了**假**这个值。（直观上看，这个表达式有些奇怪，因为只有确定下来我们正考虑的有多少个基本句子，才能弄清楚**开头**该怎么写。）

接下来，维特根斯坦采纳了一般化了的谢弗匕的基本想法，并提供了一种用于表达它的更为清楚的记法。他首先（在5.501中）引入了“ξ”这个变项，它可以取先前确定下来的句子范围中的任何一个句子为值。接着他在上面加了一横——“$\bar{\xi}$”——来表明，先前确定的那个范围中的**所有**句子都放在一起进行处理。最后，他引入了一个符号——N（…）——来表达对括号里所指明的任何数
217 量的句子的同时否定。结果就是，“N（$\bar{\xi}$）”表达了对变项“ξ”的取值范围内的所有句子的同时否定：

> 5.502　因此，我用“N($\bar{\xi}$)”取代“(－－－－－T)

（ξ, ……)”。

“N（$\bar{\xi}$)”是对命题变项ξ的所有值的否定。

显然，我们可以用这个算子来表达所有标准句子常项：通过预先谨慎确定可作为变项“ξ”取值的句子的范围，并反复使用否定算子。为弄清这一点，比较方便的做法是，去寻求一种提示“ξ”的取值范围的方式，而这种方式是我们一直关注的。因此，若“ξ”的取值范围只限定在“p”这一个句子，则我们就可以用“p”取代“$\bar{\xi}$”；若取值范围是“p”“q”和“r”这三个句子，则我们可以用“p、q、r”取代“$\bar{\xi}$”。（这是维特根斯坦本人在5.501中提出的记法规则。）因此，若我们把“ξ”的取值范围只限定在“p”这一个句子，则“N（$\bar{\xi}$)”——这里就是“N（p）”——等值于“~p”。而且我们可以通过如下几次应用来表达“p⊃q”。首先，我把“ξ”限定为单一句子“p”，把“N”应用于它——得到“N（p）”。接下来，我们令变项的取值范围为“N（p）”和“q”这两个句子，把“N”应用于它们——得到“N（N（p），q）”。再接下来，我们令变项的取值范围就是所得到的这个结果——“N（N（p），q）”——把“N”应用于它。最后我们得到一个句子——“N（N（N（p），q））”——其意义为：并非既非~p又非q，而且等值于“p⊃q”。

维特根斯坦随后又用否定算子对量词做了说明：

5.52　若ξ的值是fx对于x的所有取值的全部值，则N（$\bar{\xi}$）＝~(∃x).fx。

这是什么意思？首先得弄清楚，维特根斯坦这里不是想仅用合取来定义全称量化——“$(x)\, fx$”等值于“$fa \wedge fb \wedge fc \wedge fd \wedge \cdots\cdots$”，
218 或者仅用析取来定义存在量化——“$(\exists x)\, fx$”等值于“$fa \vee fb \vee fc \vee fd \vee \cdots\cdots$”。在5.501中，维特根斯坦区分了三种确定变项“ξ”的取值范围的办法：

> 1.直接列举。在这种情况下，我们可用其构成值取代变项。
>
> 2.给出一个函项fx，其对x的所有取值的值就是要描述的命题。
>
> 3.给出一条形式律，据之构造出这些命题。在这种情况下，括号中的表达式的项（在N（…）这种构造中）就是一个形式系列的所有项。

直接列举法就是我们在用否定算子说明标准真值函项联结词时所碰到的那种：这便是用合取定义全称量化、用析取定义存在量化时，实际在起作用的方法。但是，在5.52中维特根斯坦显然采用了第二种方法——用一个函项的取值范围定义变项“ξ”的取值范围。

以合取定义全称量化、以析取定义存在量化，有两个明显的问题。第一个就是，一般陈述是非特指的：它们并未实际说出**哪些**事物具有相关属性；事实上，它们并没有实际提到那些事物。这是维特根斯坦业已提出的一个论点（3.24），而且它还构成了对如下主张的论证：必定有可能存在着简单记号以及仅由它们构成的基本

句子（就像我们在第四章第五节中看到的那样）。第二个问题是，若一般概括要用合取或析取来定义，就很难看出，一般概括如何能涵盖**无限多的**对象：毕竟一个合取或析取只能是有限长的。

维特根斯坦的解释避免了这些难题吗？要回答这个问题，先得做些说明。首先得回想一下，维特根斯坦在5.52中用到“函项”这个术语时意指的是什么。他想到的是他有时称作“命题函项”的 219
东西：就是说，它是这样一种东西，一旦某个名字或某一组名字被特别指定，它便会产生出一个句子。反过来说，它乃是用一个变项替换某个句子中的一个或多个名字所得到的结果。这么一来，“fx”这个函项就成了这么个东西，当我们用一个特定的名字替换“x”时，它便产生出一个句子。这个函项的取值范围（输出）就是通过用一个名字替换“x”而得的所有句子。

接下来我们假定，这里只有三个句子需要考虑：fa、fb和fc。这三个句子作为否定运算中变项“ξ”的值被挑选出来，要么通过直接列举，要么是作为**函项**“fx”的值。在说明否定算子何以能用来赋予“$p \supset q$”以意义时，我们发现下面的做法是很方便的：通过采纳一种容许我们在“N（…）”的括号内写上不同于“$\bar{\xi}$”的东西的记法规则，在不同的节点上指明我们把哪些句子当作变项“ξ”的值。就“$p \supset q$”而论，变项的取值范围可通过直接列举来指明，于是我便听从维特根斯坦本人的劝告（5.501中，在方法1下面特别给出），只在括号中列出句子。当变项“ξ”的值（就像在维特根斯坦关于量化的解释的情形中一样）是由函项来确定时，我们需要听从另一个劝告：但维特根斯坦本人没有给出任何建议。[1]我们可通过对维特根斯坦的记号法略作调整来得到我们想要的东西，并根据如下规则来使用“x：φx”这种形式的表达式：

> （F）当被用在“N（…）”中的括号里时，“x：φx”指明作为函项“φx”的对于x的所有取值的值的整个句子系列。[2]

采纳这种记法规则，我们便可在“N（…）”中的括号里使
220 用“x：fx”来指明函项“fx”的值。于是，我们便可以用“N（x：fx）”来说：“fx”形式的所有句子——所有通过用特定的名字替换“fx”中的“x”而得的句子——都是假的。这便是维特根斯坦在

---

1 有时似乎注意不到的一点是，维特根斯坦实际上并未给出关于无论是方法2还是方法3的方便记法的建议：只是偶尔假定，当这个函项是fx时，我们直接可以将“fx”而不是“ξ”放进“N（…）”中的括号里。我以为弗格林在弗格林（1987: 78–80）中所提出的那些反对意见的背后就有这种假定。

2 这一规则实际为彼得·吉奇（1981）所采纳。重要的是要记住，维特根斯坦本人在这里并没有给我们提供任何指导，而这样的规则是需要的。尤其是，这条规则需要明确提示这样一个变项，它在函项表达式中是自由的（就像这里在表达式的开头将它替换掉时所做的那样），以便既容纳存在量化与全称量化之间的差异，又处理包含复合量词（比如我们可能写作“(x)(∃x)fxy”或者“(∃x)(x)fxy”的量词）的句子。弗格林（1987: 78–80）论证道，《逻辑哲学论》无法容纳混合量化。依我看，维特根斯坦对否定算子的解释就是不完全的，要是我们所追求的是对日常量化的精确表象的话。按我的观点，维特根斯坦要达到其主要哲学目的，所需要的只是适当选取变项“ξ”的值以便得到正确的结果；他无需提供一套记法，让我们能够清晰地表象这些选择。张锦青（2000）对吉奇–弗格林之争做了有益的探讨。

5.52中视作等值于“~（∃x）fx”的东西。若将否定算子再应用于这个句子，则会得到“N（N（x：fx））”，而在维特根斯坦看来，它等值于“~~（∃x）fx”或者“（∃x）fx”。这为我们提供了一种关于存在量化的解释。我们这里便有了在一个仅有三个具有相关形式的句子的想象情境中的、某种意义上等值于析取式“fa∨fb∨fc”的东西，尽管它也有不同于后者的地方：并未明确提及a、b、c这些对象。

我们试着把同一程序用于提供一种关于全称量化的解释。为简便起见，我们还是假定只有三个具有“fx”形式的句子：“fa”“fb”和“fc”。其中每一个都可用否定算子进行否定，得到“N（fa）”“N（fb）”和“N（fc）”。这些否定具有共同的形式：它们都是函项“N（fx）”的值。[1]援用规则（F），我们就可以在“N（…）”中的括号里用表达式“x：N（fx）”指明函项“N（fx）”的这个取值范围。我们所得到的表达式“N（x：N（fx））”说：没有

1 或许有人会认为，由于（就像已经指出的）否定算子“并不刻画形式而只刻画形式之间的差异”（《逻辑哲学论》5.241），作为“N(fx)”的取值无法标示一种共同的形式——N(fx)本身不可能是一个函项。但是，只要仔细看待否定算子“并不刻画形式而只刻画形式之间的差异”这一陈述实际意味着什么，我们便能看出，这里并不存在任何问题。句子“fa”“fb”“fc”都具有某种共同的形式（我们将它写作“fx”）。所以，其中的每一个都有一种特定的形式。以“fa”为例。若将否定算子用到它上面，我们便得到一个具有不同形式的句子（“N（fa）”）。这种差异是由否定算子造成的差异，是形式之间的差异。当然，如果“N（fa）”具有某种特定的形式——不同于“fa”的形式——使得“N（fa）”“N（fb）”“N（fc）”都具有同样的形式，我们可将其写作“N（fx）”。所有这些均不要求“N（fx）”是将否定算子直接运用到“fx”上所得到的结果。

哪一个否定式——函项“N（fx）”的值中没有哪一个——是真的。如此一来，“N（x：N（fx））”似乎就等值于“（x）fx”，而我们对通常的全称量化便有了一个解释。我们所拥有的这种东西，实际上就等值于我们设想的特定情境中句子“fa”“fb”“fc”的合取；但与这个合取不同的是，它并未明确提及“a”“b”“c”这些对象。

这种说明已经向我们表明了维特根斯坦关于量化的解释如何不同于用析取定义存在量化、用合取定义全称量化，因为它容许被
221 量化的句子不需要明确提及量化域中的任何对象。他的方法容许我们对无穷多对象进行量化吗？——这是通常理解的量化与析取跟合取的另一个关键的不同点。我认为这也是没有多大问题的。[1]维特根斯坦似乎很乐意假定语言中有无数个名字：

> 无穷公理［关于存在着无穷多个体对象的假定］所说的，可在语言中由如下事实表达出来：存在无穷多有不同意义的名字。
>
> （5.535）

而这意味着，存在着无穷多“x的值”，以产生出“函项fx的值”。怎么能够假定一种语言中存在着无穷多名字呢？自然会有人认为，这一假定不外乎就是假定，在该语言中已经有了一种机制，来产生出无穷多具有不同意义的名字。（标准的数字系统会被当成这类机制的实例。）

1　拉姆齐也这么认为：见拉姆齐（1925a: 7–8）（1926: 74）。

这一点降低了与维特根斯坦关于量化的解释相携而来的一个论题的重要性：维特根斯坦的量词是**对象性的**还是**代换性的**？我们可以对二者的不同做如下说明。[1]假定我们从一个英语量词变项句出发：

（B）就某个x来说，x是美丽的。

要**对象性地**对待这个句子，我们按如下程序进行。我们先有一个定义好的对象域。若谓词“x是美丽的”**适用于**其中至少一个对象，则（B）**为真**。相反，**代换性地**对待它，我们只是说，若存在“x是美丽的”的至少一个真实的代换实例，则（B）为真：就是说，至少有一个通过用一个名字替换“x是美丽的”中的变项“x”而得的句子为真。“木卫三是美丽的”可以是一个代换实例； 222
按代换性解读，若它为真，则（B）为真。

当我们追问一个谓词**适用于**其中的一个对象是怎么回事时，这两种解读之间的差异就不那么要紧了。就“x是美丽的”这种情形而言，很自然的回答就是，“x是美丽的”只在如下情形中适用于一个对象：若我们暂且把“x是美丽的”中的“x”当成那一对象的名字，则如此理解的“x是美丽的”便是一个真句子。[2]

即便如此，如果我们做出如下两个假定中的一个，上述两种

1 这一说明受到了马克·理查德（1998）所提出的大有助益的非形式化解释的激发。标准的说明是借助于在某种解释之下将对象（或对象系列）赋予变项而做出的，参见，比如，塞恩斯伯里（1991: 197）。

2 关于这一点，参见菲尔德（1972）。

关于量词的阐释还是有很大差别的。一个假定是，存在着一些没有名字的对象：在这种情形下，这些对象便超出了代换量化的范围。另一个假定是，存在着不与任何对象相关联的有意义的名字（例如，我们会认为这适用于虚构的名字）。如果我们做出第二个假定，就会有某个谓词的真实代换实例，即便这个谓词不**适用**于任何对象。

但维特根斯坦没有做出其中任何一个假定。首先，就像我们已看到的，他似乎原则上乐于接受无穷多名字的存在，而这似乎确保了任何对象都可能有一个名字。[1]其次，除非名字被关联于对象，否则他不会承认它们是有意义的。这意味着，对象性解读与代换性解读之间的差异对他并不是特别重要。哪一种解读更符合他所说的东西呢？我以为，代换性解读要更为接近一些。关键性的术语出现在5.52中：

> 函项fx对于x的所有取值的全部值。

就像我们所看到的，在维特根斯坦看来，函项就是**命题**函项：它们是某种类型的表达式；它们是以名字为主目产生完整句作为值的表达式。所以，在他写下“函项fx”的地方，严格说来，应该写
223 作“函项‘fx’”。这种函项的值是完整句：它们正是将谓词赋予对象的句子。类似的东西也适用于“x的值”这个短语。严格说来，他应该写作“‘x’的值”，这么一来“x”的值就将是“x”的代换

1 至少，对象的简单无穷性并不会造成困难。

实例，即可替换这个变项的名字。

对维特根斯坦的量词的代换性阐释还有另一个优点。它排除了对非名字位置的量化所面临的难题。这似乎是维特根斯坦乐于做的事情；例如，参见他在5.5261中对下面这个表达式的使用：

$$(\exists x, \varphi).\varphi x.$$

一般来说，《逻辑哲学论》中的一元谓词（按维特根斯坦的术语，命题函项）不应被假定为名字：毋宁说，它们只是句子的这样一个部分，它拿单个名字去构成一个句子（见第四章第六节）。可是，如果谓词不是一个名字，便不可能有它所指称的一个对象；而这意味着，对一元谓词位置的量化的对象性解读——我们在5.5261中看到了这种量化——不可能是合法的。

让我们回到维特根斯坦对量化的一般处理方法。它可以接受吗？即便对无穷多事物的量化是没有问题的，维特根斯坦的解释似乎会面临一个不同的难题。我们可以相对轻松地说，只要我们现在有了一种产生无穷多名字的手段，一种语言就包含着无穷多具有不同意义的名字。而在有些情形下，这实际是可能的。但是，在一些更为常见的情形下，这并不是明显可能的。当他在1930年代回到《逻辑哲学论》关于一般性的处理时，他认为这种处理有明显的问题：

> 可是，对于像“所有人都在200岁之前死去”这样的情形，我给出的说明是不正确的。
>
> （*PG* 268）

224 尚不清楚维特根斯坦认为问题到底出在哪儿，不过，不是不可以把它描述为，就是在为所有涉及的个人安一个名字时所面对的困难。在某种程度上，他似乎认为，问题就在于要恰当确定哪些个人落在“所有人”的名目下时所遇到的困难。他此时似乎认为，**人**这个概念不只是一种将先前识别出的个人聚拢成一个组群的方法。宁可说（他似乎认为），它乃是一个具有自身生命的概念，而且在某些情形下会导向不确定的结果。

这一问题的提出，是在维特根斯坦的观点经历彻底转变的时期。但我们或许会认为，《逻辑哲学论》对量化的解释，就其本身而言就面临着一个难题。在《逻辑哲学论》的体系中，对无穷领域的量化会要求有无穷数量的具有相同形式的句子（例如，对于“(∃x) fx”的情形而言，具有“fx”形式的句子或可能的句子；或者，对于“(∃x, y) fxy”的情形而言，具有fxy形式的句子或可能的句子）。但是，对于存在着无穷数量的具有相同形式的句子（而且这里囊括了我们可期待于标准谓词逻辑的整个形式系列）的情形来说，我们似乎无法根据真值表来严格地定义否定算子——作为等值于“(－－－－－T)(ξ, ……)”的东西。因为，假如对于无穷多具有相同形式的句子（包括那些含有多元谓词的句子）被同时否定的情形来说，可根据真值表来严格地定义否定算子，则会有一个机械的决定程序，来确定有哪些借助否定算子构成的句子是重言式（无论这一算子应用于其上的句子的真值如何，均为真的句子）。然而，存在着这么一个众所周知的形式结果，根据这一结果，不可能存在这样一种决定程序。[1]由此似乎可以推知，只有在其可应用于有穷领域的情况下，才能根据真值表来严格地定义否定算子。

显然，维特根斯坦似乎曾经希求（不说得那么强）这么一种机械的决定程序，而这种程序被证明不适用于包含无穷域量化的逻 225
辑系统[2]：我们将在后面的第五节里回到这个论题。可是，如果我们把这些希求放在一边，否定算子是否可根据真值表严格地定义为等值于“(－－－－－T)(ξ, ……)”的东西，这对于维特根斯坦来说是不是很重要呢？并没有什么东西清楚地表明这对他很重要。就他更大的哲学目标而言，最为重要的是，每一可能的句子都可表达为连续应用否定算子于基本句子——或基本句子集——所得的结果。而上述这一点的真，是完全独立于我们碰巧如何理解否定算子的。

要避免误解否定算子的核心哲学目标，清楚地了解上述这一点就很重要了。回想一下，否定算子最初是这么引入的：

> 5.502　因此，我不写“(－－－－－T)(ξ, ……)”，而写作“N ($\bar{\xi}$)”。
>
> “N ($\bar{\xi}$)”是对变项“ξ”的所有值的否定。

这里的第二行清楚地用到了否定和一般性（“所有”）的概念。所

1　正式的结果是由阿伦佐·丘奇（1936）和阿兰·图灵（1936）在同一年独立获得的。由于它是首先由丘奇获得的，所以现在通常称作丘奇定理。这一段里的论点是由张锦青（2000: 255）做出的，尽管他认为这表明了《逻辑哲学论》的系统严格说来仅处理有限领域。

2　至少在存在着多元谓词之时。

以，要让否定算子独立于这些概念成为可理解的，就必须借助于旋转真值表“(－ － － － － T) (ξ, ……)”。但这一表达式本身稍早是这么引入的：

> 5.5　每一真值函项都是连续应用运算 (－ － － － － T) (ξ, ……) 于基本命题的结果。
>
> 这一运算否定右边括号里的所有命题，我称之为这些命题的否定。

而这里旋转真值表本身又是根据否定和一般性概念得到说明的。由此似乎可以清楚地看出，我们无法这样来设计否定算子，以使它提供一种对真值函项和一般性的把握，这种把握完全独立于真值函项
226 和一般性。它不应当为逻辑或句子构造提供一种**认知**基础。毋宁说，重要的是要表明，所有表面不同的构造句子的方式、所有表面不同的表象逻辑关系的方式，都拥有某种共同的东西。它们全都共同拥有的东西，在如下事实中（如维特根斯坦所认为的那样）被表现出来：每个句子均可表达为向基本句子连续应用一种运算所得到的结果。这足以表明存在着句子的一般形式——而且进一步表明这种一般形式究竟是什么。为达致这一目的，否定算子可否独立于否定和一般性而被理解，真的就不那么重要了。

第四节　逻辑与句子的一般形式

维特根斯坦引入否定算子以便为如下两个主张提供保障：

> 6　真值函项的一般形式是：$[\bar{p}, \bar{\xi}, N(\bar{\xi})]$
> 这就是命题的一般形式。

他在如下评论中对此做了说明：

> 6.001　这不过是说，每一命题都是对基本命题连续做运算“$N(\bar{\xi})$”的结果。

命题6的第一行所使用的方括号记号法，乃是对5.2522中得到说明的记号法的一种调整，在那里它被用来一般地描述某个系列中的项：

> 5.2522　我把形式系列a, O'a, O'O'a, ……的一般项写作：

“[a, x, O’x]”。

方括号里的表达式是一个变项。这个表达式的第一个项是该系列的起始，第二个项是该系列的任意项x的形式，第三个项是该系列中紧随x的那个项的形式。

227 系列中的**项**就是该系列中的一个**物件**：因此，2，4，6，8……这个系列的前四个项就是2、4、6和8。5.2522呈现了一种刻画形式系列中任意一个项的方法，而这个形式系列是通过从某个出发点（第一个项）开始应用运算O而得到的结果。这个系列被刻画为从第一个项开始，后面的每一个项都是对前面的一个项做O运算所得的结果。

遗憾的是，这一记号法在6中的使用并不是一目了然的。变项“p”涵盖基本句子——仅由相互关联的名字组成的句子。但这一变项上面加了一道横线，而且不是很清楚如何将其同方括号记号法联系起来加以理解。按5.501的做法，上面有一道横线的变项代表变项的**所有**值——这里指所有基本句子。这么一来，解读6的自然方式便是：这个系列的第一个项就是基本句子的**总体**。这个建议似乎是说，每一可能的句子都会出现在那一个句子系列中的某个地方，这个句子系列是将否定算子连续应用于基本句子的总体而得到的。

一眼就能看出，这是行不通的。[1]否定算子对基本句子总体的

1 安斯康姆（1971: 132）似乎将这看作是对维特根斯坦的构造的一种驳斥，而不是对关于维特根斯坦的某种特定的阐释的驳斥。

一次应用会产生这样一个句子，它说没有任何一个基本句子是真的。如果你把否定算子再应用到这个句子，就会得到一个句子，它说至少有一个基本句子是真的。如果你再把否定算子应用到这个句子，就又会得到一个句子，它说没有任何一个基本句子是真的——依此类推。用这种方法，你只能要么说没有任何一个基本句子是真的，要么说其中至少有一个是真的。这在以下两个方面明显是不充分的。首先，它漏掉了许多成真可能性。其次，它漏掉了基本句子本身——至少，要是有多于一个的基本句子的话：因为，如果有多于一个的基本句子，则没有任何一个基本句子是通过将否定算子无 228
论多少次应用于基本句子的总体而得到的。

事实上，如果我们以这种方式解读6中的方括号表达方式的话，它所说的就比6.001多得多。因为按这种解读，6中的方括号表达方式似乎是说，每一可能的命题都出现在通过连续应用否定算子而得的句子系列中，而这个系列的第一个项就是基本句子的总体。但6.001在以下两个方面要审慎得多：第一，它并没有说，每一可能的命题都出现在通过连续应用否定算子而得的**那一个**句子系列中；第二，它并没有说，通过连续应用否定算子而得的任何句子系列的第一个项是基本句子的**总体**。而事实上，这两个格外审慎之点乃是6.001的支撑点，因为这些苛刻条件中的每一个都是某些命题满足不了的。[1]这给我们留下了一个小小的阐释困惑：我们要不要以为维特根斯坦是在说由关于6中的方括号记法的自然阐释所严

1 这便是弗格林对否定算子的适当性的某些担忧的根源，见弗格林（1981: 78–82）。

格意指的东西（依其最自然的解读），而6.001相当草率地表达了他的观点？——抑或，我们认为6.001表达了他真正想说的，而6中的方括号记法则是一种笨拙或松散的表达方法？我倾向于后者。我将6中引入变项上面的横线的做法，视作表明从任何数量的基本句子作为第一个项开始的否定算子的整个应用系列的一种松散的方式。

假定我们有了一种方法，来描述由否定算子从任意数量的基本句子开始所做的连续应用而得到的任一系列中的一个项。为什么这就是真值函项的一般形式，就像维特根斯坦在6中的第一句话里声称的那样？请注意，“函项”这个术语有两个相互关联的用法。一方面，它可用来描述这样一种东西：它拿某个输入（一个或多个主目）来产生某个输出（一个值）。就“函项”的这层意思而言，句子逻辑中常用的逻辑常项——~、⊃、∧和∨——或者，像谢
229 弗竖或谢弗匕这样的东西，或者，像维特根斯坦本人的“N（$\bar{\xi}$）”，都是真值函项（**运算**，或者维特根斯坦喜欢用的**算子**）。另一方面，它可用于描述对于给定的一个（或多个）主目的（第一层意思上的）函项的值：（第一层意思上的）函项的一个值可描述为相对于一个给定主目的（第二层意思上的）一个函项。在6中起作用的正是这第二层意思。维特根斯坦这里是在用这一术语描述将真值算子应用于其他句子所得到的结果：因此，“~p”是“p”的“真值函项”，“p⊃q”是“p”和“q”的“真值函项”。（见Russell 1922: 13）这样的话，6的第一句话——按6.001所提示的方式理解——就做出了一个相对审慎的论断：句子的每一个（这层意思上的）真值函项，都是向基本句子连续应用否定算子所得的结果。而这一论

断不外乎就是：否定算子——就像谢弗竖和谢弗匕一样——可用作单一初始逻辑常项。

然而，真正重要的论断，是6的第二句话，连同6.001对它的释义。事实上，我们可以区分开维特根斯坦所承诺的两个论断：

（F1）所有句子共有相同的形式；

（F2）为所有句子共有的相同形式在于这个事实：每个句子都是向基本句子连续应用否定算子而得的结果。

后面的第六节我会回到（F2）。（F1）的意义在于这个事实：它标明了句子与其他表达式的一个区别点。比如，维特根斯坦并不认为，有一个为所有名字共有的相同的形式；他也不认为，有一个为所有谓词共有的相同的形式。尤其对于谓词来说，认为它们不拥有相同形式的一个明显的理由就是：否则的话，我们便会陷入某个版本的罗素悖论中。

回想一下，罗素悖论的产生是和弗雷格试图把算术建立在类的基础上相关的：在这种形式下，问题出在一个类是（或不是）自身的一个元素这个想法上。（这一论题在前面第二章第八节略有涉 230
及。）如果容许属性被（或不被）其自身拥有，或者，谓词对其自身为真（或为假），就会出现类似的悖论。罗素的解决办法是确立谓词（与之相关的类）的等级系统，以及这样的规则：只有在应用于等级系统中较低层次的对象时，谓词才是有意义的。

维特根斯坦本人在3.333中对这一难题做了处理；如下这一段对于我们此刻的目的是关键性的：

> 让我们假定函项$F(fx)$可以是自身的主目：这样便有命题$F(F(fx))$，其中，外函项F和内函项F必定具有不同的意义，因为内函项具有$\varphi(fx)$的形式，而外函项则具有$\Psi(\varphi(fx))$的形式。只有字母F是两个函项共有的东西，这个字母本身不指代任何东西。

这段评论的确切背景就是怀特海和罗素为阻止罗素悖论而引入的那条规则。如下便是他们对这条规则的表述：

> 一个给定的对象a可作为其主目的那些函项，彼此之间不能互为主目，而且……它们同那些它们可以作为其主目的函项之间没有任何共同的项。
>
> （Whitehead and Russell 1927: 48）

我们这里便有了一条规则，其目的在于通过限制谓词的用法来避免悖论；而且它通过限制其适用对象的范围来限制谓词的用法。维特根斯坦在3.333中表述了一条想要达到同样效果的规则——限制谓词的用法来避免罗素悖论——但没有提到它们适用的对象的范围。（我们会在下面第五节回到维特根斯坦做这点改变的理由。）相反，这条规则只是根据谓词的**形式**——根据它们的可能组合、它们的语法——而被陈述出来。

231 事实上，我们在3.333中所看到的，是对并非所有谓词都具有相同形式的坚持。即是说，句子中有这样一些位置，有些谓词可以放在那儿，但并不是所有谓词都能放到那儿。维特根斯坦这里关于谓词（函项）所说的，乃是谓词（函项）与**运算**的区别的关键点，就像我们前面所看到的：

> 5.251　函项不能作为自身的主目，但运算的结果可以作为自身的基础。

3.333的论点乃是维特根斯坦的如下这个坚定主张的一部分：完整句在类型上完全不同于它们的成分。

这种区别容许存在命题的**一般**形式，亦即所有完整句共有的东西。假如一个完整句可以放在一个句子中的某个特定的位置，那么其他任何一个句子都能放在同一个位置上。每个句子都像其他任何一个句子一样，同别的句子有同样的组合可能性。尤其是，它所排除的是句子层次的等级系统，在这个系统中，一个层次的句子不能同另一个层次的句子组合在一起。[1]他为什么这样想？他有一个相当一般性的理由：

> 一般形式的存在为以下事实所证明：没有任何一个命题的形式是不可以被预见的（被构造的）。
>
> （4.5）

1　因此，维特根斯坦认为，关键之点恰恰就是要排除罗素在导论中提出来作为解决表达不可言说者之困难的那种东西；难怪维特根斯坦不喜欢罗素的导论。初看之下，罗素关于语言等级的观念不只是同维特根斯坦本人的观点相左，而且更同其关于维特根斯坦试图寻找一种“逻辑上完备的语言”的说法（Russell 1922: 8）水火不容。可是，这两个评论实际上都未能领会到相同–形式假定的中立性，而这一假定一般地塑造了维特根斯坦对语言和哲学的整个探讨进路。

这一评论又是从《逻辑笔记》中的如下论断得来的：

> 如此一来，必定可以确立命题的一般形式，因为命题的可能形式必定是先天的。因为命题的可能形式必定是先天的，所以命题的一般形式存在。
>
> （*NB*: 89）

232 这种对于任何可能形式的可构造性的基本论证并不是完全清楚的，不过一种可信的重构将它视作包含如下几个假定：

> （CF1）若一种句子形式是可能的，则它是必然可能的。
>
> （CF2）若一种句子形式是必然可能的，则它之可能是先天的。
>
> （CF3）若一种句子形式之可能是先天的，则这一句子形式必定是先天**可构造的**。

这些假定是自然的，尽管不是强制性的。（CF1）包含着对某种类似于模态原则（S5）的认同，我们前面已看到，这条原则在2.021至2.023的实体论证中起作用（而且实际上从这一论证得到辩护，见第一章第四节）。（CF2）包含着一个在维特根斯坦写作的时代几乎被普遍接受的前提——必然的东西必定是先天的：这一前提对于康德关于哲学先天性的构想是最为重要的，而且直到1970

年代才受到克里普克的开创性工作的全面挑战；[1]我们也已看到这类假定在2.0211至2.0212的实体论证中起作用（见第一章第四节）。（CF3）包含着一个非常自然的先天知识模型：何为先天知识的问题，可做实证性的证明或推导。1930年代，哥德尔、丘奇和图灵以不同的方式对这种假定提出了质疑，但有理由认为维特根斯坦并未意识到它的可疑地位（doubtful status）（下面第五节里我们将会看到这一点）。

（CF1）至（CF3）似乎要求，任何可能的句子形式都可表象为对在先给定的某个东西应用某种也可假定为在先给定的运算所得到的结果。而6.001给出的解释看似满足这个条件。维特根斯坦在那里主张，每一可能的句子都是连续应用否定算子于基本句子所得到的结果。这似乎接近于（CF1）至（CF3）所要求的——但仅当存在这么一层意思，在这层意思上，一旦我们拥有了任何句子，否 233
定算子或一般意义上的真值函项性便同时给予了我们。

而这一点也是可信的。我们再来回顾一下维特根斯坦早年对如何确定他称之为“形式”的东西的意义所做的解释：

> 我现在做如下规定以确定“xRy”的意思：就“xRy”而言，若事实表现为“x”的意义处在同“y”的意义的R关系中，我就说事实同命题“xRy”“具有同样的意思”；反之，就“具有相反的意思”；这么一来，我就通过将它们区分为具有相同意思的和具有相反意思的，而将事实与符号“xRy”关联

---

1 克里普克（1980）。

起来。

（*NL*: 104）

我们也可以注意《向摩尔口述的笔记》（*Notes Dictated to G. E. Moore*）中的如下段落：

> “真的”和“假的”并不是一个命题的偶然属性，这样的话，当它具有意义时，我们可以说它也是真的或假的；相反，具有意义**意味着**是真的或假的：是真的或假的实际构成了该命题与实在之间的关系，而我们通过说它具有意义（Sinn［意思］）来意指这一点。

（*NM*: 113）

维特根斯坦早年对句子与世界间的形式相同性的定义（在基本句子的情形下，根据具有“相同意思”的事实与具有“相反意思”的事实之间的对照），已经为真值函项转换，从而也为真值函项算子这一想法提供了材料。用这些术语来说，否定（只举最简单的例子）可说成只是将具有“相同意思”的事实转换成具有“相反意思”的事实，反之亦然。事实上，一旦我们将维特根斯坦早年关于形式之意义的解释理解成可扩展到所有基本表达式（我在第四章第八节为之辩护的观点），似乎就可清楚地看到，无论所关注的是
234 哪类基本表达式，我们均可从对何为“相同意思”和“相反意思”的相反理解出发，来得到我们实际所使用的。

这些论点最初（在《逻辑笔记》中）是用这样一些术语得出

的，从字面上看，这些术语假定：对意思起决定作用的主体，可独立于任何语言来接近世界及其所有事实。到了《逻辑哲学论》时期，维特根斯坦似乎不再接受这种思考方式，但这并没有妨碍其一般寓意被应用到《逻辑哲学论》的理论中。依然是这样的情形：存在着这么一层意思，在这层意思上，关于真值函项的想法嵌入了对语言和世界的（就基本句子而言的）形式相同性的定义中。而这给维特根斯坦所做的如下论断提供了深层的理论基础：

> 所有逻辑运算都已包含在基本命题中了。
>
> （5.47）

给定这种（较少形而上学争议）版本的，就基本句子而言的形式相同性的《逻辑笔记》式定义，再加上每一句子都是基本句子的（维特根斯坦意义上的）真值函项这种看法，我们似乎便拥有了（CF1）至（CF3）这些假定所要求的所有东西。

此外，我们也看到，维特根斯坦在他关于每一句子之为连续应用否定算子的结果构成了句子的一般形式的论断中，为我们提供了关于句子形式的最深层意思上的解释。存在这样一种风险，即我们可能会将维特根斯坦关于语言及句子形式的解释当成是分为两个不相干的部分的：一个部分适合于基本句子作为模型的构想，另一个部分涉及如何从基本句子构造出其他句子。[1]就基本句子作为模

1 这便是安斯康姆就她视作《逻辑哲学论》的“最平常的观点”所抱怨的事情之一，见安斯康姆（1971: 25–26）。

型的构想而言，关于句子形式的关键之点似乎涉及名字借以组合成句子的那些方式——或者同等地，对象可被组合成原子事实的那些
235 方式。与之形成对照的是，似乎同关于逻辑的解释有关的句子形式，则涉及完整句彼此组合起来的方式。可是，一旦我们意识到，名字借以组合成句子的方式这样一个观念本身是要根据一种区分加以理解的，而这种区分实际就是真与假的区分时，我们便可看到，在一个根本的层面上，其实并没有关于句子形式的两种观念在起作用。句子与世界之间的形式相同性——无论我们是在处理基本句子还是非基本句子——总是关乎哪些句子可算作同事实具有“相同意思”、哪些具有“相反意思”。

当然，如果所有句子都必定有相同的基本形式，我们便可最终拒绝句子的等级系统。而且我们有理由坚持认为，同样的真值函项——实际就是单一的否定算子——可应用于所有句子。正如维特根斯坦所说：

> 若逻辑有初始观念，则它们必须相互独立。若一初始观念被引入，则它必须在它出现的所有上下文中被引入。因此，不能在**一个**上下文引入它，随后又在另一上下文引入它。比如，若否定被引入，我们就必须像在“~(p∨q)”“(∃x).~fx”之类的命题中一样，在“~p”这种形式的命题中理解它。我们不能先在一类情形中引入它，随后又在另一类情形中引入它，因为其意义在两种情形中是否一致是可疑的，而且也没有理

由在两种情形中使用同样的符号化方式。[1]

（5.451）

最后，6.001容许我们动一点小心思。我们在第一章中列出的《逻辑哲学论》形而上学承诺中有这么一条：

（T3）事实要么是原子事实，要么是原子事实的组合。

这乃是6.001的一个直接结论：实际上，6.001甚至具体指明了所涉及的组合类型——必定是真值函项组合。

1 迈克尔·波特用这一段表明，维特根斯坦想要坚持认为同样的记号法必须应用于所有句子，尽管他并未将这种坚持反过来看作是得自像我的文本中的（CF1）至（CF3）那样的论证的（Potter 2000: 172）。

236

第五节　逻辑与重言式

维特根斯坦的逻辑探究的核心关切，可概括为他对我们在第二章中考虑的论题即逻辑的世界-独立性论题的承诺：

> （WIL）逻辑不依赖于任何特定的发生的事情。

他完全拒绝如下这种康德式思想：必然真理是先天综合真理，关于它们的知识要求对实在的某种直观或亲知。

维特根斯坦对（WIL）的承诺，以及他对关于必然真理的康德主义的拒斥，表达在如下两个论断中：

> 6.1　逻辑命题是重言式。

> 只存在**逻辑**必然性。
>
> （6.37）

关于逻辑命题是重言式的论断的重要性，体现在维特根斯坦的重言式理论上，这一理论表达在4.46—4.4661中。重言式就是“对于基本命题的所有真值可能性均为真的”命题（4.46：事实上，维特根斯坦本人就是第一个在此意义上使用“重言式”这个术语的人[1]）。就其真值可能性可实际列出的句子而言，一个重言式就是其真值表的每一行上都是“T”，亦即无论如何都为真的句子。

在当时，这种将逻辑命题（我们可称之为逻辑真理）当作重言式的解释一度被称赞为既简洁又相当必要的**定义**：它使得将逻辑同其他领域划分开来成为可能。[2]对于我们更大的哲学目标而言，它还在其他方面具有重要意义。

在维特根斯坦看来，一个重言式什么也没说。它没有成真条 237
件，因为它是无条件真的（4.461）。这也适用于矛盾式，只不过是出于相反的理由。矛盾式（按6.37的观点，它或许是唯一的不可能性）无论如何都是假的。它们没说出任何东西；它们没有成真条件，因为它们不在任何条件下为真。因此，重言式和矛盾式是“缺少意思的”（“Sinnlos”；4.461）。它们不是图像，因为它们不描画任何特定的事态：重言式与所有东西相容，矛盾式不与任何东西相容（4.462）。

然而，重要的是，这并不意味着重言式和矛盾式是**空谈**

1　这是我们从拉姆齐（1925: 11）所得到的印象。

2　参见拉姆齐（1925a: 4–5）和（1926: 75）。

（4.4611）。[1]维特根斯坦声称，它们不只是空谈，因为它们是“符号系统的一部分”。这是一个合理的论断：若所有句子都是连续应用否定算子于基本句子所得的结果，则重言式和矛盾式的存在从一开始就是可预见的。重言式和矛盾式是基本句子的真值函项的极限情形。而且，在维特根斯坦看来，尽管它们没有**说出**任何东西，但这并不意味着它们没有做出任何事情：

> 6.12　逻辑命题是重言式，这一事实显示出语言的、世界的形式的——逻辑的——属性。
>
> 其构成部分**以此种方式**相联系形成一个重言式，这一点刻画出其构成部分的逻辑。
>
> 为使以特定方式连结而成的命题产生一个重言式，它们必须具备确定的结构属性。因而，它们如此连结而成重言式，这便表明它们具备这些结构属性。

我们这里有了显示这个既关键，却又尴尬的概念的另一种用法。在维特根斯坦关于图像同其自身的图像形式之关系的解释中，

1　对于“sinnlos”（缺少意思的）和“unsinnig”（无意思的）这两个术语的仔细区分，乃是皮尔斯和麦克吉尼斯译本相对于奥格登版本的重大哲学改进之一。不过，请注意，维特根斯坦似乎偶尔会在同样可以用“unsinnig”的地方（5.132、5.1362）用了“sinnlos”，尽管他并未曾用“unsinnig”去刻画重言式和矛盾式的非图像极限情形的有意义性。当然，这两个术语之间的流动性也不值得大惊小怪，既然维特根斯坦在5.4733中对空谈做了相当特殊的解释，又在6.53中复述了一次。

我们已碰到过这个概念：

2.172 然而，图像无法表象其表象形式；它把它显示出来。

同重言式相关的显示概念的用法，可能与此有关，但初看之下，又 238
有所不同。毕竟，图像或模型显示它们自身的形式；因此，那些成功地说出某种东西的句子——那些不是在任何情况下都只为真或只为假的句子——也可以做到。而就重言式的情形而言，显示某种东西的并不是它们自身：毋宁说，是**它们之为重言式**显示出了某种东西；尽管由重言式之为重言式所显示的东西，十分类似于由任何逻辑图像或模型所显示的东西，也就是世界的逻辑形式。差别或许只在于由重言式的重言性所显示的东西的抽象性。说出某种东西的句子（作为图像或模型的句子）显示出其构成对象间的排列可能性，而重言式的重言性仅显示真和假的一般可能性，不管涉及什么样的对象。

或有人认为，我们这里所持的学说，同关于先天综合的康德式构想也没有那么大的不同：重言式似乎成功地显示了关于世界的某种东西（其"形式的——逻辑的——属性"）。可维特根斯坦想要坚持认为，他的观点是大为不同的。差别出现在如下这个关键论断中：

逻辑命题的特有标志是，我们仅从符号便可感知到它们为真；而这一事实本身便包含了全部逻辑哲学。

（6.113）

重点在于，一个重言式的重言性单从符号本身看来就是明显的（在"明显的"这个词的某一层意思上）：它（实际上）是这么一个事实，它只涉及该重言式所由构造出来的那些符号的组合可能性。我们无需察看世界以发现一个重言式是重言式：这里完全不涉及对客观世界的直观或亲知。

239 而这又导向关于恰当的符号系统的构想，这种构想贯穿于维特根斯坦对于逻辑必然性的解决办法中：若一种记号法是恰当的，它就应该在某种意义上于其自身中揭示出符号间的逻辑关系。这便是维特根斯坦对于罗素本人对悖论——他是在弗雷格从集合论构造出算术的努力中发现这个悖论的——做出那样的处理的原因。维特根斯坦首先坚持认为：

> 3.33　在逻辑句法中，记号的意义绝不起任何作用。在不提及记号的**意义**的情况下确立逻辑句法，必定是可能的：**只须**预设对表达式的描述。

接下来，他吸取了如下的教训：

> 3.331　可据此来看看罗素的**"类型论"**。我们发现，罗素一定弄错了，因为他在确立记号的规则时不得不提及记号的意义。

维特根斯坦这里也许事实上是不公平的：罗素或许并不在严

格的意义上**必须**提及他的记号所意指的事物。[1]然而，事实却是，他确实那么做了，而且维特根斯坦认为，这暴露出一个重要的错误。逻辑可能性和必然性必须只依赖于符号本身，亦即，只依赖于记号以及它们的组合规则，而这些规则并不提及世界。而维特根斯坦的所谓的关于意义的“图像论”——句子作为实在之模型的理论——说得硬气点儿，对这一点提供了进一步的支持。因为，按照这一理论，符号的组合可能性，严格说来是**平行于**对象的组合可能性的，因而，必定在某种意义上，是无须察看对象可被组合的方式便可识别的：因为符号的组合可能性同对象的组合可能性是一样 240
的，所以便没有必要察看世界来看出哪些组合是可能的。

这种严重以符号为导向的处理逻辑必然性的方法，还被维特根斯坦拿来说明一个否则便会给他提出难题的东西：同一性概念。这个难题就是，同一性概念貌似提供了关于其自身的逻辑真理。例如，下面便是标准谓词逻辑中一个有关同一性的基本逻辑真理：

$$(x)(x=x)$$

事实上，就像我们在第二章第八节中看到的，上面这个式子是一个逻辑真理，这对于弗雷格关于算术的类理论构造是本质性的。但维特根斯坦宣称，所有逻辑真理都是重言式，在确切的意义上，对于基本句子的所有真值可能性均为真。而“(x)(x=x)”却不满足这个条件。仅当“a=a”形式的句子本身是基本句子时，

1 参见丘奇（1940）的表述。

上述式子才可能是将否定算子连续应用于基本句子所得到的结果。可是，若“a＝a”是一个基本句子，它就必定是偶然的和后天的，而它却既是先天的又是必然的（如果可以确保“a”是一个简单对象的名字的话）。这一论点是在5.534[1]中得出的：

> 我们看到，像“a＝a”，“a＝b.b＝c. ⊃a＝c”，“(x).x＝x”，“(∃x).x＝a”等等这样一些表面的命题，在一种正确的逻辑记号法中根本就无法写出来。

而维特根斯坦用如下这个直观推理来支撑提出上述论点的这种方式（这种方式依赖于他本人关于句子一般形式的解释）：

> 5.5303　大致说来：说**两个**事物是同一的，是空谈；说一个事物和自身同一，什么也没说。

241 要是可以设想将“一个事物与自身相同一”这一论断，纳入维特根斯坦关于句子作为模型的构想中对事实之性质的解释——基本事实由彼此相关的数个对象构成；而同一性论断似乎只涉及孤零零的一个对象——我们便可窥知，在维特根斯坦看来，当我们做出这样一个论断时，所说出的是多么地少。

维特根斯坦也不屑于罗素那样的定义实质性同一关系的做法：

1　原文写作5.434，而《逻辑哲学论》中根本就没有这个码段。——译者注

a和b是同一的，当且仅当，a和b共有所有同样的属性[1]：

> 5.5302　罗素对“＝”的定义行不通；因为，根据这一定义，两个对象的所有属性都是共同的。（即使这一命题从不为真，它无论如何是**有意思的**。）

这样，同一性这个概念似乎受到了威胁，而对于弗雷格和罗素处理数学的方法来说，这是十分严重的事情。就像我们在第二章第八节中所看到的，他们的处理方法的核心部分要求同数性——具有相同的数——这个概念可不用到数的概念，而只用量化和同一性加以定义。若抛弃同一性概念，这种处理方法就面临崩溃的危险。维特根斯坦的解决之道是，坚持认为任何一种恰当的记号法都不应包含同一性记号，并且声称，只要我们适当使用名字，这一记号就不是必要的了：

> 5.53　我用记号的同一性，而不用同一性的记号，表达对象的同一性。用记号的差别，表达对象的差别。

维特根斯坦并没有提出任何正式的证明，来表明这一程序对于同一性记号可能被派上用场的所有情形都能起到作用，但他确实
提出了各种建议来重新表述借同一性记号做出的那些逻辑论断，所 242
借助的是一种记号法，这种记号法，在且仅在存在着对象差别的情

1　怀特海和罗素（1927: 168）。

况下，才区分开名字和变项（见5.531—5.321[1]）。[2]在维特根斯坦看来，同一性记号的唯一合法用法是在元层面上：准确地说，是谈论记号的意义，而不是断言任何有关世界的实质性的东西。因此，他说道：

> 4.241　如果我在同样的意义上使用两个记号，我就通过在它们之间放上记号“＝”来表达这一点。
>
> 这样，“a＝b”的意思就是，记号“a”可用记号“b”替换。
>
> （如果我用等式引入一个新记号“b”，并通过确定它将替换先前已知的记号“a”，我就［像罗素一样］把这个等式——定义——以“a＝b Def.”的形式写下来。一个定义就是一条符号规则。）
>
> 4.242　因此，“a＝b”这种形式的表达式只是权且使用的表现方式：它们对记号“a”和“b”的意义并没有做出什么断定。

关于同一性记号的这种解释同弗雷格的解释大相径庭，后

1　原文疑误，应为5.531—5.5321。——译者注

2　兰蒂尼（2007: 159–66）论证道，数学需要做的工作事实上可以在不使用同一性的情况下做出来，要是我们使用排斥量词（就像维特根斯坦在5.532和5.5321中引入的、正是为了处理同一性的缺失而以一种受限的方式使用变项的那些量词）的话。

者在其早年的《概念文字》(*Begriffsschrift*)[1]中采纳了类似于维特根斯坦的观点，但在后来的《论意思与指称》("On Sense and Reference")中却拒绝了它。拒绝的根据是，这种元语言学的解释——维特根斯坦在《逻辑哲学论》中采纳的观点——将一般的同一性陈述(以及特定的数学等式)变成了微不足道的语言学真理，而实际上它们是可以表达实质性的知识的。[2]

这种差异揭示出了维特根斯坦数学哲学的关键特征，而他整个哲学生涯都一直坚守着它。维特根斯坦在《逻辑哲学论》中处理数学问题的总体方法的核心内容由以下两个评论揭示出来：

> 6.2 数学是一种逻辑方法。
>
> 数学命题是等式，因而是伪似命题。

这里的第一句话把数学真理与逻辑真理联合起来：二者的差 243
异点和相似点在下面两节中得到了说明：

> 6.22 逻辑命题在重言式中显示的世界的逻辑，数学在等式中显示之。
>
> 6.23 若两个表达式被用等号连结起来，这意味着它们可以相互替换。但到底是不是这种情况，必定会自行显示于这两个表达式当中。

1 弗雷格(1879: § 8)。

2 弗雷格(1892a)。

> 这两个表达式可相互替换，正好刻画出了它们的逻辑形式。

维特根斯坦这里指出，通常被视作同一性陈述的东西只是断言——或者，似乎断言（我们很快会回到这一点）——两个表达式可相互替换。要使两个表达式可相互替换，至少要求它们能以同样的方式同其他表达式进行组合。从句子作为模型的理论首次被引入时起，我们便知道，逻辑形式只是关乎组合可能性的问题。说两个表达式具有同样的逻辑形式，只是说它们能以同样的方式与其他表达式进行组合。所以，要使两个表达式可以相互替换，至少要求它们具有相同的逻辑形式。

但一般来说，会要求比这更多的东西。维特根斯坦认为，两个对象可以具有相同的逻辑形式（2.0233）。这意味着，它们的名字能以完全相同的方式与其他表达式进行组合，亦即，它们的名字将具有同样的逻辑形式。但由此并不能推出，它们的名字可以相互替换，或者，通过将“相等记号”（同一性记号）置于这两个名字之间所得到的句子是正确的。因为根据假定，这两个名字指称不同的东西。

这表明，维特根斯坦在6.23中所做的论断并不像看起来那样具有一般性：它无法应用于所有看似同一性陈述的东西。在这一语
244 境中，很自然地会把他的论断当成只是要应用于数学等式。他的论点是，在一套恰当的数学记号法中，表达式本身会表明它们是可相互替换的。一套恰当的记号法会表明，它们具有相同的形式；而在数学的情形下，这便足够了——无须对世界做独立的考察。他这里

明确将自己的观点同弗雷格的观点相对照：

> 6.232　弗雷格说，这些表达式有相同的意义（指称），却有不同的意思。
>
> 可是，对于等式而言，关键的一点是，没有必要去表明，用等号连结起来的两个符号具有同样的意义：因为可从这两个表达式本身感知到这一点。

然而，维特根斯坦和弗雷格实际是在各说各话。弗雷格引入“意思”这个概念来说明一个等式如何可以是真的，却又有可能认识**不到**它是真的。而维特根斯坦是想说明，如何可能——至少在数学中——在并不独立地察看世界的情况下**认识到**一个等式是真的。维特根斯坦对他的难题的解答是：等式（实际上）是关于相互可替换性的论断，相互可替换性就是形式相同性，而形式相同性总可以在一套恰当记号法中被揭示出来。至于弗雷格的难题，维特根斯坦或许将其当作心理学而非哲学论题予以排除了。遗憾的是，他似乎想表明（至少在数学中）它实际上不会产生：

> 6.2322　两个表达式的意义的同一性是无法**被断定**的。因为，要能断定有关它们之意义的东西，我得知道它们的意义，而如果我知道它们的意义，我也就知道了它们意指的到底是相同的还是不同的东西。

很难对这段话做出一种会给维特根斯坦带来任何荣誉的解释。

245 其中的第二句话似乎提出了一个明显不可靠的论证：一般说来，显然并不是只有知道a和b是不是同一个东西，我才知道a和b——否则的话，将不可能突然间认出一个人，或者认不出一个熟悉的人。正因为这显然不是真的，弗雷格才引入了“意思”这个概念。

不过，或许维特根斯坦并不是在提出这样一个不可靠的论证。这里有两个备选的可能性。第一，也许维特根斯坦只是宣称，就简单对象——《逻辑哲学论》的理论所设定的基本存在物——的名字这种特别的情形而言，不可能在不知道这样两个名字是否具有相同意义的情况下，知道它们的意义。按照罗素的逻辑原子主义——罗素在后来成为《逻辑哲学论》的早期草稿的影响下提出的思想体系[1]——类似上述的说法可被当成是真的。罗素的逻辑原子主义中的基本对象乃是“直接”经验的成分，而且是我们对其存在不可能弄错的事物。或可假定，若我们不可能弄错某物的存在，则我们也不可能将该物错认为别的东西。但是，罗素的基本对象看起来并不适合《逻辑哲学论》中的对象所扮演的角色。即便是在致力于他的数学研究时，罗素也一直想着提出一种语言理论，用于探讨弗雷格引入“意思”概念去解决的那些难题（见Russell［1905］），但他却完全没有诉诸“意思”这个概念。维特根斯坦似乎并没有特别关注弗雷格的难题；而且他的基本对象是要作为模态节点的，而不是用于解释任何认知问题的——维特根斯坦的基本对象的组合可能性才是世界中的基本可能性。

第二，或许，维特根斯坦只是对表达式的可替换性的理想记

1　见罗素（1918）。

号法的清晰性言过其实了。他的一般哲学观点（尤其包括他拒斥康德关于先天综合真理的看法的方式）要求他坚持认为，符号组合可能性的基础，从而数学中表达式相互可替换性的基础，必定存在于符号本身之中，而不存在于世界之中。但他却有一种倾向（我们很快就会看到）去夸大这一点：他倾向于不去思考，若逻辑形式存在于符号本身之中，则必定可轻易在这些符号里看出它来。 246

维特根斯坦在6.2中断言，数学命题是“伪似命题”。这是什么意思？答案并不完全清楚：维特根斯坦似乎容许对这一论断做一系列略微不同的解读。首先，他似乎认为数学等式和重言式具有同样的地位：它们显示世界的逻辑。我们前面在重言式的情形中看到，这一属性是同它们未**说出**任何东西联系在一起的：重言式实际只是句子的极限情形，因为它们只是由于符号系统而为真，而且不在任何意义上是实在的模型。所以，维特根斯坦或许是想说，就像重言式没说出任何东西一样，数学等式也没说出任何东西。但等式还有另一个奇特之处：作为其核心的同一性记号，依维特根斯坦看，只是“权且的表现手段”。[1]这是同维特根斯坦关于数学的意义的观点密切联系在一起的，而后面这个观点他一生都没有改变。在《逻辑哲学论》中，它被表达如下：

6.211　生活中，我们需要的从来不是一个数学命题。我

1　事实上，拉姆齐认为，将数学真理视作“等式”（在维特根斯坦所理解的这个术语的意义上）是错误的：存在着这样一些东西，拉姆齐认为在这样一种解释之下完全是无法提供的（Ramsey 1925a: 17–19）。

> 们用到数学命题，**只是**为了从本不属于数学的命题，推导出同样不属于数学的命题。
>
> （在哲学中，“我们为什么就用了那个词、那个命题？”的问题，总会带来有价值的结果。）

维特根斯坦后期哲学的整个路径大致都已预先包含在上面的括号中了。而第一句话所预示的一个观点，后来也得到了清楚的阐述：

247 > 我想说，数学记号也有平常的用法，这对于数学至关重要。
>
> 是数学之外的用法，从而是记号的意义，让记号游戏进入了数学。
>
> （*RFM*: V.2）

这里的看法似乎是，不纯粹是“伪似命题”的那些句子为我们提供了一个事物的实际大小、速度或质量（或者无论什么东西）的测量结果，而数学等式让我们得以对这些真正作为模型的句子加以转换，以产生关于其他事物（或者处于其他时刻的同一事物）的实际大小、速度、质量或无论什么东西的论断。要表达的论点似乎是，不存在任何数学领域，而只存在处理真实世界的一种数学方式——这种处理方式的可能性必定是世界本身的一个基本特征。这么一来，数学等式之所以被当成“伪似命题”，至少部分地是因为它们不是关于某个数学领域的描述。

当然，为使这一论断成立，维特根斯坦需要表明，尤其算术不能被理解成关注于由数这种特殊对象组成的领域。而这意味着，他需要表明，算术公理（所谓的皮亚诺公理）——或者某种具有同等效力的东西——可被推出来，而无须诉诸弗雷格和罗素均用到的那种构造，而这种构造涉及将数当作类，将类当成属于一种特殊“逻辑”类型的对象。在《逻辑哲学论》中，维特根斯坦确实给出了一个关于这种操作方式的概要。这里不宜对此详加考察[1]，倒是值得略微考虑维特根斯坦关于数不是对象，只是“运算指数”的观点。

6.021中做出的“数就是运算的指数”的论断，是对6.02的一个评论，而在这一码段中，数正是用这些术语来定义的（“Ω”这个希腊字母是代表运算的符号）。但这一论断是什么意思呢？首先，他这里的“运算”指什么？当我们在本章第二节初次遇到这个术语时，它似乎主要是借助于同“函项”这个术语的对照而得到理 248
解的。就这一点而论，最关键的是，函项是拿**名字**构成句子的表达式，而运算是拿完整的句子去构成句子。运算的例子我们只举了否定算子，而这种运算也确实适合这种描述。有人因此就假定，6.02和6.021中提到的运算就只是否定算子，而这是有问题的。如果我们容许无穷多句子可包含在“N(ξ)”中的“ξ”的取值范围内——若容许存在无穷多事物，我们就得这么做——那么，否定算子便无法产生一个连续不断的系列，因而也无法被用来产生自然数系列

1　若想深究这些难题，应查阅波特（2000）和兰蒂尼（2007）。

（一个对等物）。[1]另一方面，我们似乎必须继续坚持认为运算用完整句去构成句子，要是我们不想失去在函项与运算之间进行比照的根据的话：

> 5.251　函项不能作为自身的主目，但运算的结果可以作为自身的基础。

要是维特根斯坦在6.021中所想到的运算并不拿完整句去构造句子的话，似乎就会有比5.251本身提供的运算与函项的区别更多一点的东西了：一个运算只是可应用于其自身结果的表达式。[2]

依我看，无论在哪里，我们自然要假定运算就是拿完整句去构造句子，但我们这里想要的却是不同于否定算子的某种运算。维特根斯坦在6.02和6.021中想要的，主要是一种可产生连续不断的系列的运算。这个系列将从一个原初的基础开始，而这个基础本身并不是该运算（我们可用字母“Ω”表示它）的任何先前的应用所
249 得的结果。设这个东西为“x”。这么一来，由于x并不是Ω运算的任何先前应用的结果，我们可将其视作Ω运算对x的零次应用的结果。这样我们便可将它写作：

（1）$\Omega^0 x$

1　这一论点是兰蒂尼（2007: 175）所提出的。

2　这似乎是兰蒂尼（2007: 183）倾向于采纳的观点。

这里的数字“0”是Ω的“幂”，表示该运算被应用于x的次数。[1]现在假定我们将运算Ω应用于x，亦即Ω^0x，可将结果写作：

（2）$\Omega'\Omega^0x$

我们可以通过给我们表示运算的“幂”的表达式上添加“+1”，来表明我们对它应用了比零次又多一次的运算，所以，我们可以这样来表达（2）：

（2p）$\Omega^{0+1}x$

若运算Ω两次被应用于x，则自然可将结果写作：

（3）$\Omega'\Omega'\Omega^0x$

若我们在（2p）中的表达式的“幂”上再“+1”，则可将（3）改写如下：

（3p）$\Omega^{0+1+1}x$

1　兰蒂尼（2007）将一种运算的“力量”追溯到罗素（1901）中关于一种关系的“力量”的观念。他还指出，这一观念在怀特海和罗素（1927: *301）中被用于定义连续、加法和乘法，参见兰蒂尼（2007: 180）。

我们可借助如下的定义来一般性地刻画“+1”以表明Ω运算又被应用了一次：

$$\Omega'\Omega^{v}x = df\ \Omega^{v+1}x$$

当然，要是运算被运用很多次，会给我们留下冗长繁琐的表
250 达式。我们需要用一个更简单的符号系列取代不断加长的“0+1+1+1+1……”形式的表达式，来表达该运算的“幂”。自然的选择就是我们熟悉的阿拉伯十进制数字。

这样，我们所拥有的便是一个可无数次应用于其自身结果的运算，以及对这样的重复应用的表达式进行缩写的方法。这便是维特根斯坦在6.02中所呈现的。他在那里只以他认为合法的那种方式使用同一性记号：作为某个定义的表达式，亦即作为引入记号缩写的一种方式。他所使用的缩写方法包括将数字当作对运算的“幂”的表达，亦即指明，从本身不是运算结果的初始基础起，运算被应用了多少次。运算的这些“幂”就是维特根斯坦所称的运算的“级数”。这便是他做出如下这个关键论断时心里所想到的东西：

6.021　一个数就是某个运算的级数。

显然，这里的关键之点就是否认数是对象。可是，这个结果是怎么得来的呢？弗雷格关于数是对象的论断依赖于两个东西：第一是关于数字的基本语法就是单称词项（其指称物即对象）的基本语法的论断；第二是将一个对象系列等同于数——他在他的构造法

中所使用的类。我以为，6.02的重点就是要表明，数字并不真正拥有单称词项的语法。《逻辑哲学论》中唯一真正的单称词项，就是构成世界之形式的对象的名字。任何具有名字的表面语法的其他表达式，实际上都必定是可视作通过定义引入的、作为某个复杂表达式的缩写的东西。在6.02中，除了“0”和“1”之外的其余阿拉伯 251
数字，都是通过对“0+1+1+1+1……”这个系列中的项的定义式缩写而引入的。而这个系列本身，不过就是写下从本身不是运算结果的某个基础开始的反复运算的方式。因此，他希望已经表明了没有任何理由把数字当成名字。[1]

为确切把握维特根斯坦这里到底在做什么，我们需要回顾弗雷格确立数是对象的论断的方法。弗雷格所做的是确立如下这个等值式：

（E）C1这个类的数＝C2这个类的数，当且仅当C1这个类与C2这个类是等数的。

由于这个式子容许我们使用像“C1这个类的数”这样的实名词表达式，所以它似乎确保了这些实名词表达式是有意义的。可是，这些实名词表达式具有单称词项的表面语法。按照弗雷格的理

1 波特（2000: 179–181）认为维特根斯坦是在维护关于数字的形容词解释（同弗雷格那样的实名词解释相对，这种解释认为数字起到了单称词项的作用）。依我看，形容词和实名词之间的差异对于维特根斯坦的目的来说还不够大，因为我觉得形容词和实名词都可算作维特根斯坦意义上的名称，从而都可以指称对象（参见前面第四章第六节）。

论，具有单称词项语法的有意义表达式指称**对象**。所以他得出结论说，数是对象。维特根斯坦明确拒绝的是这个假定：一个表达式的**表面**语法展现了其真实语法。他赞赏罗素认识到了这一假定是可以拒绝的：

> 罗素的功劳是表明了命题的表面的逻辑形式不必是其真正的形式。
>
> （4.0031）

由于维特根斯坦认为唯一作为单称词项发挥作用的表达式——通过与对象相关联而具有意义——乃是构成基本句子的名字，所以他主张，其余表达式的真正功用，只有通过认识到包含它们的句子如何被分析为基本句子（以及基本句子的复合），才能被理解。

252 因此，通过表明数字可作为重复运算指数的缩写方式被引入，维特根斯坦认为自己做了所有该做的事情。你（或弗雷格）会被诱惑去对他说："是啊，我看到了数字是如何被使用的，但这些数字所指称的事物又如何呢——**数**是什么呢？"对于这一追问，他会以其后期哲学的口吻回应道："这里不涉及这些东西，只涉及数字是如何被使用的。"[1]

关于维特根斯坦的数不是对象，而是"运算的级数"的主张，

1 见《哲学研究》第一部分 § 1："可是，'五'这个词的意义是什么呢？——这里不涉及这样的东西，只涉及'五'这个词是如何被使用的。"

就解释到这里。我们回到他关于逻辑与数学之本性的更为重要的观点。维特根斯坦关于逻辑与必然性的哲学的核心，乃是如下这种反康德观点：逻辑真理、数学真理和一般的必然真理并不需要任何关于实在世界的洞见或直观就可以发现。毋宁说，我们只需察看符号即可：一个恰当的符号系统应显示符号的形式，而模态一般就存在于这里了。不过，依我看，维特根斯坦显然认为，若符号的形式可在恰当的记号法中被**显示出来**，则它也可以在那种记号法中以相对直接的方式被**看出来**。多处都有这一观点的痕迹，不过，在下面这个评论中，他最为清楚地对之做出了承诺：

> 6.122　由此可知，没有逻辑命题也无大碍，因为在一套恰当的记号法中查一查，我们便能识别出命题的形式属性。

这看似让维特根斯坦承诺了如下观点：每一逻辑真理都是**可决定的**——就是说，可在有限的时间内通过机械的程序或算法推导出来。若限定在简单句逻辑（命题演算）上，则这一论断是真的。[1]可是，对于包含多元谓词的谓词逻辑、容许是无穷的量化域来说，它则是假的（要是数学被当作逻辑的一部分，则它对于数学也是假的）。[2]我们可以理解，一个想着以维特根斯坦的方式拒绝对先天综 253
合真理的康德式承诺的人，会发现6.122是极为自然的：但它却远

1　维特根斯坦在《逻辑哲学论》6.1203中引入这种相当笨拙的支撑记法，正是出于这个目的。

2　丘奇（1936）、图灵（1936）。

远超出了他实际承诺的东西。

尚不清楚这对于《逻辑哲学论》有多大的重要性。有人倾向于认为，6.122不过是一个小小的疏漏而已。甚至偶尔还会有人宣称，显示这个概念——似乎是“通过看一看”而获得的认知的对等物——并不是一个真正的认知概念。[1]有人走向另一个极端，并宣称，对于所有必然真理的可决定性的坚守，乃是维特根斯坦对逻辑和必然性的整体处理的重点。[2]我本人的观点是，真理存在于二者之间。依我看，对维特根斯坦真正重要的只是，逻辑和数学并不为我们提供关于世界的实质性真理，因而并不能仅仅通过对世界的某种亲知或直观就能为我们所知：他主要是想拒绝关于先天综合真理的康德式观念。不过，我也觉得，他是在这种确信的引导下去期待所有逻辑真理的可决定性的：但这种期待超出了他有权要求的东西，不过我认为，在那样一个相对无知的年代，这也算不上多么荒唐的事儿。[3]

要是维特根斯坦拒绝了康德关于必然真理——尤其是数学真理——的解释的话，我们就会认为，他无法回答那些很自然地被视作会把我们引向一种康德式观点的问题中的一个。这个问题就是：

1 比如怀特（2006: 107）；瓦伦·戈德法布在谈话中提出过类似的观点。

2 比如弗格林（1987: 82），还有兰蒂尼，他似乎认为，引入否定算子主要是为了表明逻辑是可判定的（2007: 125–146）。

3 很难信心满满地对待这种阐释，但我们至少会很自然地将拉姆齐（1928）的开篇段落视作对某人的如下态度的表达：他期待有“某种通常的程序去确定某个给定的逻辑公式的真或假”，而问题只在于如何找到它。同样也（不出所料地）可以很自然地认为希尔伯特和阿克曼（1928: 72−81）中对这一问题的著名表述也表达了类似的态度。

逻辑、数学及其他一些东西，是如何应用于实在世界的？但是，维特根斯坦的语言图像论实际给了他对这一问题的现成解答，却没有弱化他对康德的反对。根据图像论——至少在基本情形中，句子是实在的模型——句子只能凭借同实在具有相同的形式而表象实在，亦即，如果句子成分的组合可能性（至少，这些句子在一种清晰的记号法中得到了重新表述）同实在中与之相应的对象的组合可能性是相同的。如果这是对的，则不存在这样的可能性：逻辑或数学无 254
法应用于实在世界。逻辑和数学确实显示了语言和世界共有的形式。但依然是这样的情况：我们从不需要独立于符号系统去察看世界，以看清有哪些组合可能性。语言的形式和世界的形式是相同的这一事实，确保察看语言就足够了。

第六节 外延性

维特根斯坦宣称："每一命题都是将运算'N（$\bar{\xi}$）'连续应用于基本命题所得到的结果。"（6.001）由于否定算子是真值函项的，所以，上述论断的意思就是，基本句子的每一组合都是真值函项的。这就是说，除了句子的真或假之外，没有什么会对它作为其一个成分的那些句子造成什么差别。这便是对所有语言的真值函项性或外延性的承诺。当然，这已经在文本中如下这个较早的评论中宣布了：

> 5 命题是基本命题的真值函项。
>
> （基本命题是其自身的真值函项。）

这一论断有许多明显的反例，其中最著名的就是that-从句中被用来说某人认为的或感觉到的东西的那些句子。在维特根斯坦写作的时代，这些反例已为人所熟知：弗雷格在他的（1892a）中用意思这个概念处理它们；罗素希望用他的摹状词理论处理它们，而不诉诸意思这个概念（Russell 1905）。维特根斯坦表明他已经意识到了这个难题：

> 5.541　乍看来，一命题出现于另一命题中似乎还有一种不同的方式。
>
> 尤其是在某些心理学的命题形式中，像“A相信p是实 255
> 情”或“A思考p”等等。
>
> 表面看来，命题p似乎与对象A处于某种关系中。
>
> （在现代认识论［罗素、摩尔等人的］中，这些命题一直是这样被看待的。）

（这里的括号中所指的是罗素［1903］和摩尔［1899］中的观点：参见本书第二章。）

简单地说，这一难题如下。假如这些心理学语境中的that-从句里的句子的出现是真值函项的，则我们实际拒绝的大量代换就是容许的了。假设我们从下面这样一个句子开始：

> （a）卡罗尔相信埃佛勒斯峰是世界最高峰。

事实上，埃佛勒斯峰确实是世界最高峰，所以，that-从句中的这个句子——“埃佛勒斯峰是世界最高峰”——是真的。由于埃佛勒斯峰就是珠穆朗玛峰，所以，如果我们用“珠穆朗玛峰”这个名字替换“埃佛勒斯峰”这个名字，则不会对that-从句中的这个句子的真造成任何差别——要是这个句子在that-从句中的出现是真值函项性的话。如果这样做，我们就得到：

（b）卡罗尔相信珠穆朗玛峰是世界最高峰。

可是，即使埃佛勒斯峰**就是**珠穆朗玛峰，卡罗尔也可能不知道。若她不知道这一点，我们通常就会认为,（b）会是假的，即便（a）是真的。这似乎表明，不只是that-从句中的句子的**真**或**假**会对整个句子的真或假造成差别。事实上，情况还要糟糕得多。埃佛勒斯峰确实是世界最高峰。圆的面积确实是πr^2。假如that-从句中
256 的句子的真或假就是最要紧的事情，那么（a）的真就确保下面这个句子也为真：

（c）卡罗尔相信圆的面积是πr^2。

可是，如果卡罗尔不懂几何学,（c）就会是假的，即便（a）是真的。这里所表明的是，假如真和假是报告某人所认为的或所感觉到的that-从句中最要紧的东西的话，则任何相信某个真理的人都因此被当成相信所有真理，而任何相信某个谬误的人都因此被当成相信所有谬误。

表面上看，这些心理学语境似乎显然不是真值函项的，因此，维特根斯坦在命题的一般形式这个问题上，显然是弄错了。但维特根斯坦确实做了如下回应：

5.542　可是，“A相信p”，“A思考p”，“A说p”显然都具

> 有“‘p’说p”的形式：这里没有一个事实与一个对象的相应，只有两个事实之间的相应，而这种相应是通过构成它们的诸对象的相应而达成的。

并由此得出结论：

> 5.5421　这表明，如当今肤浅心理学设想的所谓灵魂——主体，等等——是不存在的。
>
> 一个复合的灵魂就不成其为灵魂了。

遗憾的是，这一回应太难理解了。维特根斯坦似乎在说，无
法由一个**对象**（一个人、一个灵魂）以某种特定的方式被关联于另
一个事物即一个句子或一个命题，来使这些心理学陈述实际成为真
的。宁可说，所发生的事情是，一个特定的**事实**——一幅图像或模
型——表象出某件事情实际发生了。这里的想法似乎是，并不是某
个人、某个灵魂，或者无论什么东西，被关联于某个可能的情境；
毋宁说，是这个人心灵中的某种东西——某种心灵图像——在进行
表象。我们这里看到了对于传统中关于人或心灵的构想的拒斥，而 257
这很容易让人想到休谟[1]；而这对于我们下一章关于唯我论的讨论是
有意义的。

但困难在于，如何看出这乃是对我们所面对的难题的解答。最初的难题是非真值函项组合中的句子的表面现象：在“A相信

1　休谟（1739–40: I, iv, 6）。

p”这种形式的句子中的“p”位置似乎是非真值函项的。但是在“‘p’说p”这种形式的句子中的第二个“p”位置也是非真值函项的，而且出于同样的原因：假如它是真值函项的，则若“p”说了某种为真的东西，它便说了所有真理，而若它说了某种为假的东西，它便说了所有谬误。

尽管我认为这里存在着一个维特根斯坦无法真正解决的难题，但是，如果我们用上述这些术语对待它的话，便会错失他处理这一论题的路径。我已经假定，这些难题出自这样一些句子，其典型表达包括一种that-从句：例如，“A相信p”（“A believes that p”）或“‘p’说p”（“‘p’says that p”）。维特根斯坦首次提到这个论题时，确实用了上面这种表述方式，但他很快用另一种取而代之，并一直把它作为标准的表达方式：“A thinks p”，“A says p”，“‘p’says p”。而在这些表达式中，“p”似乎是作为名字——一个事实的名字，或者罗素意义上的一个命题（一个完整句的客观关联物）的名字——而出现的。对于这些语境的处理，正是罗素的第一套理论所暗含的东西（见第二章第四节）。这样的话，维特根斯坦的回应就说得通了。按罗素最初的解释，这些语境表达了由第一个名字命名的一个对象（一个人、一个主体、一个思考者）与由第二个名字命名的一个不同类型的对象（一个事实或一个罗素意义上的命题）之间的某种关系。维特根斯坦反对说，我们并不真正拥有个人－类型的对象与事实－类型的对象之间的关系：我们所拥有的是可首先描述为两种事实－类型的对象——一个句子与它所描画的东西——之间的关系。按照《逻辑哲学论》的一般语言理论，这第一种描述自然是错
258 误的：这些表达式不是名字，而且这里也完全没有任何**对象**；因

此，严格说来，在它们之间不可能存在涉及某种**关系**的问题。这里涉及的唯一真正的关系，乃是句子的要素与构成事实的**对象**之间的关系。因此，这个难题就应当消失。

遗憾的是，正如拉姆齐在他对《逻辑哲学论》最初的评论中所指出的，这是行不通的："意思并不完全是由出现于其中的对象所决定的；而命题记号也不完全是由出现于其中的名字所构成的。"（Ramsey 1923: 471）当然，这一论点是维特根斯坦本人的：

> 当我们说A判断如此这般时，我们不得不提到A所判断的一个完整命题。仅仅提及他的成分，或者，提及它的成分和形式却没有按照正确的次序，都是不行的。这表明，一个命题本身必须出现在被判断的一个陈述中。
>
> （*NL*: 94）

这一想法甚至隐藏在《逻辑哲学论》文本中紧接下来的一个对罗素的"多元"关系判断理论进行批评的评论中：

> 5.5422　对"A判断p"这种形式的命题的正确说明必须表明，不可能对空谈做出判断。（罗素的理论不满足这个条件。）[1]

结果就是，维特根斯坦对"A相信p"（"A believes that p"），

1　在第一章第四节中，这两个评论同实体论证联系起来做了探讨。

甚至"'p'说p"("'p' says that p")这种形式的句子的处理，只有在如下情况下才能真正被接受：我们假定这些表达式是畸形的，完全没有任何意义。而这确实是不可信的。我们一定会发现很难去相信这么一种理论：它不仅说不存在灵魂（因为没有任何单一的主体会有信念），而且否认我们可以说任何人所说或所想的东西。这
259 样一种怀疑论甚至同5.5422本身相抵牾，因为在这里维特根斯坦似乎寄希望于对分析这些句子时所面临的难题有一种积极的、实质性的解决办法。

有这么一种很有诱惑力的想法：这一难题的出现，部分地是因为维特根斯坦被现代逻辑——弗雷格和罗素所发明的逻辑——的威力弄得眼花缭乱，以至于简直没有考虑到这种可能性：还能有它提供不了的构造。毕竟，这里有一套系统，它可以表达比亚里士多德逻辑的范围大得多的论证。此外，它似乎对有效论证为什么是有效的做出了说明，而且（至少就句子逻辑的情形而言）提供了测试有效性的简单程序。鉴于逻辑所能做的事情的异乎寻常的增加，很自然地就会认为，现代逻辑实际揭示出了世界的逻辑：它不只是一个将论证形式化的系统，而且还显示出了所有可能的有效论证的适当形式。因此，我们能理解何以会自然而然地认为，不能为这种逻辑所处理的东西就不会是真正有意义的。[1]

但我认为，维特根斯坦对外延性的承诺——坚持认为句子只能被真值函项地构造出来——还有更深的寓意。事实上，它似乎是

1 实际上，尽管拉姆齐（1923）提出了这种批驳，但他仍然得以将维特根斯坦的外延主义表述为"极为似真的"（拉姆齐1925a: 9）。

同他的整个体系不可分割的。甚至在他早年关于“形式”之意义的解释（*NL*: 104）中，我们就能看到它了——我们在第四章第六节和本章第二、四节已对此做过探讨。这种想法就是，需要决定下来的不过就是，哪些事实与句子系列具有“相同意思”、哪些具有“相反意思”，而由此便可确定哪些句子是真的、哪些句子是假的。我在第四章论证说，这种解释在《逻辑哲学论》中被拓展应用于基本句子的**所有**要素。结果就是，甚至基本句子的组成部分的意义也不过就是它们对于它们出现于其中的那些句子的真值的确定所做出的贡献。而这已经意味着，对于完整句具有根本重要性的，就是它是真的还是假的。

维特根斯坦的外延主义还在《逻辑哲学论》的如下这个基本 260
的形而上学承诺（尚未作为《逻辑哲学论》语言理论的推论加以说明的两个承诺之一）中显现了出来：

（T4）任何一个原子事实的存在都独立于任何别的原子事实的存在。

如果世界的逻辑是外延的，而且每个句子都是向基本句子连续应用真值函项的结果，便可由此推出，基本句子必定是逻辑上相互独立的。我们来假定有些基本句子并非逻辑上独立于所有其他基本句子的。这便意味着存在我在第一章第五节所称的**依赖性**事实，亦即具有如下形式的事实（这里的“p”和“q”可用基本句子替换）：

（D）它之作为p这种情形依赖于它之作为q这种情形。

正如第一章所指出的，如果相关的依赖关系在有些事实之间成立、在其他事实间不成立，那么，挑选出关于事实间的依赖的任何概念时，才是有意义的。但这意味着，两个事实之为事实，尚不足以确定它们之间是否存在依赖关系。而这意味着，与这两个事实对应的句子，在未确定它们之间是否有依赖关系的情况下，可同时**为真**。这意味着，关于这种依赖的那些**陈述**的真不可能只依赖于它们所由构成的那些句子的**真值**。这就是说，如果依赖要意指任何东西的话，则（D）本身不可能是真值函项的。由于维特根斯坦坚持认为，句子只能真值函项地出现于其他句子中，所以，（D）不可能是句子的一种合法形式，其中的“p”和“q”被替换为基本句子。因此，没有任何基本句子可依赖于其他基本句子。

如果基本句子是相互独立的，则它们的本体论对等物即原子
261 事实是相互独立的存在。这直接把（T4）给了我们。而且它还导向了最后一个未经说明的形而上学承诺。鉴于名字只有在句子中同其他名字连接在一起才具有意义（从而名字的对等物即对象，只有在同其他对象的组合中才能存在），（T4）便意味着下面这个论断也是真的：

（T1）构成世界的基本有机统一体是事实。

只有基本**句子**的对等物才是相互独立的。《逻辑哲学论》的全部形而上学，最终都要被看作不过是该著作的语言哲学和逻辑哲学所要

求的。

这表明，外延性是如何紧密地同《逻辑哲学论》中的形而上学联系在一起的。它在这部著作的最后崩溃中也起到了核心作用。从基本句子的逻辑独立性论题可以推出，如下两个句子中没有哪一个可合理地被视为基本的，无论"a"这个名字被当作指称什么东西：

（1）a整个是红的；

（2）a整个是蓝的。

因为（1）和（2）似乎明显是矛盾的。可是，尽管这意味着它们无法被当成基本句子，但依然不清楚的是，可为它们提供怎样的分析才能避免同样的难题在另一个点上再次出现。在试图说明"红"与"蓝"的逻辑关系时，维特根斯坦面临着严重的挑战。就在《逻辑哲学论》这本书里，他似乎认定了这一难题是可以解决的：

> 6.3751　例如，两个颜色出现在视域中的同一个位置，是不可能的而且是逻辑上不可能的，因为这种情况为颜色的逻辑结构所排除了。
>
> 我们来考虑这种矛盾如何在物理学中呈现出来。情况大致如下：一个粒子在同一时刻不可能有两种速度，也就是说，在同一时刻它不可能在两个位置，亦即，在同一时刻处在不同位置的粒子不可能是同一的。 262

（显然，两个基本命题的逻辑积，既不可能是重言式，也不可能是矛盾式。断定视域中的一个点在同一时刻有两种不同的颜色，构成一个矛盾。）

但这看起来不过是虚张声势：毕竟，如何才能说明，处于不同位置上的粒子如何逻辑上不可能在同一时刻是同一的？[1]维特根斯坦后来放弃了他此处赞同的观点；而这种放弃乃是他最终抛弃《逻辑哲学论》整个思想体系的开端。[2]

1 拉姆齐在他最初的评论（拉姆齐1923: 31）中提出了这一论点。

2 关于从这一点来阐明《逻辑哲学论》的解释，见哈克尔（1986：第五章）。主要的文本是《略论逻辑形式》和《哲学评论》（第八章）。

第六章

唯我论、唯心论与实在论

第一节　戏剧性的论断

我们在上一章最后一节看到，维特根斯坦摒弃了如“当今肤浅的心理学”（5.5241）所设想的关于主体或自我的观念。这让人想到，也许会有完全不同类型的主体或自我，它在哲学中扮演相当不同的角色。在某种意义上，这似乎正是维特根斯坦所想到的，尽管只要这么一说，便会招致争议。这一难题在如下评论中明确表达了出来：

> 事实上，唯我论所**意指**的东西是相当正确的，只是它不能被说出来，而只能显示自身。
>
> （5.62）

传统理解的唯我论，乃是这样的观点：只有自我存在，除了自我没有什么是实在的。不过，尚不清楚的是，这到底是维特根斯坦的观点，还是说，他恰恰也是——还得这么含含糊糊地说——出 264
于传统的因由论及了它。维特根斯坦这里似乎做出了三个不同的论断：

（i）"唯我论所**意指**的东西是相当正确的"；

（ii）"唯我论所**意指**的东西"不能被**说出来**；

（iii）"唯我论所**意指**的东西""显示自身"。

至少在开始的时候，我会尽可能从字面意义上看这些论断。接下来是要弄明白，维特根斯坦为什么会做出这些论断。这将会表明，他心里想到的是何种"唯我论"，而且也会揭示出《逻辑哲学论》整体上的一个特征。

在《逻辑哲学论》中，维特根斯坦对其称作"唯我论"的观点的讨论尽管非常简短，却可视作全书的精华。[1]在我刚刚引用的那段戏剧性的评论中，我们似乎已经看到了序言里提出的全书目标的实现：

> 可这样概括本书大意：凡可说者均可说清，凡不可妄言者，就须闭口不谈。
>
> （*TLP*, p. 27）

我前面曾经提出，该书可看作对康德形而上学进路的一个回应——尤其是对哲学真理乃是先天综合真理这一观点的回应。我们禁不住会把5.62的戏剧性论断视为从整个康德哲学所做的一次推进。

1 我怀疑这是彼得·沙利文的观点，见他的（1996）。

第二节　背　景

我们还是先出门采购点东西吧，一会儿用得着！唯我论是唯心论旗下的一个品牌。最简单地说，唯心论就是抵制实在论，而实在论呢，我们前面看过货了，不外乎是这样的：

> （R）就其自身而言，世界之性质完全独立于任何同关于 265
> 它的思想或表象相关的东西。

（R）涉及的是作为整体的世界的本性；因此它所表达的东西可称为“全球品牌的”（global）实在论。但也有一些更具地方特色的：要不要坚持认为，某个特定类型的对象、某个特定类型的事实，完全独立于思想或表象？

对（R）拿捏不定的，或者对关于某类特定对象或事实的相应主张犹豫不决的，都可称为**反实在论**立场。明确否定（R），主张世界——或相关类型的对象或事实——对思想或表象有**某种**依赖的人，可视作**唯心论者**。需要提醒一下，我这里对“唯心论”和“实在论”的使用带着某种规定的性质。就《逻辑哲学论》涉及的论题而言，其核心关切是，事物是否独立于思想和表象。但“唯心论”和“实在论”这些术语还有其他用法。比如，康德有时似乎拿“唯心论”（在康德［1787］中的那篇《驳斥唯心论》中）指**怀疑论**。而即便是在今天，“实在论”有时还被用来指一种反**怀疑论**立场：于是，在知觉哲学中，“素朴实在论”指的就是这种观点：我们按事物独立于我们的样子**知觉**它们。

在研究文献中，有两种形式的唯心论显得尤为重要。第一个是由贝克莱（1734）倡导的那种唯心论。他的唯心论关注可知觉的东西，并宣称，若没有被实际知觉到，可知觉的东西就无法存在。这有时被称作**经验**实在论（Williams 1981）。

还有一种不同的唯心论，它同康德及其后（包括各有不同的黑格尔和叔本华在内）的传统关联在一起。康德认为，尽管可感物并不依赖于实际被感知而**存在**，但它们的**本性**——或者至少我们可
266 对其具有知识的那种本性——是由可对它们具有经验的那些认知官能的本性所决定的。我们这里看到的是一种不同类型的唯心论：我们所知觉的东西的**本性**对某种与思想或表象有关的东西的依赖。这可称为先验唯心论，以同贝克莱（还有威廉姆斯［1981］）倡导的经验唯心论相对照。但是，若以这种方式使用“先验唯心论”这一术语，会造成混淆，因为它已经成为整个康德哲学的代名词，而不只是指其中的唯心论部分。

康德的唯心论（在拒绝［R］的意义上的）只涉及可知觉的东西——或者，更准确地说，只涉及我们对可知觉者所能理解的东西。但除此之外，康德还假定存在着这么一种方式，事物是以这种

方式自身存在的。（这里存在着一个阐释争议：我们这里所处理的是那些同样凭自身而存在的事物即可感事物呢，还是说，存在着特殊的、处在可感物背后的事物即物自体呢？这是关于康德的**一个世界阐释**和**两个世界阐释**之间的分歧，这里无须展开讨论。[1]）在康德看来，我们无法知道事物如何凭自身而存在。事物凭自身而存在的方式，完全独立于任何与思想或表象有关的东西。所以，就那些凭自身而存在的事物而论，康德是（R）意义上的坚定的实在论者。而“先验唯心论”就是康德如下总体立场的代名词：关于可被我们知觉的事物的（在拒绝［R］的意义上的）唯心论，加上关于凭自身存在的事物的（在［R］意义上的）实在论。

历史地看，唯心论乃是对怀疑论所做的一种回应。可以论证说，要是凭自身存在的世界太过严格地独立于思想或表象的话，我们便无从获得关于它的知识；所以，为避免得出我们无法得到关于世界的知识这一结论，有人就提议不要把世界当成严格独立于思想或表象的。而这么一来，唯心论的特征便是由怀疑论的特征所决定的了。贝克莱是想避免经验怀疑论，即这样的主张：我们无法获得 267
关于经验事实——我们认为可在知觉中得到的事实——的知识。康德是想避免关于可感世界之本质及其必然特征的怀疑论：于是他便假定，我们感兴趣的那些特征在某种程度上是由同思想或表象相关的东西所决定的。

那么，维特根斯坦在《逻辑哲学论》中所说的唯我论是怎样

1 在这一争论中，斯特劳森（1966）被视为“两个世界”理论家，而阿利森（1983）则代表了“一个世界”的阐释传统。

一种唯心论呢？我们无法通过询问他是对哪种怀疑论做出回应，来轻易地做出决定，因为在考虑他关于唯我论的观点之前，还弄不明白他在《逻辑哲学论》中对怀疑论有多大的兴趣。事实上，我们很自然地会认为，在他学术生涯的这一时刻，他对一般的认知论题关注得还很少。如果我们觉得他这里的主要关切是对罗素的观点做出回应的话，我们便会认为，《逻辑哲学论》中的唯我论更像是贝克莱的经验唯心论。因为罗素关注怀疑论的方式，同包括贝克莱在内的古典时期的经验论者的方式，是一样的。[1]这引导他将其形而上学体系建立在“感觉材料”的基础之上，而感觉材料乃是直接经验的对象，对它们的存在我们不可能弄错。

我觉得，这同《逻辑哲学论》的一般关切相去甚远。[2]就像我们在第一章所看到的，《逻辑哲学论》中的基本对象并不是其存在无法**被质疑的**对象，而是其存在是**必然的**对象。他所关注的不是将其自身作为实际存在呈现给我们的东西；而是世界的形式——每一**可能**世界所共有的东西。他的兴趣的一般定向——朝向可能的和必然的东西，而非实际被经验到的东西——表明他所关注的是一种康德式的，而非单纯贝克莱式的唯心论。而且《逻辑哲学论》中关于

1 见罗素：（1912：第一章）（1914）。

2 不过，在《笔记本》（比如3、45）中作为对象的例子举出的那些事物中，有着经验主义的传统考虑的痕迹。

唯我论的评论有很深的叔本华的影响的痕迹[1]，而叔本华显然是在康德的传统中工作的。

此外，在其一般哲学关切的核心处，立着一个康德式的问题。 268
他在《逻辑笔记》中这样写道：

> 我所写的所有东西，都围绕着这样一个重大的问题：是否**先天**存在世界的次序，如果有，它是什么？
>
> （*NB*: 53）

康德对这个问题给出了肯定回答，并因此被引向坚持认为存在先天综合真理。在这一论题（如此表述出来的）与《逻辑哲学论》中关于唯我论的讨论之间，有一种直接的关联。5.634的结尾是这样写的：

> 不存在先天的事物次序。[2]

所以，很自然地会把《逻辑哲学论》的唯我论看作论及康德

1 叔本华的主要著作以一个唯我论的陈述开篇（1818/1844: I, 3–5），这在《逻辑哲学论》及《笔记本》中关于这一论题的先期笔记中引起了强烈的反响。事实上，叔本华不仅为维特根斯坦关于唯我论的探讨而且也为他对人生的一般讨论（见后面第七章）提供了关键的背景。早先关于这一点的解读，参见佐（1999），更一般的论述见勒贾纳韦（1994）。

2 沙利文（1996: 203）强调这种关联的重要性。

之关切的一种唯心论形式。[1]在如下这个方面，也有同康德的相似性。康德关注可被认知的东西的界限：在他看来，知识受到使可被经验到的东西成为可理解的这种要求的限制。他认为，我们无法获知事物凭自身存在的方式；事物凭自身存在的方式超出了我们知识的界限。其理论目标是，在同可能经验相关的东西的界限之内重新确立形而上学作为严格科学的学科地位，并揭示出，任何超出这些界限做形而上学的企图都是不受约束的（实际上是悖谬性的）。维特根斯坦当然也关注思想（或其表达）的界限：

> 因此，本书要为思想——或者，不是为思想而是为思想之表达——划一个界限：因为要能为思想划界，我们须让界限的两边都可思（我们要能思考不可思的东西）。
>
> （*TLP*, p. 27）

269 而且，就像我们将在下一章里看到的，维特根斯坦还用这些界限来排除形而上学（尽管他比康德更为彻底，恰恰在于他拒不接受先天综合真理，而正是这一范畴在康德的理论中为科学的形而上学留下了空间）。此外，康德的理论很早便受到了批评，而这种批评的依据非常类似于我刚刚引用的《逻辑哲学论》序言中的那段评论所诉诸的依据。只有在至少能**谈论**和**思考**凭自身存在的事物的情

1 这大体上就是皮尔斯（1987：第七章）所得出的结论；如果这是对的话，那么，尽管有罗素偶尔做出的回应，他这里既赞同（“是完全正确的”）又排斥的（“是不可说的”）却不是罗素的那类命题。

况下，康德才能在向我们显现的事物（可知的）与凭自身存在的事物（不可知的）之间做出区分。因此，他便要求谈论和思考某种我们无法知道的事物（或者它存在的方式）是可能的。可是，并不能清楚地表明这是真正可理解的：认为我们只能指称或思考我们对之有**某种**知识的东西，是很自然的事情。如果这是对的，那么，即便是陈述康德的理论，也要求我们对（在他看来）不可知的东西具有某种知识，而这跟思考不可思的东西一样是有问题的。

我们可以利用这种康德式的背景，相当粗陋地勾勒出实在论和唯心论的可能形式，以便更好地了解维特根斯坦采纳的可能是哪种观点。（为什么称这种勾勒为“粗陋的”，一会儿就见分晓。）我们也可利用《逻辑哲学论》所呈现的通向思想的一般路径，用一种可引起直接的直觉共鸣的方式，来安排这些论题。在维特根斯坦看来，思考就是构造一幅实在的图像或模型（2.1、3、3.001）：思考即是表象。直观地看，表象可通过不同的媒介：绘画、音乐、写作等。我们会认为，用不同的媒介表象不同的事物，各有各的好。我们会认为，绘画对于表象色彩和形状特别好，而对于表象声音就差得多；相反，我们会认为，音乐对于表象某些情感意义、表象某些运动是好的，但对于表象（比如）色彩就差得多。如果我们这样来 270
想，自然就会怀疑，是否有些事物在某种媒介中根本就没法被表象出来——是否某个媒介实际上存在着表象盲点。[1]

如果我们可以一般地就表象媒介提出这个问题，似乎很自然地也可以就语言提出同样的问题。那么，我们就是在考虑这个

1 “盲点”的观念在《逻辑笔记》：100中被用到。

问题：

（Q）语言会有表象盲点吗？

乍看之下，这个问题要么有个肯定的答案，要么有个否定的答案。假定我们回答“是”。这样我们便有了一个与康德类似的关于表象的立场；而它面临着一个同样的问题。是否可能用语言说出语言是有表象盲点的？我们似乎能够区分开两种可能的立场：

（A1）语言可能具有表象盲点，而且这种可能性是可以陈述出来的；

（A2）语言可能具有表象盲点，但是这种可能性是不可以陈述出来的。

（A2）显然是一个悖谬性的立场；我们很快会回到这一论题。让我们同时来考虑另外一个貌似可能的回答：不，语言不可能有表象盲点。这个答案的给出，可能出于如下两个原因之一。我们可能会认为，事实上对表象不可能有任何实质性的约束：原则上任何东西都可在任何媒介中被表象出来，就因为对于表象如何朝向被表象的对象没有一般性的要求。假如我们接受这种回答，我们便不会假定（比如）在一种媒介的产品与可在那一媒介中表象出来的东西之间必定有某种形式上的相似性。可将这种回答表述如下：

271 （A3）语言不可能有表象盲点，因为对于什么东西可在任一给定媒介中被表象不存在任何约束。

这种立场会认为，原则上（比如）绘画可以表象声音，音乐可以表象色彩。

（A3）不可能是《逻辑哲学论》的立场，因为它恰恰坚持要对表象有很强的约束——要求模型同它所描绘的实在必须具有同样的形式。所以，我们会尤其对另外一种否定地回答（Q）的方式更感兴趣。这种立场认为，语言中不可能存在表象盲点，即便对于什么东西可在任一媒介中被表象出来都存在着有意义的约束。这里所要求的是，尽管对于什么是可陈述的有严格限制，也不存在任何本来是可能的，却又是不可陈述的东西。接下来，又会有这样的问题：为什么应该是这么回事儿？似乎有三种可采取的立场，我们可以表述如下：

（A4）语言不可能有表象盲点，因为语言就采纳实在的形式；

（A5）语言不可能有表象盲点，因为实在是由语言可描画的东西所决定的；

（A6）语言不可能有表象盲点，因为限制语言的东西也限制实在。

大致说来，（A4）是一种实在论立场——它将实在描述为独立于语言的，而将语言描述为被塑造成符合实在的。（A5）是一种唯心论立场——它将实在描述为受语言界限的限制的；实在并没有（比如）（R）所要求的那种相对于思想和表象的强健的独立性。而（A6）对于实在论和唯心论问题是中立的。但值得注意的一点是,（A4）不是对于（Q）的回答中唯一一个实在论立场。（A1）和（A2）看起来都是实在论立场（尽管［A2］是实在论的一个悖谬性
272 的形式），而（A3）肯定是和实在论相容的。只不过，在所有这些认为对（Q）的回答是“不”，同时又坚持认为对可在任一媒介中被表象的东西存在着有意义的约束的立场中,（A4）是仅有的一个毫不含糊的实在论立场。

对我们拥有的这些可选项的粗陋勾勒，就到这里。现在我们来考虑一下这些五花八门的立场如何纷纷落入悖论的陷阱，以便对这种粗陋性提出质疑。我已经指出,（A2）是悖谬性的：无法被融贯地陈述出来。即便如此，我们还会认为它是真的：毕竟，我们把对于绘画和音乐如此简单易懂的思想运用到语言时是正当的，并接着发现，由于我们借以展开工作的这种媒介——哲学总是关乎语言的——的偶然特征，我们正密切关注的这一真理本身，被证明就处在一个关键的盲点上。（A2）力邀我们接受这种想法：有不可陈述、不可表达、无以言表的真理。

可是，一旦我们开始引入更多的假定，悖论便会威胁到更多貌似可能的立场。设想我们接受或可表述如下的这个假定：

（SC）仅当是否p是偶然的，陈述p才是可能的。

这至少看起来非常接近于维特根斯坦为表达没有图像可描画自身形式的主张而需要做出的假定之一（2.172—2.174）。而且它还是

经常被归于维特根斯坦的两极性原则（见第三章第四节）的近亲。[1]而且它似乎被清晰地表达在5.634中：

我们可以描述的任何东西，都可以是别种样子的。

接下来，假定我们接受（SC）。再假定我们接受如下这个熟悉的模态原则：

（S5）若p是可能的，则p是可能的是必然的。

就像我们所看到的，有很强的理由认为维特根斯坦承诺下了（S5） 273
（见第一章第四节）。（SC）和（S5）组成悖谬的一对。这两个都是关于可能之事的（未达成的）陈述；（SC）要求，要使这些陈述成为陈述，可能之事必定只是偶然可能的；但（S5）却说，可能之事并非偶然可能的。而且，由这对假定构成的悖论，还影响到了所有对（Q）的貌似可理解的回答，因为（Q）本身以及所有对它的回答都涉及可能之事。

如果回到维特根斯坦理论中那些似乎更为基本的假定，我们可以构造出类似的难题来。设想我们接受如下假定：

1　然而，请注意，这里并不包含对两极性原则作为适用于所有命题的原则的承诺：（SC）只是一条关于可被陈述（可被断定、描述或图示）的东西的原则。重言式不被算作陈述。

（SP）只有p是可能的，陈述p才是可能的。

这是所有对（Q）回答“不”的那些方式所共同断定的如下命题的逆命题：

（PS）仅当陈述p是可能的，p才是可能的。

现在设想我们接受如下这个进一步的假定：

（SPN）仅当陈述非p是可能的，陈述p才是可能的。

（SPN）和（SP）加在一起蕴涵（SC）——我们已经看到，这是很自然地要归于维特根斯坦的。维特根斯坦还承诺了如下的进一步假定：

（SPP）仅当陈述p是可能的，才可能陈述p是可能的。[1]

（SP）（SPN）和（SPP）加在一起，促使对（Q）的每一否定

1 很自然会将这一假定视作只不过是要求在《逻辑笔记》中的如下评论所要求的东西（我们在第一章第四节和第五章第六节已对它做过考察）：

当我们说A判断如此这般时，我们不得不提到A所判断的一个完整命题。仅仅提及他的成分，或者，提及它的成分和形式却没有按照正确的次序，都是不行的。这表明，一个命题本身必须出现在被判断的一个陈述中；不过，比如“非p”就可以这样加以说明：关于是什么被否定了的问题必定是有意义的。（*NL*: 94）

回答都宣布自己是不可陈述的。这是因为，对（Q）的每一否定回答都说某种东西是不可能的，而（SP）（SPN）和（SPP）加在一起蕴涵，实际不可能的东西无法被说成是不可能的。因为，仅当我们可以陈述p是可能的，我们才能陈述p是不可能的（根据［SPN］和双重否定排除）。现在假定所涉及的“p”是不可能的，就像我们若否定地回答（Q）便会认为的那样。这意味着，就所涉及的“p”来说，我们无法陈述p（根据SP）。因此，我们无法陈述p是不可能的。 274

此外，这样一种推理，也会迫使接受对（Q）的否定回答的人将（A1）和（A2）当成不可陈述的。因为，若我们无法陈述p是不可能的，那我们也就无法陈述p是可能的（根据［SPN］）。而（A1）和（A2）恰恰说（或者试图说）某事是可能的。由此可推知,（A2）无论如何都是悖谬的，而且我们会认为，若我们觉得正确答案是“不”，同时又坚持《逻辑哲学论》中的图像论的几个核心假定的话，则所有对（Q）的回答都是悖谬的。此外,《逻辑哲学论》本身似乎也不得不对（Q）给出回答“不”：它无法提供关于具有某个盲点的语言的观念，因为图像论恰恰主张语言的形式和世界的形式是相同的。所以,《逻辑哲学论》似乎不得不坚持认为，对（Q）的任何可能的回答都是悖谬性的。

这暴露出某位应对康德式立场的人会面对的不确定性，即便是在刚开始想要勾勒出看似可能的选项的时候。如果说《逻辑哲学论》中至少有某些核心假定是错误的话，那么，我前面所写下的只是对一系列可能立场的一个融贯的呈现。我本人的倾向是接受（A1）或（A3），而否定作为图像论核心内容的、在可能的与可陈述的之间画等号。可是，要对这两个选项做辩护，可不太容易。就（A1）来说，我们需要让如下这一点令人信服：我们可以在原则上无需提供实例并实际陈述出一个盲点的情况下，做出关于**存在着**一
275 个盲点的陈述。而根据探究量化的量词-变项路径，这确实是很困难的。[1]按这一路径，说存在着属于某个确定类别的一个事物，就是说，存在一个x，使得x是这个类别的一个成员。而这里的“x”要么是某种可由相关事物的一个名字所替代的东西，要么就是其本身可暂且代替该事物的一个名字行事的某种东西。因此，根据探究量化的量词-变项路径，在不假定原则上可提及某种类别的一个事物的情况下，我们就无法说存在着属于这个类别的**某个事物**。另一方面，采纳（A3）似乎就是要展现出某种英雄气概：它似乎要求我们否定关于表象之界限的明显事实。

接下来，我将这样继续下去：仿佛《逻辑哲学论》的关键假定是错误的，而对于（Q）的融贯回答是可以表述出来的。这将容许我们继续保留我所勾勒出的这一系列回答。想要（实际）坚持《逻辑哲学论》的相关假定的人，将不得不把接下来的论述视为只是要呈现一种融贯解释的表面现象——这种解释的表面融贯性暂时可资依赖，直到我们得以充满自信地抛弃整个这条路径。

1　戴蒙德（2000）和麦金（2007：第十一章）似乎将这看作《逻辑哲学论》难以陈述唯我论的根源：不过，如果说正是（A4）（A5）和（A6）代表了由《逻辑哲学论》中关于语言的一般解释——句子乃是模型——所确定的立场的话，那么，我们认为这一说法必定是错误的。

第三节 “唯我论所意指的东西是完全正确的”

我们正试图理解如下这个关键评论：

> 事实上，唯我论所意指的东西是完全正确的，只是它无法被说出来，而只能显示自身。
>
> （5.62）

这句话是作为对如下这个明显更为重要的论断的评论而出现的：

> 5.6 **我的语言的界限**意味着我的世界的界限。

那么，我该如何理解这一论断呢？ 276

首先，我们需要做些澄清。5.6中的被译作“意味着”的那个词——“bedeuten”——的标准译法就是，要么译成“意味着”，要么译成“指称”。[1]但我们不应该设想维特根斯坦这里是想表明，在我的语言的“界限”与我的世界的“界限”之间存在着某种技术性**语义**关系，这种关系平行于我的语言的**要素**（名字）与世界的**要素**（对象）之间的那种关系。我们这里可以把它翻译为“表象”（“represent”）、“指示”（“indicate”）——甚或是，“决定”（“determine”）。奇怪的（但或许并不那么重要的）是，维特根斯坦这里就是没有写“是”（“are”）：毕竟，图像论的核心论断就是，在“界限”的相关意义上，世界的界限和语言的界限是**一样的**。世界的界限就是可能之事的界限：说到底，它们就是对象的可能组合的界限。而在维特根斯坦看来，这些界限同符号的可能组合的界限是一样的。

不过，5.6的论点是什么呢？更具体地说，维特根斯坦为什么要强调“我的语言的界限”这个短语呢？或许，并不是强调“我的”——我怎么就被包含在了世界的界限中——因为“我的”出现在“我的世界的界限”这一短语中时，并没有被强调。做这种强调的核心之点，必定是要突出正是**语言**指明了、表象了——甚或决定了——世界的界限。当然，这是对处于图像论核心的同型同构关系的一种反映。而它之出现于关于唯我论的解释的开头，我们已经承诺了对问题（Q）回答“不”的诸方式之一，亦即承诺了（A4）或（A5）或（A6）。

5.61重申了这一点，并由此得出一个结论：

---

1 不过，还是请注意《逻辑哲学论》5.62用的是一个不同的德语词“meint”：该词接近于日常英语中的“mean”和“intend”（这个词可以意指believe）。

逻辑充满世界：世界的界限也是它的界限。

因此，在逻辑中不能说：世界中有这个这个，没有那个。

因为这显然假定我们排除了某些可能性，但不会是这种 277
情况，因为否则的话逻辑必须去到世界之外，亦即，除非它也可以从另一端考虑这些界限。

这里似乎既断定了对（Q）的一个否定回答，又断定了这一回答是不可说的，其理由可根据（SC）或者（SPN）和（SPP）予以充分把握。

可是，5.6和5.61对**语言**的强调，并没有把我们带向某种特别具有唯我论意味的东西：5.6用了“我的”一词，但并没有予以强调；5.61则从“我的世界”转成了“这个世界”。为得到某种看似真正的唯我论的东西，我们需要找到“**这个**世界”与“**我的**世界”的某种等同。对于这一点的论证出现在5.62的最后一段：

世界是**我的**世界，这在如下事实中自行显示出来：语言（我所理解的［唯一的］语言）的界限意味着**我的**世界的界限。

但这一论证会是什么？我这里对奥格登的这段译文做了修正，

以使之读起来像维特根斯坦显然希望的那样（Lewy 1967: 419）。[1]一旦翻译对了，就完全弄不清楚维特根斯坦心里所想的论证究竟是什么。在下面两节里我将考虑两种可选的建议。

1　在1922年的版本中，奥格登将这一段落译作：

> That the world is my world, shows itself in the fact that the limits of the language (the language which only I understand) mean the limits of my world.

这种译法将跟《哲学研究》第一部分 §243所考虑的那种私人语言没有什么不同的某种形式的"私人语言"赋予了维特根斯坦，这便使得这一段落完全可用来为我们所熟悉的（大致是贝克莱似的）唯我论形式做论证。但这显然并不是维特根斯坦的想法。正如列维的注释所表明的，1922年版本的译法是完全错误的，而且，《逻辑哲学论》没有任何一个地方表明它关注于某种仅限于单个主体的思想的语言。

第四节 “世界是我的世界”——一种康德式的进路

“语言（我所理解的［唯一的］语言）的界限意味着**我的**世界的界限”这种想法，如何能为我们提供认为“世界是我的世界”的理由呢？一种提议是，我们可通过将其同康德的一个著名思想相提并论，来把握这一论证。[1]在关于范畴的先验演绎的最难的一个段落中，康德坚持认为：

> **我思**必须**能够**伴随我的所有那些表象；否则的话，…… 278
> ［它们］要么是不可能的，要么至少对我而言什么也不是。[2]

如果我们可以在某个表象之并非“对我而言什么也不是”与“我思”伴随着它之间保持一定的逻辑距离的话，那么，我们便可以此为基础来论证如下主张：这个世界在它是**一个为我的世界**的意

---

1 关于这种意见，参见沙利文（1996）。

2 康德（1787: B131–32）。

义上，是“我的世界”。此外，如果我们确实可以使用这种康德式的思想的话，我们也会希望能够理解为什么这一论证用的是第一人称：康德的“我思”本质上乃是“纯粹统觉”——**非经验的**自我意识——的产物；它是想利用第一人称与其他人称之间的不对称性。（粗略地说，这种思想就是，当我说“我认为夏天来了”——不同于当我说“她认为夏天来了”——我这样做，并不是因为我观察我的行为并就它所显示的我的心灵状态做出判断。）

要本着康德这段被认为激活了维特根斯坦文本的论述之精神，来确切表达一个论证，不是一件容易的事情；我将提供一个或许可以接近这一想法的办法。首先来考虑任意选定的某个事实。鉴于维特根斯坦坚持认为语言形式和世界形式是一样的，所以原则上没有任何一个事实是不可表达的。那我们就接受这个任选的事实是可表达的，并称之为该事实p（the fact that p）。当然，正确表达一个事实的方式是用这样一个句子：

（F）发生的事情是p。

这样，一个广义康德式论证的核心内容便可表达如下：

（K1）可以看出（F）是有意思的；

（K2）若可以看出（F）是有意思的，则存在着一个人（我），对这个人而言，它是有意思的；所以，

（K3）存在着一个人（我），对这个人而言，（F）是有意思的。

鉴于（F）中表达的事实是任意选定的——世界中的任何事 279
实均可——而且所用的这种表达方式也是纲要式的（它使用变项“p”，而不是任何特殊的句子），所以，事情似乎就是这样的：若这一论证有效，它便表明，关于世界可说或可思的任何东西，都在某种意义上，要求某个主体（“我”）的存在。这里的困难是，如何去说明，我们为什么接受（K2），以及在步骤（K2）和（K3）中把“我”放在括号里为什么是合适的。

（F）是一个句子（或者一个句子记号）。所以，论证中用到的“有意思的”（“make sense”）只是意指“具有意思”（“have sense”），即是说，像句子那样具有意义。关键是要追问（K1）做出的是怎样的论断。尤其是，**如何**能看出（F）是有意思的？就在这个节骨眼上，这种广义康德式论证求助了这一想法：我们正处理的这种语言乃是“我所理解的［唯一的］语言”。这让我们得以将这一情形同下面这个句子的情形相对照：

> （L）可以看出“生灵皆有眼泪，亦终有一死，这实在令人伤怀”（“sunt lacrimae rerum et mentem mortalia tangunt”）是有意思的。

（L）中所断定的真理，只能由某位既懂英文又懂拉丁文的人做出权威性的确认；我们剩下来的这些人只能凭相信接受它，或者将其真当作是读出这句话的拉丁学者的同情叹息的最好说明。可是，就（F）的情形而言，维特根斯坦不大可能想到这种“凭相信而接受”，或者想到这种经验假设，因为我们本该考虑的是“我所理解的［唯一的］语言”（5.62）因此,（实例化的）（F）必定是“我”所理解的某种语言中的一个句子，而要是这样的话,（K1）便断定了一个与我们大多数人听到（L）中所断言的完全不同的真理。它是关于“看出”某物有意思的某种特别的方式的一个真理，按这种方式，我们每个人都能够“看出”我们自己语言中的一个句子是有意思的。这不那么自然地被描述为一个观察报告：我们并未
280 **注意到**我们语言中的一个句子是有意思的；它也不是关于任何观察行为的最好说明。毋宁说，我们**弄懂了**它。

这让我们得以确定“我”是谁，亦即，确定了“谁的世界”是“我的世界”。这个“我”就是读到这个作为（F）的实例的句子的每一个人——假定这个句子以每一个人的语言写出来。而这里的每一个阅读者都是一个真正的“我”，因为每个阅读者都把这个句子当成“我自己的”语言中的句子来阅读。说每个阅读者都把这个句子当成“我自己的”语言中的句子来阅读，就等于说，每个阅读者都**弄懂了**这句话——而不只是**观察**这个句子遵守某些规则，或者，凭相信**接受**这个（用外文写成的）句子是有意思的，或者，将这个句子的意思作为对某些行为现象的**说明**。

若这样来理解5.62最后一段的论证，我们就能看出，它何以特别用到第一人称：我们可以理解维特根斯坦为什么在这里使用“我的”一词。若对所有步骤中关于“可以看出”的阐释做统一的限定，上述论证就明显是有效的。但这个论证可靠吗？所有前提均为真吗？对于用我们所理解的某种语言写下的（F）的一个实例,（K1）都将是真的。而这么一来，便可赋予“它可被看出”一种非常特殊的阐释——一种排除通过观察或证言得来的知识的阐释。那

么，根据关于“它可被看出”的这种阐释，(K2)是真的吗？当然，对于一个实际**被看出**是有意思的句子来说，按这种阐释，必定存在着某个人——事实上就是“我”——**弄懂了**它。可是，一个句子可以未**被看出**是有意思的吗？——在没有任何人弄懂它的情况下，它难道不可以是有意思的吗？尚不清楚，仅凭弄懂一个句子的意思这个观念，是不是可以弥合这道鸿沟。这是因为，还不清楚，**弄懂**一个句子的**意思**和**使**这个句子**具有**意思，是不是一回事情。但这一问题似乎并不那么严重，因为我们自然而然地就会认为，除非有某个人（“我”）赋予其以意思（或者，无论如何，当它出现在别的句子中时赋予其成分以意义，以使得它出现于其中的每一句子具有意思），否则的话，没有任何句子会具有意思。

那么，所有这些又如何同**世界**相联系呢？如何借此显示**世界** 281
是我的世界——而不单单“我所理解的［唯一］语言”是我的语言？这种关联可借如下想法做出来：

> (WL)由可（被我）看出是有意思的句子所描述的不多不少就是世界（不多不少就是实际的事实）。

维特根斯坦后来以如下方式表达了这一想法：

> 当我们说，并**意指**，如此这般是发生的事情时，我们——以及我们的意指活动——并没有停留在任何够不着事实的地方；我们意指：**这—是—如此**。
>
> (*PI*: I, § 95)

在《逻辑哲学论》的文本中，是这样表达出来的：

> 2.1511　这样，图像便同实在联系起来；它触及实在。

我们不禁会认为，如此理解的（WL）乃是5.6的关键点。（WL）的想法就是：在弄懂一个句子的意思时——在那个句子让我觉得是有意思的，一如只有某个人自己的语言中的一个句子可让她觉得是有意思的时——我是在考虑实在世界的一种不多不少、真正可能的配置。即便是为了弄懂一个句子的意思，也要求存在一个实在世界，它是**为我的**世界，亦即这个意义上的“我的世界”。

隐藏在5.62最后一段背后的就是这样一个论证吗？很难为这一论断提供令人信服的理由。这一论证所表明的不过就是，这个世界是一个为我的世界。它是这个意义上的**我的**世界——但并不是在为我所独有的意义上。这一论证也没有任何明显的倾向表明，世界在某种意义上**依赖于**我，而这是任何形式的唯我论所要求的。尽管如此，它确实为第一人称的引入提供了某种依据。

282 或可这么认为，缺席的唯心论可由这么一条可能会和（WL）相混淆、事实上却相当不同的原则来补充。这条原则可表达如下：

> （LW）除了由可（被我）看出是有意思的句子所描述的东西之外，世界中再也没有更多的东西了（再也没有更多的实在事实了）。

或许可以认为，（LW）是从下面这种想法中得来的：语言（甚至是我所理解的唯一的语言）的形式和世界的形式是一样的。这么一来，便可将整个推理过程看成是这样的：（WL）表明我的语言所描述的不多不少就是实在的世界；接着，语言的形式和世界的形式是一样的这个论点被引入进来，并借助于（LW）表明，我的语言所描述的世界依赖于我的语言——从而在一种比仅仅是**为我的**世界更强的意义上被当作**我的**世界。

（LW）确实是从语言的形式和世界的形式是一样的这个论点得来的。但其本身并不是一条唯心论原则，而且不能被用于表明，在必不可少的唯心论的意义上，实在世界是**我的**世界。回顾一下我们在第二节所提出的问题：

> （Q）语言会有表象盲点吗？

（LW）同如下**所有**这些回答这一问题的方式相一致：

> （A4）语言不可能有表象盲点，因为语言就采纳实在的形式；
>
> （A5）语言不可能有表象盲点，因为实在是由语言可描画的东西所决定的；
>
> （A6）语言不可能有表象盲点，因为限制语言的东西也限制实在。

这些中间只有（A5）是唯心论的。

然而，我们会觉得，支持另一个也是广义康德精神的论证的 283

材料，可从维特根斯坦别的早期著述中找到。我已多次提醒大家注意如下这种关于“形式”之意义的让人印象深刻的解释：

> 我现在做如下规定以确定“xRy”的意思：就“xRy”而言，若事实表现为“x”的意义处在同“y”的意义的R关系中，我就说事实同命题“xRy”“具有同样的意思”；反之，就“具有相反的意思”；这么一来，我就**通过**将它们区分为具有相同意思的和具有相反意思的，而将事实与符号“xRy”关联起来。
>
> （*NL*: 104）

我在第四章第六节论证说，我们应将维特根斯坦理解为想把这种解释一般化，以将它应用于基本句子的所有元素。我在那里指出，在《逻辑哲学论》时期，维特根斯坦已经抛弃了暗含于《逻辑笔记》这段话中的如下假定：确定意义的主体，对于这样一些事实有一种独立于任何语言的接近途径。但我认为，对于我们目前的关切来说，这段话的关键论点可在没有这一假定的情况下予以坚持。就我们当下的目的而言，维特根斯坦的主张的关键在于对“**通过**”的强调：这里的假定似乎是，在那些具有“相同意思”的事实之间——或者，在那些具有“相反意思”的事实之间——没有（或不需要有）任何**在先的**相似性。这里实际发生的事情似乎是，存在着某个任意的程序，来确定哪些事实可当作是使一个句子系列为真的、哪些事实可当作使之为假的。这似乎使得与同一个符号相关联的那些事物之间的相似性，依赖于任意的决定。接下来，要假定在确定什么可算作一个事物时需要涉及这样一个过程，就没有多大意义了。也就是说，这段话可这样加以解读：它鼓励我们把世界的形式——对其构成对象以及它们的可能组合模式的识别——视为不过 284
是语言之语法的某种投影而已。[1]

看得出来，这种观点也是康德式的：我们把语言的结构原原本本地投影到世界上，以创造一个我们可以描述的世界。我们可以描述的这个世界，是一个语言的世界，而且显然至少是依赖于用语言对它进行描述的可能性的。而我们立刻就会遇到我们在第二节中所考虑的那种以明显的康德式的形式出现的盲点难题。这种新-康德式理论甚至无法让自己被确切地表达出来，因为它无法容许任何不是语言世界的世界可被描述，所以，它也无法容许这个语言的世界，按照若这种新-康德式理论本身可被陈述出来它就必须是的那种方式，同凭其自身而存在的世界相对照。如果这便是维特根斯坦在谈到“唯我论”时心里想到的观点的话，也就难怪他会说它是不可说的。

看起来，这种阐释确实抓住了维特根斯坦思想中的某种东西。

1 这同波特（2000: 64–66）的意见相差不太多。不过，波特将自我对“从死记号向活符号”的转变的介入当成一步完成的介入，正是这种介入将我们带向了世界，而我则将这种“从死记号向活符号”的转变当作第一步，还需要从符号到世界的第二步；而且，关键在于，恰恰是第二步在这里起着作用。或许，我们之间就如何把握《逻辑哲学论》中记号与符号之分存在着分歧。波特将记号视作“句法的要素”（2000: 164），而我则认为句法是随着符号而出现的。关于这些论题，参见本书第四章第三节以及约翰逊（2007b）。同这里以及波特所表达的这种更带有一般性的观点相类似的观点，也由沙利文（1996: 210–211）和麦克吉尼斯（2002c）表达出来。

而且请注意，它是和维特根斯坦关于世界的根本构成、对象的本性等所说的那些明显实在论的东西相容的。自这一论题出现以来，我一直想着表明《逻辑哲学论》的形而上学同实在论与唯心论的形式上的相容性（例如，第一章第六节；第二章第六节；第四章第二节）。这里，我们可以简要描述一下作为一种唯心论形式的形而上学。假如我们谈论的这个世界就是一个语言的世界，其存在有赖于它之作为语言之语法的对等物被投影，那么，我们便可将《逻辑哲学论》的这个形而上学画卷概要性地描述如下：语言之语法要求世界作为其基本有机统一体乃是事实的世界被投影——但是，事实是偶然的，而它们的依赖性的构成部分，即对象，必然地存在着，而且为所有可设想的事物提供共同的形式。

285 维特根斯坦似乎确实为这幅新－康德式的图景所吸引，即便他随后便被迫迅速抹去了同凭自身而存在的世界——只有凭据这一世界，这幅图景才是有意思的——的对照。而这幅图景确实弄清楚了5.62最后一段的论证的某些特征。例如，我们弄懂了以第一人称提出论点的用意，并得到了关于维特根斯坦为什么会诉诸“我所理解的［唯一］语言”这样的表达式来做出论证的一个说明。我们假定某个人提出如下反对意见：

> 这固然很好；它容许**我**所谈论的这个世界是**我的**语言的世界，但这并不足以表明**这个**世界就是我的语言的世界。因为可能存在由**其他**人说的语言，而我不理解——实际上不可能理解——它们。每一种这样的语言都有其自身的世界，而其中每一个世界都像我的世界一样，迫切要求成为**这个**世界。

如上反对意见所提出的这种构想，是维特根斯坦的观点业已排除掉的。因为，要承认存在着我无法理解的其他语言，便是承认存在着这样一些排列事物的方式，它们不同于我可以弄懂的那些事物借以进行排列的方式：也就是说，它假定我可以明明白白地弄懂我无法弄懂的那些可能性。而这似乎已经被作为《逻辑哲学论》语言观之核心内容的相同－形式假定排除了。这一点已经在文本中由最后导向5.62的著名论断的一系列论述明确地提出来了——而这可是非同小可啊。[1]

尽管如此，这种阐释似乎并没有抓住5.62中令人困惑的隐晦部分的论证中所发生的一切。首先，尽管它非常清楚地解释了为什么“唯我论”是不可说的——当然，就像前面第二节所澄清的那样，这一结论被《逻辑哲学论》的中心假定过度地决定了——但它对于弄懂维特根斯坦如下这个进一步的论断并没有多大帮助：唯我论所意指的东西显示自身。事实上，远非唯我论在这个世界上简单 286
地“显示自身”，而宁可说，这个世界显然对这一问题是中立的。至此，这种新－康德式的观点至少看起来像是一个在先的偏见，它只是形塑一条通往主体的进路，但尚未对其做出明确的辩护。

这种新－康德式进路所欠缺的另一点在于任何这样的东西，它需要特别诉诸第一人称单数，准确地说，诉诸“我”。所需要的似乎是将一种语言结构投影到世界上，而这无疑要求意志的某种动

1　也很重要的一点是，对于这里代表维特根斯坦所概括出的反驳的回应，乃是戴维森反对概念相对性的论证（Davidson 1984b）所造成的反响：就像我们在第四章第二节的注释8中所看到的，维特根斯坦的相同－形式假定就相当于彻底翻译（RI）的中立性的假定，而这一假定在背后支撑着戴维森的论证。

作。然而，不清楚的是，这个意志为什么需要是**我的**。我们可以提供同属于一般的新康德主义的一个可选的社群主义版本。[1]按这种可选的解释，这个语言的世界依赖于语言，但对于我们每个人来说，它是**随**语言一**起**被发现的。对每个人来说，学会一种语言，就是灌输进去一种文化——可称之为一种教化——于是便有了我们的语言的世界。[2]但是，对我们每一个人来说，这一语言的世界已经在那儿了，就像语言本身已经在那儿了一样。这个世界不是**我的**世界：它不依赖于**我**。毋宁说，它依赖于语言本身，依赖于存在着这样一个社群，它用这种语言构造出一个可被我们言说的世界。至多可以说，它是**我们的**世界。

以上这两点——关于唯我论所意指的东西“显示自身”的思想缺乏说明、所提出的论证不能为对单一主体的依赖提供辩护——可以归到一起：完全不是说有这么一种意义，在这种意义上，我所谈论的世界，自身呈现为被**我**决定的世界。我们说一种语言的实际经验，总是关于带着某种被给予我们的框架进行工作的经验：我准确使用的那些词并不让我觉得是我的——它们是英语词（就我的情形而言）——而且我一直清楚，不是由我决定如何将它们应用于世界。唯有把握了关于我们同世界之关系的彻底个人主义图式的某个人，才会认为我们每个人决定她本人的语言。

287 最后，尽管这种康德式阐释在维特根斯坦思想内部是协调的，

1 这种社群主义的新康德主义有时被归于后期维特根斯坦：参见，比如，威廉姆斯（1981）；里尔（1984）。

2 见麦克道威尔（1994：第五讲）。

但它并未真正弄懂维特根斯坦对“我所理解的［唯一］语言”这一短语的用法。这一阐释所需要的是这种思想：不存在任何我**无法**理解的语言。但维特根斯坦这里提供给我们的，却是一种不同的思想：只存在我可以理解的唯一一种语言。

第五节 “世界是我的世界”——一种笛卡尔式的论证

如果我们想要弄懂唯我论所意指的东西“显示自身”这一思想，想要赋予第一人称单数以适当的角色，并且想要提供某种理由来坚持认为只存在我能理解的唯一的语言的话，我觉得我们需要到别处看一看。我认为，我们需要求助于通常似乎在《逻辑哲学论》中没有什么位置，却隐藏在关于唯我论的传统讨论背后的那些考虑。[1]作为开始我们的探讨的一条路径，请考虑陈述处于《逻辑哲学论》中心的相同-形式假定的如下这种方式：

（SF）可在（我的）语言中被描述的东西同可在世界中发生的事情是一样的。

就像《逻辑哲学论》中的大多数理论一样，（SF）本身在实在论和唯心论之间是中立的。那我们就来问：是什么将关于（SF）

---

1 包括叔本华的，见他的（1818/44: I, 3–5）。

的实在论解读与唯心论解读区分开了呢？大致说来，如果我们从世界开始，并问：“（我的）语言如何描述它？”我们便得到一个实在论的版本。若沿着这个方向行进，并提出（SF）作为对这个问题的回答，我们似乎就承诺了某种形式的实在论。要不，我从语言开始，并问：“我的语言所描述的如何可以是这个世界？”如果我们用（SF）回答**这**一问题，我们似乎就被引到了某种形式的唯心论。由于维特根斯坦说“唯我论所意指的是完全正确的”，所以，他似乎在某种意义上是从（我的）语言“开始”的。那么，这种“开 288
始”是怎么回事，维特根斯坦如何为从（我的）语言“开始”做辩护呢？

关于第一人称的让人印象深刻的事情是，它在**认知上**是与之不同的：“我在思考”具有一种与“她在思考”“你在思考”，甚至“有一种思考在进行中”不同的认知地位。如果我们真的要在这一论证中赋予第一人称以重要的角色的话，很难想到还有什么比如下建议更合适的了：所谈到的这种“开始”是一种**认知的**开始，而尽管有《逻辑哲学论》的一般外观和要旨，维特根斯坦还是受到了避免怀疑论——认识论的怀疑论——的关切的激发的。事实上，我已经求助于认知考虑来重构一个论证，以证明如下这个结论：在它是一个**为我的**世界的意义上，这个世界是“我的”世界——这其中的一个关键点就是，在我和我本人的语言之间，存在着一种特别的认知关系。就我本人的语言来说，我并不是通过检查一个句子是否符合某个规范，或者假定它之有意义乃是对某些现象的最佳说明，来发现这个句子是有意义的。就我本人的语言中的一个句子来说，发现它是有意义的乃是最直接的事儿：我们通过**弄懂**它的意思来发现它**具有**意思。

这种直接性赋予我以接近我本人的语言的特权。与此相关，我本人的语言也以一种独特的方式**呈现于**我。传统笛卡尔主义依据不可**怀疑**的东西并以一种特殊的方式对这种特权做了刻画。如果我们仿效上一节考虑的康德式路径，则可将这一论断表达如下：我无法怀疑我本人语言的有意义性。这一论断有道理吗？我似乎**可以**怀疑我本人语言的有意义性：我的语言在我看来似乎不过就是噪音。但是，当我认为我可以怀疑我本人语言的有意义性时，我似乎需要在某个地方能够对这种语言是否有意义表示好奇。我需要不知怎么就能沉思或想象这种语言并不具有意义的可能性。

289 当然，在维特根斯坦看来，这种沉思或想象必定涉及在我们心灵中构造模型或图像，而这些模型或图像本身至少在如下这个方面和句子是类似的：无论它们可能具有别的什么形式，它们还都具有逻辑形式，亦即句子的形式（见 *TLP*: 3）。所以，我怀疑我本人语言的有意义性的明显能力，似乎是有赖于我并不质疑我为了提出这些怀疑而构建的图像或模型的有意义性。但是，在这个节骨眼上，对只存在我所理解的唯一一种语言（“我所理解的［唯一］语言”）的坚持，显现出了一种新的意义。如果我在心里构造的所有图像或模型真的只属于**一种**语言，则确实存在着某种东西——我所理解的唯一语言——我无法设想如何去质疑它的有意义性。这便是具有非常特别的认知地位的一种东西。

到现在为止，我们都在根据我本人语言的**有意义性**来展开讨论。这是因为我们在仿效上一节考虑的康德式路径，而对于这一路径很重要的一点是，所做的论证至少得确立下来实在世界是一个为我的世界。为了使实在世界成为为我的世界，我们似乎需要这样的思想：不仅我的语言的**句法**是井然有序的，而且它的符号与世界有实际的关联。可是，如果维特根斯坦在《逻辑哲学论》中真正关注的确实是实在的根本性质，而不是实际发生的事情——关注于**可能的**而不是实际的东西——的话，那么，重要的就不是完全的有意义性了。对于这种关切而言，真正重要的就是我本人语言的**句法**。假如维特根斯坦关注的是世界的**形式**而不是事实，那么，我们所要求具有特别的认知地位的，就只是我的语言**在句法上**井然有序了。要让我无法质疑的关键的东西就是，我本人语言似乎准许的那些组合可能性是不是真正的组合可能性。而且，假定句法良构性具有这种地位，并不比假定有意义性具有这种地位更难：不是通过任何一种 290
观察，也不是作为关于行为的任何说明的一部分，我便可以确定我本人语言中的某个句子是不是良构的。有理由认为，我无法质疑我本人语言中的那些符号——包括我心里构造出的每一个表象——实际上就是符号，而不只是僵死的记号、纯粹的标记和声音。[1]

1 关于这种对照，参见第四章第三节。在那一节里我论证说，按《逻辑哲学论》的正式观点，原则上，句法之确立（从而符号的本性原则上也可以被固定下来）是独立于赋予符号以意义的那些同世界的关联的。不赞同我的论点的人会认为，尽管只有句法的良构性对于接下来的论证是重要的，但是我的句子只是在向我呈现为有意义的时——在我理解它们时——才向我呈现为是句法上良构的。重要的是，那些倾向于怀疑可独立于意义赋予而确立句法的人，有时也会倾向于提出类似于应对维特根斯坦唯我论的康德式路径的东西（我们在上一节里考虑了这种情况）（参见，比如，波特［2000: 164–166］）。我想补充的一点是，将本节的论证转换为一个涉及有意义性而非句法良构性的论证，是一件没有多大意义的事情，尽管对第六章第四节的那个论证做逆转换远非那么容易的事儿。

接下来，假定认知安全是维特根斯坦看重的东西——即便像我所承认的那样，认知安全似乎并不一般地作为《逻辑哲学论》的主要关切之一。再进一步假定，他尤其看重的，是我对于我本人语言的句法良构性的那份信心的认知安全。这样的话，我们就可以设想他关注于其他事物——尤其是关于世界之形式的信念——的认知安全。我们可以设想他做如下推理：我可以对我的语言——包括我的所有思想和想象的语言——的句法良构性有信心，但我怎么才能对世界的形式有信心呢？我怎么才能对看似可能的、在实在世界中实际是真正可能的东西有信心呢？如果这便是维特根斯坦的关切的话，那么他所要做的便是找到理由来认为，我对于我所理解的唯一语言的组合可能性的不可动摇的信念，为我对于世界中与之相关联的那些可能性的实在性有同样的信心，提供了依据。[1]而这样一种理由似乎只有根据如下这种关于我的语言与世界之关系的唯心论构想来提供：

（LWI）我的语言的句法**决定了**世界中什么是可能的。

1　值得指出的是，事实上，这种考虑最终会将某种至少接近于完全有意义性（而不只是单纯的句法良构性）的东西带回来。因为，如果我的语言是句法良构的，那么我的语言中的每一种组合可能性都同实在世界中的组合可能性相一致。可是，实在世界中的组合可能性就是作为世界终极成分的实在对象的组合可能性。所以，如果我的语言恰好是句法良构的，那么在它和世界中的对象之间必定存在某种可能的匹配。而这可能被认为至少接近于这种想法：只要我的语言是句法良构的，它便必定是完全有意义的。这是同6.51中的我觉得是维特根斯坦对一般怀疑论的回应关联在一起的（见后面第七章第四节）。

或许会有人认为，这种唯心论观点，严格说来并不是维特根斯坦（按目前这种设想）要寻求的那种信心所要求的；而真正被要 291
求的乃是，语言和世界之间的差别缩小到足以防止它们之间的同型同构出现任何失败。所以，我们可能会转而提出如下这种实在论选项：

> （LWR）我的语言的句法是由世界中可能的东西**所决定的**。

但这种实在论选项似乎削弱了我对我的语言的句法良构性的信心——或者，至少在我看来似乎是这样。因为，假如（LWR）为真，世界之形式便是严格独立于我的语言之句法的。要使这种独立性得到准确理解，我们似乎必须赞同这种可能性：一种语言的句法可能（对于操这种语言的人来说）**似乎**是井然有序的，即便事实上并不是，即是说，在一个操这种语言的人看来，她似乎在处理符号，而实际上她不过在处理僵死的记号。为充分重视（LWR）所要求的世界的独立性，我们似乎必须持有这样的想法：我本人关于句法合法性的判断，并不是我的语言之句法事实上是否井然有序的可靠向导。要是我坚持认为，我本人语言的句法良构性对我而言的那种**怀疑**豁免权乃是我本人语言的组合**可能性**的合适向导的话，那我便需要从另一个方向缩小语言和世界之间的差别。我们无法将世界置于原地，并迫使语言接近它——因为那样做会冒着让它越来越不值得相信的风险。相反，我们得把世界拉近**语言**，而让我关于句法良构性的判断的不可怀疑性完好无损。就是说，我们必须采纳

（LWI），而不是（LWR）。

说到现在，只是提供了这么一条理由，让我们据以偏向于缩小我的语言与世界之距离的唯心论的而不是实在论的方式——**要是**
292 我们还想保留我们对关于句法良构性的判断的信心的话。就是说，缩短我的语言和世界之距离的唯心论方式，给了我们所需的**慰藉**。这么一来，采纳唯心论的一个理由就是，它是令人舒适的。但这些考虑会被认为提供了对这种唯心论构想的更为直接，却不那么诚实的论证。可将这一论证呈现如下：

（C1）如果我关于我本人语言的句法良构性的判断并非不可错的，它就可能是错误的（对我的信心而言）；

（C2）如果我关于我本人语言的句法良构性的判断可能是错误的，我就应该怀疑它；

（C3）如果我应该怀疑我关于我本人语言的句法良构性的判断，我就可以怀疑它（考虑到，"应该"一般地蕴涵"可以"）；可是

（C4）我无法怀疑我关于我本人语言的句法良构性的判断；因此

（C5）我关于我本人语言的句法良构性的判断必定是不可错的；可是

（C6）假如实在论是真的，我关于我本人语言的句法良构性的判断就不是不可错的；因此

（C7）实在论不是真的。

我初步的意见是，类似于这样的论证激活了5.62的最后一段。它可能不是在这种关于唯我论的讨论中起作用的唯一论题——第四节考虑的那种新－康德式的构想，可能是维特根斯坦心中想到的东西的一部分——但看起来，这种笛卡尔式论证中所诉求的这些更为狭窄的认知考虑在维特根斯坦的思想中起到了某种作用。即便如此，这种意见也只是暂时性的，因为这种论证所依赖的，是似乎与《逻辑哲学论》的主体内容不相干的认知考虑。

提出对5.62的论证做出不同的重构的另一层原因是，我们想弄懂维特根斯坦关于唯我论“显示自身”的论断。回顾一下，维特 293
根斯坦并不只是说“唯我论所意指的”无法说出来，而且进一步说“它显示自身”。这会是什么意思？在《逻辑哲学论》中，显示这个概念的自然应用是在形式这个概念上面。因此，他做了关于图像或模型的如下这个著名论断：

> 2.172　然而，图像无法表象其表象形式；它将它显示出来。

关于句子：

> 命题显示实在的逻辑形式。
>
> 它们展现它。
>
> （4.121）

可是，不能相信5.62中显示这个概念是直接应用于形式概念上的。“唯我论所意指的”不可能是世界的形式，因为世界的形式在唯我论和实在论之间是中立的：世界的形式乃是对象所拥有的组合可能性系列；而唯我论则是关于是什么**决定了**这一可能性系列的论断。

那么，维特根斯坦用“显示”这个词意指的是什么呢？他何以能认为唯我论所意指的东西“显示自身”呢？值得指出的是，“显示”这一术语是在文本的下一段中被用在我们一直试图理解的这个论证中的：

> 世界是**我的**世界，这在如下事实中自行显示出来：语言（我所理解的［唯一的］语言）的界限意味着**我的**世界的界限。
>
> （5.62）

如果这一论证是——或者以某种方式涉及——我所给出的广
294 义笛卡尔式（C）论证，那么，我们便可对唯我论“显示自身”这个论断做出一种特殊的阐释。其内容如下：按（C）论证的思想，世界的形式对我来说是明显的，恰如我本人语言中的句子的句法合法性对我是明显的。这样，（C）论证便对世界形式**显示**自身的说法提出了如下理解：我无法**怀疑**世界的形式就像它似乎所是的那样（看起来的可能性，事实上，就是真正的可能性）。进一步说，如果我们把（C）论证归于维特根斯坦，我们便认为他在论证中接受了这个前提：

> （C2）如果我关于我本人语言的句法良构性的判断可能是错的，我就应该怀疑它。

这一前提，加上我**无法**怀疑我本人语言的句法良构性这个事实，再加上世界之形式和语言之形式是一样的这个假定，就直接**蕴涵着**：我既不能够**怀疑**世界的形式，又实际上**不可能弄错**它。因此，我们可能会假定，鉴于（C2），我对世界之形式的不可错性，**显示**自身；亦即，一如关于我本人语言的句法良构性对我是显而易见的，这种不可错性对我也是显而易见的。但是，根据（C）论证，这种不可错性是由于世界依赖于我；亦即，是由于世界在为唯我论所要求的那种意义上，是**我的**世界。一旦推理被这样做出来，我们便可断言“唯我论所意指的东西”——世界的形式依赖于我可当成符号的可能组合的某种东西——**显示**自身，也就是说，一旦所有联系都建立起来了，它就像我本人语言的句法良构性那样，对我是显而易见的。

所以，（C）论证提出了一种解释，来说明维特根斯坦为什么觉得能够断言唯我论“显示自身”。但是，这至少像把（C）论证本身归于维特根斯坦那样，是充满争议的：它把**显示**概念弄成了具有强烈的认知色彩的——实际上，笛卡尔色彩的——概念。而我们 295
时常觉得，这个概念根本上就不是认知性的——或者，至少不像这样是认知性的。

我们被带到了哪里呢？首先，在我看来，尽管我们对于我本人语言的有意义性或句法良构性的信心的第一人称性质具有这样一些根源，它们同我们可在康德关于“我思”必定伴随我的所有表象的思想中找到的那些根源是类似的，但这一论证中却存在着这么一个方面，它是朝着另一个方向展开的。康德式的（K）论证所能做到的，不外乎是表明，这个世界是一个**为我的**世界。我们所需要的，是某种认为世界**依赖于我**的理由。有这么一个依然是广义康德式路径的选项——我称之为新康德主义的一种形式——似乎确实提供了一种合适的唯心论观点。但这一选项似乎没有给第一人称单数（“我”）以特别的位置，而且很难看出有什么理由相信它——而这意味着很难看出唯我论所意指的东西可被说成是“显示自身”的。我考虑的最后一个论证——（C）论证——似乎在如下意义上将世界表现为**我的**世界：这种意义既支持一种明显的唯心论立场，又赋予了第一人称单数以实质性的角色。此外，（C）论证还提供了一种理解唯我论如何可被视为“显示自身”的方式。遗憾地是，这种（C）论证将维特根斯坦的“唯我论”，像大多数唯心论一样，看作对某种形式的怀疑论的回应：在维特根斯坦的情形中，是关于符号的可能组合的明显界限是不是实在中可能之事的界限的向导的怀疑论。这种对认知的强调，在作为一个整体的《逻辑哲学论》中似乎并没有什么位置，而这让它对维特根斯坦的贡献至少变得不那么确定了。

为缓解这种不确定性，有必要指出，认知考虑确实在《逻辑哲学论》中起到了某种作用——或许还是比有时所承认的更大的作用。就像在前一章里所看到的，当维特根斯坦将**显示**这个概念同逻辑联系起来使用时，我们似乎不得不接受在这一概念中有**某种**认知的**东西**：他似乎一直希望——不带任何夸张地——逻辑在如下这种
296 特定的意义上是可决定的：每一逻辑真理，均可借助一个机械程序

中的有限步骤被表明是真的（见第五章第五节）。而这种希望显然是同关于**形式**的特别显见性的观点联系在一起的——至少是在一套适当的记号法中。我们还将在下一节中看到，认知考虑在维特根斯坦对关于主体“不属于世界”（5.631）的论断的论证中起到了某种作用。此外，维特根斯坦确实在本书最后几页（6.51）里明确论及了怀疑论，就像我们将在第七章第四节中会看到的那样。最后还可以加上一点：在《逻辑哲学论》从中选编而来的《笔记本》中，关于唯我论的讨论是从关于人生之意义的更一般的考虑（其在《逻辑哲学论》中的转变将在下一章里加以探讨）中生发出来的。这种关于人生之意义的一般考虑，从一种认知忧虑开始：

> 关于上帝和人生目的，我知道些什么？
>
> 我知道这个世界存在。
>
> 我被置于其中，正如我的眼睛在视域之中。
>
> （*NB*: 72–73）

（这种关于眼睛与视域的意象在5.633中被再次唤起；我们将在下一节做更详细的考察。）因此，有多种理由认为，维特根斯坦的唯我论是同认知论题关联在一起的。尽管如此，还是难以完全确信，5.62的论证实际就是如我前面给出的（C）论证那样的认知论证。

（C）论证本身是可信的吗？它确实是有效的，但它是可靠的吗？就像许多为反实在论结论所做的认知论证一样，其弱点可追溯到一个独特的笛卡尔式前提。在这一情形中，关键的假定是

（C2），在那里，错误的可能性被视为提供了进行怀疑的责任。这恰恰就是实在论传统上所否认的：即便（我们都知道）我们会弄
297 错，但怀疑某种东西可能是没有道理的，因而是不对的。在这种情况下，一名实在论者可以接受我们会在我们语言的句法良构性上犯错误，但否认这一点意味着我们应当（或可以）悬搁关于其良构性的判断：当然，我们的判断**可能**是错误的，但这并不能阻止我们致力于做出它们。

第六节　唯我论、实在论与主体

维特根斯坦似乎承诺了这种强唯心论观点：世界的本性依赖于我。他随后做出了两个似乎与之相冲突的论断：

> （NS）思考着、表现着的主体；没有这种东西。
>
> （5.631）
>
> （SR）严格贯彻的唯我论同纯粹实在论是一致的。
>
> （5.64）

他为什么做出这些论断？关键点似乎是这个：

> 5.632　主体不属于世界，倒是世界的一个界限。

但这里维特根斯坦心中似乎想到了一个理由来认为，主体不“属于”世界，这个世界独立于关于主体是世界的“界限”的思想，而且或许还是这一思想的依据。这一推理似乎是从5.631的第二段得来的。

就像关于唯我论的多数讨论一样，这一段的推理并不是一目了然的。但它似乎依赖于一种思考，这种思考和我在上一节暂且提出的对5.62论证的（C）重构一样，是强认知性的。根据对5.62论证的（C）重构，维特根斯坦在那里所依赖的，根本上是一个笛卡
298 尔式假定。5.631的第二段为主体不属于世界这一论断提出了一个论证，这一论证也有点笛卡尔的味道。那一段的关键之点是：

> 要是我写这样一本书："我所发现的世界"……在这本书里唯一**不能**提及的就是主体。

维特根斯坦心里想到的似乎是类似如下认知论证的东西：

> （E1）世界中仅有的事物就是我可以发现的事物；
> （E2）我无法发现我自己；所以
> （E3）我自己不是世界中的一个事物。

这里的"发现"一词的意思一定类似于：**在经验中遇到**。

这一论证显然是有效的：但它的两个前提都是真的吗?（E1）确实很奇怪，而我们在其他一些语境中自然会拒绝它。为什么世界不能包含我无法发现的事物呢？——比如在我出生以前就停止存在的事物。我们至少可以排除其中的有些事物，要是我们可将注意力只集中在像《逻辑哲学论》中的形而上学对象那样必然存在的事物上的话。而且可以很自然地认为，我们可以这样做，而不会在自我

的本性问题上以未决的假定做论证的前提。理由是，很难看出，在维特根斯坦想到的这种意义上，主体如何可能只是一个偶然的——在“偶然的”一词的任何日常含义上——存在物，要是它也决定了世界的根本性质的话。再者，如果我们把《逻辑哲学论》中的唯我论理解为包含着笛卡尔式假定的话——就像（C）论证所做的那样——（E1）就变得极为自然了：对我可以发现的事物的限制，似乎就不再成其为一种限制了。

这么一来,（E1）似乎就是可否定的了，尽管并不是说它同《逻辑哲学论》的唯我论完全不相干。这可能看起来像是对休谟在那段著名的话中对自己无力在经验中找到他自己的回应，但我觉得其出处更直接地是在康德那里（而且最终是在笛卡尔那里）。我以 299
为，关键之点是我们在第四节特别指出的，即我对我自己作为**我自己**的意识并不是经验性的：它并非得自观察我说“夏天来了”的行为（要说这里包含着任何观察的话，那是对天气的观察）。这表明，我是以一种不同于意识到其他事物的方式意识到我自己的——至少是以一种不同于意识到我在世界中遇到的大部分对象的方式。

可是，它是不是也表明了我并没有**同时也**以我可以意识到经验对象的方式意识到我自己，就像（E2）所要求的那样？维特根斯坦似乎认为是这样的。他考虑了这个给人深刻印象的对比：

> 你说，这情形恰似眼睛和视野的关系。但你并未真正看见眼睛。
>
> 而且从**视野中的**任何东西都不能推出结论说，它是由一只眼睛看见的。
>
> （5.633）

这里的第一句话所提到的这个对比，似乎非常贴切，而且会对维特根斯坦的观点造成困扰。我们无需任何帮助就可以看到别人的眼睛。而如果有一面镜子，我也可以看见我的眼睛。同样，某个人可以在一面镜子中看她自己，或者在商店橱窗里无意间看到了她自己。表面上看，某人可以像借助这种方式获得关于另一个人的心灵状态的知识一样，获得关于她自己的心灵状态的知识——以同样的方式，通过对行为进行观察。

这是在5.633的最后两句话中实际被否定了的东西：维特根斯坦主张“你并未真正看见眼睛”。但这为什么不是明显虚假的呢？回答一定是，在看见（别人的或镜子中我自己的）眼睛时，这只眼睛之呈现给你，并不像你在看别的事物时你本人的眼睛（作为视域的**焦点**）那样呈现给你。但是，只有当同一个事物被认为不可能既作为你本人视域的焦点又作为视觉的对象时，这才能用来支持维特
300 根斯坦的主张。遗憾的是，这恰恰就是问题之所在。同样，我非经验地呈现给我自己这一事实，并不表明，同一个东西——我、主体——无法成为（我自己的或另一个人的）经验观察的对象，除非我就是假定，同一个东西不可能既非经验地呈现（给我自己），又作为经验观察的对象。但这恰恰又是前提（E2）中所涉及的问题。

这么一来，甚至对于接受维特根斯坦的唯我论的人来说，（E2）都是可以被否认的。所以，这一论证看起来是不可靠的，而且，它之不可靠，同笛卡尔《沉思集》（*Meditations*）中关于自我的完全相似的论证之不可靠，是一样的。[1]这里似乎有一条探究自我的强认

1　见笛卡尔（1641: II和VI）。

知路径在起作用——即便我们仍难以决定是否对5.62的论证采取这一路径。

有趣的是，维特根斯坦似乎可以有一个更简单的论证，这个论证可以更直接得自他的唯我论。这是因为，若唯我论为真，主体似乎就一定在某种特别的意义上是世界的“界限”。首先，让人不大明白的是，作为世界的界限为什么会妨碍主体“属于”世界？毕竟，基本句子中的名字所指称的简单对象可被当成是世界的界限：它们构成世界的实体（2.021），从而决定什么是可能的。但我们得慎重对待这么一层意思，就这层意思来说，《逻辑哲学论》形而上学中的每一对象都可声称是世界的一个界限。只不过是这么一种情况：作为其本质的一部分，每一对象都拥有以某些确定的方式同其他对象进行组合的可能性；而这些组合可能性构成了世界的基本形式。实际上，其中每一对象都是对世界之形式的这种集体－决定的**贡献者**之一。然而，若唯我论为真，主体便在一种更宏大的意义上是世界的界限：可为主体所把握的东西，一次性地决定每一种可能性。主体的作用完全不同于对象的作用，每一对象仅包含其自身的 301
组合可能性。这似乎要求自我以一种不同于对象的方式出现在《逻辑哲学论》的场景中。因此，主体并不“属于”世界：就像维特根斯坦所提出的，它乃是**形而上的**主体（5.633、5.641）。

可是，就因为它不属于**世界**，为什么又会推出，正如（NS）所宣称的，不存在像形而上自我这样的东西呢？可将这一推理表达如下。假定我们宣称：

（1）存在着像主体这样的一种东西。

按《逻辑哲学论》的语言观，像所有句子一样，这个句子要为真，只能靠《逻辑哲学论》形而上学中的基本对象以某种方式被组合起来。至多有两种可能性。一个明显的可能性是这个主体是复合的：它是《逻辑哲学论》式对象的一种组合。而（1）可分析为这样的论断：某些对象适合于这样进行组合。另一种明显的可能性是这一主体本身就是一个《逻辑哲学论》式对象，而（1）凭借如下这样一个式子的真而为真：

（2）Fa & a＝这个主体

这里的“a”是一个《逻辑哲学论》式对象的名字。但是，第一，这个主体不可能是复合的。毕竟，维特根斯坦坚持认为：

一个复合的灵魂就不成其为灵魂了。

（5.5421）

而且，一个复合的主体只能偶然地存在（因为将它看作复合的就是认为它是元素的一种组合，而这些元素有可能并未组合在一起——我们看到2.021中就用到了这种推理），而我们已经看到形而上主体不可能在任何日常的意义上是偶然的。第二，我们刚刚看到，形
302 而上主体也不可能是属于世界的那些对象中的一个。因此，（1）似乎不可能是真的：确实不存在像形而上主体这样一种东西。

当然，假如不存在像形而上主体这样一种东西，要表述唯我论就有些困难：

唯我论中的我收缩成一个无广延的点，只留下与之相应的实在。

（5.64）

而这是关于唯我论与实在论相一致的论断（SR）的直接根据。不过，值得注意的是，维特根斯坦这里所提供的并不是对实在论的赞同。实在论并非主张实在世界存在的理论：它（大致）主张，世界的根本性质独立于任何主体。如果我们无法谈论任何严格意义上的主体（这是5.631—5.633的论证想要表明的），我们也就像无法表述唯我论一样，无法表述实在论。

也许会有人觉得，维特根斯坦这里使了个伎俩来躲过他貌似会陷入的矛盾。我们看到，他在某种程度上赞成唯我论："事实上，唯我论所意指的东西是完全正确的。"（5.62）而且，就像前面所指出的，有人认为，如果从字面上看《逻辑哲学论》开篇段落（1—2.063）的形而上学的话，维特根斯坦在那里确实承诺了一种实在论。[1]这么一来，我们或可认为，他落入了难堪的自相矛盾，而且他还要被指责为想通过拒绝承认对立双方的实质主张来逃避矛盾。

维特根斯坦这里确实陷入了某种自相矛盾，但并不是上面所说的这种。就像我们已经看到的，《逻辑哲学论》的形而上学本身对于实在论与唯心论问题是中立的（参见第一章第六节）。这种形而上学只是由于坚持世界的形式同语言的形式是相同的——再加上几条关于语言形式的补充假定——而得到的结果。相同-形式假定

1　比如皮尔斯，他实际上将6.54看作是对实在论的某种认同（1987: 188）。

给我们留下了三种立场（我们在本章第一节做了区分）：

303 （A4）语言不可能有表象盲点，因为语言就采纳实在的形式；

（A5）语言不可能有表象盲点，因为实在是由语言可描画的东西所决定的；

（A6）语言不可能有表象盲点，因为限制语言的东西也限制实在。

如我们前面所看到的，（A4）是实在论的；（A5）是唯心论的；（A6）在二者之间是中立的。其中的任何一个都可以被接受下来，而不会与赞同本书开篇的强形而上学立场和句子作为实在的模型的构想发生冲突。

所以，我们不应该认为，维特根斯坦是在逃避他对唯我论和实在论二者的自相矛盾的承诺，因为他从未承诺过实在论。他的不一致仅在于这个事实：他既陈述（且论证）了唯我论，又坚持认为它是不可陈述的。而困难不仅涉及这个论点，而且涉及他得出这个论点的理由。我们看到维特根斯坦坚持认为，不存在“思考着、表现着的主体”（5.631），而这促使他否认唯我论与实在论之间的对比的可陈述性（5.64）。但他紧接着写下了如下评论：

5.641　因此，哲学上确实可以在一种意义上谈到非心理学的我。

这似乎同它本该建立于其上的那些评论直接相矛盾。尚不清楚这些难题能否得到解决，但至少可通过考虑维特根斯坦关于唯我论所意指的东西“无法被说出来”的论断所面临的难题，来澄清它们。我们下面就转向这些难题。

304 第七节 唯我论与不可说的东西

我们现在能对这样一些论题做些总结了，它们是由如下这个作为维特根斯坦对唯我论的处理的核心内容的悖谬性论断所引出的：

> 事实上，唯我论所**意指**的东西是相当正确的，只是无法被**说出来**，而只能自行显示出来。
>
> （5.62）

我们用了许多办法，来阐释维特根斯坦（在5.62接下来的一段里）对“唯我论所**意指**的东西是相当正确的”这一结论所做的论证。确切地说，它为什么不能被说出来？事实上，唯我论——至少《逻辑哲学论》中的唯我论——的不可说性是由多种因素决定的。

我们刚才已经看到认为唯我论不可说的一个原因。为陈述唯我论，我们需要谈论主体——（根据唯我论）世界的可能性依赖于主体理解句子的能力。可我们看到，主体必须是“形而上”主体——某种不属于世界的东西。而且，“形而上”主体是无法被谈论的。

不过，认为唯我论不可说，还有一个更一般的理由。就算是要描述唯我论（不管是接受还是拒绝），我们也不只是得谈论**主体**：我们得有能力沉思作为**界限**的世界之界限。进一步说，我们需要考虑这些界限得以确定的各种方式，而这似乎要求我们沉思这些界限是别种样子的可能性。但这是维特根斯坦关于语言和逻辑的构想所排斥的。诸多原因我们在前面第二节中都详细分析过了；它们在维特根斯坦文本中如下这个段落中被隐喻性地总结出来：

> 5.61　逻辑充满世界：世界的界限也是它的界限。
>
> 因此，在逻辑中不能说：世界中有这个这个，没有那个。
>
> 因为这显然假定我们排除了某些可能性，但不会是这种情况，因为否则的话逻辑必须去到世界之外；亦即，除非它也可以从另一端考虑这些界限。 305
>
> 我们无法思考我们无法思考的东西：因此，我们无法**说**我们无法思考的东西。

维特根斯坦接着又写道：

> 这个评论为唯我论在多大程度上是一个真理的问题提供了一把钥匙。
>
> （5.62）

尽管编码提示我们，这里说的“这个评论”严格说来是指5.6而不是5.61，但必定是通过5.61的第三和第四段，我们才得以理解5.6何以提供了唯我论在多大程度上是一个真理的问题的一把钥匙。这把钥匙就是，唯我论要求我们沉思——从而陈述——某种不可沉思或陈述的东西。这当然意味着，严格说来唯我论也是不可**否认**的；从而也意味着，严格说来实在论是不可沉思或陈述的，而这便为我们提供了（SR），亦即唯我论与实在论——就可陈述的而言——之间的一致性论断。

这两条通往唯我论的不可陈述性的路径，反映在了维特根斯坦在5.6331中所画的关于视域的示意图的两处错误中。一个错误是，这幅图将这只眼睛描绘成出现在视域中的：（在维特根斯坦看来）这就像认为主体属于世界的那种错误。另一个错误是，这幅图沿着视域的范围画了一条线，从而标示出了它的界限之外的一个区域：（在维特根斯坦看来）这就像试图沉思不可能之事的那种错误——这种错误在5.61的第三段被强调出来。通向唯我论的不可言
306 说性的第一条路径，依赖于主体的特殊性质：就是它之为“形而上”主体。然而，第二条路径仅仅依赖于语言图像论的核心主张，即语言的形式与世界的形式是相同的。这样的话，它便同对第二节里所提的如下问题回答“不”的那种理论所提供的那种特殊理由有关了：

（Q）语言会有表象盲点吗？

维特根斯坦将唯我论当成最终不可说的东西来处理，这表现

出了一种对于由康德式哲学进路所提出的一整套论题的探究方式。根据这种探究方式，康德本人的先验唯心论，也像整个系列的更带有实在论和唯心论色彩的立场一样，将成为不可说的。《逻辑哲学论》似乎对我们自己想要持有的那些立场，做出了一种特别精巧的回应。但重要的是要看到，对这些康德式的论题的探究，不只是利用了五花八门的形而上学立场——我们可能会被要求就它们做出选择——之间的内在不融贯性。它极其倚重于《逻辑哲学论》所提出的语言哲学（以及关于主体的那些有争议的假定——或许包括［C2］在内）。关键的前提是，语言和世界具有相同的形式，而且在（完全分析了的）语言中符号的组合可能性，与世界中对象的组合可能性是一样的。这一假定迫使我们在对（Q）的（A4）（A5）和（A6）这几个回答中选择一个，而这些回答使任何宏大的形而上学立场都成为不可陈述的。不过，若放弃相同–形式假定，我们便可以在如下这些立场中选一个：

（A1）语言可能具有表象盲点，而且这种可能性是可以陈述出来的；

（A2）语言可能具有表象盲点，但是这种可能性是不可以陈述出来的；

（A3）语言不可能有表象盲点，因为对于什么东西可在任 307
一给定媒介中被表象不存在任何约束。

这其中只有（A2）让宏大的形而上学看起来是不可陈述的（虽然是出于同维特根斯坦在5.61中提出的——尽管有表面相似性

的——根本不同的原因）。

此外，维特根斯坦的回应表面上的精巧，又被两件事情弄得有点复杂化了。首先，存在着这样的事实：在就连为这一立场——不可能沉思不可能之事——做论证都要求他做他自己论证为不可能之事的情况下，他仍为自己的立场做论证。其次，存在着我们在上一节末尾提到的那个奇怪的评论：在5.641中，他似乎认为，存在着一种——在哲学中——谈论形而上主体的方式。

就是在这类论题上，对《逻辑哲学论》关于唯我论的处理的阐释出现了分歧。我一开始便评论说，5.62的戏剧性论断似乎让维特根斯坦担负了如下三样东西：

（ⅰ）“唯我论所**意指**的东西是相当正确的”；

（ⅱ）“唯我论所**意指**的东西”不能被**说出来**；

（ⅲ）“唯我论所**意指**的东西”“显示自身”。

在《逻辑哲学论》中被更为一般地赋予“显示”的那种自然理解的语境中，（ⅲ）是令人生奇的；但超出这一语境，它便不会提出特别的难题了。主要的分歧存在于如下两类阐释之间：那些将维特根斯坦理解为不顾（ⅱ）而真正断定（ⅰ）的阐释，与那些认为他由于（ⅱ）而不断定（ⅰ）的那些阐释。[1]还有这么一些人，他们

1　我将阿德里安·摩尔（摩尔：[1985]、[1992]、[2003]）归在认为维特根斯坦承诺了（Ⅰ）的那些人一边。我把麦克吉尼斯（2002d）和沙利文（1996）、（2003）归在另一边。

认为维特根斯坦是某种唯心论者，以及这么一些人，他们认为在（ⅱ）中他得以避免在唯心论与实在论论题上做出任何承诺，而且实际上成功地消解了这一难题。我本人倾向于这些观点中的前者：我认为维特根斯坦毫不含糊地，即便是悖谬性地，**既**承诺了（ⅰ）**又**承诺了（ⅱ）。另有人会认为，有一种办法，将他理解为在此处 308
避免了悖论。

总体而言，关于唯我论的讨论具有双重意义。第一，它似乎明确将《逻辑哲学论》向后同带着实在论和唯心论大问题的康德传统联系起来了。我们在这几节里所持的立场，影响到我们对整部《逻辑哲学论》的理解。第二，这是《逻辑哲学论》的悖论最明显地现身的地方之一——全书末尾涉及做哲学的一般困难时，再遇见它已是后话了。这里我们看到，维特根斯坦明确说了——或者似乎说了——他由此宣布为不可说的东西。就唯我论的情形而言，这种悖谬性似乎尤其明目张胆，而（在我看来）又没有妨碍维特根斯坦说悖谬性东西的热情。在下一章里，我们将更为详细地考察他处理悖谬性的方法；这将帮助我们决定，在我上面区分出的、处理唯我论的两条一般路径中选择哪一条。

第七章

309

形而上学、伦理学与哲学的界限

第一节　关于形而上学之可能性的难题

大卫·休谟的《人类理智研究》以这段著名的话结尾：

> 如果我们相信这些原则，那我在巡行各个图书馆时，将有如何大的破坏呢？如果我们手里拿起一本书来，例如神学书或经院哲学书，那我们就可以问，**其中包含这数和量方面的任何抽象推论吗？**没有。**其中包含着关于实在事实和存在的任何经验的推论吗？**没有。那么我们就可以把它投在烈火里，因为它所包含的没有别的，只有诡辩和幻想。
>
> （Hume 1777: Ⅻ, ⅲ）[1]

在一篇深受《逻辑哲学论》影响的论文的第二段中，鲁道夫·卡尔纳普写道：

1　译文采自关文运译本，商务印书馆，2007年，第145页。——译者注

> 在形而上学领域，包括所有关于价值哲学与规范理论，逻辑分析都将得出否定性的结论：这一领域内所宣称的那些陈述完全是没有意义的。
>
> （Carnap 1956: 60–61）

310 而为了不让任何人心生疑虑，卡尔纳普坚持认为：

> 在说所谓的形而上学陈述是没有意义的时候，我们是想在最严格的意义上使用这个词。
>
> （Carnap 1956: 61）

那些将休谟引向他的结论的“原则”，也构成了卡尔纳普的结论的基础。休谟坚持认为，所有知识要么属于“解证”（“demonstration”）的范围，要么涉及“实在事实”：这便是被称作“休谟之叉”的原则。卡尔纳普认为，所有陈述要么是（ⅰ）“仅凭它们的形式而为真的”，（ⅱ）作为这些陈述的反面（因而是自相矛盾的），要么是（ⅲ）经验陈述（真的或假的）。（Carnap 1956: 76）由于卡尔纳普的前两类陈述属于休谟视为“解证”的范围，所以卡尔纳普显然承诺了非常类似于休谟之叉的东西。就是因为形而上学陈述不在两类可能陈述的范围之内，休谟和卡尔纳普才将它们作为“诡辩和幻想”或者纯粹没有意义的东西加以摈弃。

休谟和卡尔纳普这里所排除的是康德称作先天综合判断的那类陈述，而在后者看来，这类陈述对于数学和哲学都是至关重要的。广义上说，休谟的“解证”范围，同康德算作“分析的”——

即是说，非综合的——那类真理（连同对分析真理的否定）是一致的；而且他坚持认为，有关实在事实和存在的真理只能通过经验——后天地——被知道。我们已经看到，维特根斯坦也拒斥先天综合真理的可能性。所以，他拒斥形而上学，一点也不奇怪。而当这种拒斥被扩大到（像卡尔纳普一样）包括伦理学时，也没有什么可奇怪的（休谟只是将道德视作不是理性的合适对象）。但是，维特根斯坦对形而上学的拒斥，有着与休谟和卡尔纳普大为不同的特点：他们热衷于推开形而上学，与科学为伍；而维特根斯坦的态度 311
似乎更富有诗意、更带着冥想的特征。

这种进路的差异，部分地体现在他们对于自身工作的态度上。若依据所有真理要么是分析的、要么是后天的，来拒斥形而上学，则我们必定会面对萦绕于这一拒斥本身之上的困难。假设我们“拿到手里”的是休谟的《人类理智研究》，并问它是否包含任何“数和量方面的抽象推论”，或者任何“关于实在事实和存在的经验推论”。我们似乎一定会回答：没有。这样的话，按休谟本人的原则，他的著作“所包含的没有别的，只有诡辩和幻想”。同样，我们很难看出如何可以宣称，卡尔纳普关于“所有陈述要么是（ⅰ）分析的、（ⅱ）分析真理的否定，要么是（ⅲ）经验的”的陈述，其本身要么是分析的、某个分析真理的否定，要么是经验的。因此，卡尔纳普自己的陈述似乎必定会——在这个词最严格的意义上，并以它自己的方式——被当成是没有意义的。任何据此对形而上学做的拒斥，似乎都一定是悖谬性的。

无论是休谟还是卡尔纳普，似乎都没有意识到这里有任何困难：他们只想着去摈除他们以为可与他们自己的工作明确区分开的某些类型的工作。然而，维特根斯坦相当清楚地看出了难题之所在：

> 我的命题以如下方式起阐明作用：理解我的人，当他借助并经由它们向上攀爬时，终究会认识到它们是没有意思的。
>
> （6.54）

本章的任务是详细说明维特根斯坦的推理，并试图理解他对似乎包含在拒斥形而上学中的悖论所做的回应。我将依次处理这两方面的任务，尽管我应该明确告诉大家，这里已经涉及在阐释维特根斯坦处理悖论之路径时选边站队的问题了。有这么一些《逻辑哲
312 学论》的阐释者，它们赞同维特根斯坦在6.54中所说的，并得出结论说，《逻辑哲学论》的（至少大部分）句子实际都是空谈。这些阐释者在理解导向这个结论——任何说形而上东西的企图都会以空谈告终——的推理时，必定会遇到某种困难，到头来只好假定这个结论是以别的方式得出的。依我看，这种阐释明显是错误的——尽管只有等到弄清这个悖论之后，我才会对这一论断做出论证。我认为《逻辑哲学论》包含着对如下这个结论的多个论证：任何说形而上东西的企图都必定会导致空谈。我们的第一项任务是试图理解这些论证。

第二节　必然性与自然律

我们回顾一下维特根斯坦的逻辑观：

> 6.1　逻辑命题是重言式。

关键的康德式分析性概念在紧接下来的评论中被引入：

> 6.11　因此，逻辑命题什么也没说。（它们是分析命题。）

据此，我们可将下面这个评论视作维特根斯坦版本的休谟之叉：

> 6.3　逻辑研究指的是对**一切规则性**（*all regularity*）的研究。逻辑之外，事事皆偶然。

用“regularity”翻译德语词“Gesetzmässigkeit”不是太好：译成

"law-governedness"（规律－主导性）会好一些。[1]这里表达的思想似乎是：每一条真正的规律都包含必然性；"只存在逻辑的必然性"（6.37）；所以任何无法被表象为"逻辑的"东西，只能是偶然的。
313 考虑到6.11，6.3乃是对非分析的——综合的——必然真理的拒斥。

这提供了一个审视维特根斯坦拒斥形而上学的视角，而从这一视角来看，他的观点很大程度上与休谟的观点相一致。形而上学关注世界中的必然之事：世界必定是怎样的。休谟认为，必然性无法被经验到。他也不认为任何真正的必然性会通过归纳（从已观察的情形到未观察情形的推理）被揭示出来。[2]他得出这样的结论（大致说来）：必然性——至少是我们可关注的、仅有的那种必然性——并不真正在世界中。[3]事实上，他最终拒斥了自然必然性，亦即关于因果性和自然律的必然性。在休谟看来，我们还可以在某种意义上谈到自然必然性——作为对我们在经历一个事件、期待另一个事件时所感受到的那种心理强制性的表达——但这种谈论是会引人误解的，因为这里仅有的必然性（心理必然性）并不是我们认为我们正在描述的那种必然性（存在于世界中的事件之间的那种必然性）。

康德认为，休谟的推理也足以毁坏所有必然性（不只是自然必然性），因此，必须拒绝它，我们才能理解数学和物理学——当然，还有形而上学。在6.3以及对它进行评论的那些码段中，我们

1 皮尔斯和麦克吉尼斯译作"所有服从规律的东西"（《逻辑哲学论》*）。

2 这一论点可以追溯到休谟（1739–40: I, iii, 6）中的著名讨论。

3 休谟（1739–40: I, iii, 14）。

可以看到维特根斯坦在维护休谟的立场，反对康德式的或别的一些反驳意见。实际上，他必须拒绝无法被明确归在逻辑的和偶然的这两个关键类型之一中的任何主张。而且，在拒绝自然必然性这一点上，他至少是和休谟一样坚定的。他关于“只存在逻辑必然性”的论断得自如下这一评论：

> 一件事因另一件事的发生而发生的必然性，并不存在。
>
> （6.37）

维特根斯坦对于“规律－主导性”的考察从归纳开始：

> 6.31 任何情形下，归纳律都不是一条逻辑律，因为它明显是一个有意义的命题。——因此，它也不可能是一条先天规律。 314

这种“归纳律”是什么？或许是类似这样的东西：

> （I）若所有已观察的F都是G，则所有F都是G。

为什么这是“一个明显有意义的命题”（一个明显有意思的句子）呢？或许是因为，它显然有可能是错的。因此，所假定的这种归纳“律”只是偶然地为真。那么，我们为什么会如此倾向于进行归纳推理，基于经验做出判断呢？维特根斯坦通过描述归纳过程并给它一个休谟式的解释，来回应这一问题：

6.363 归纳是这样的过程，它假定了可与我们的经验相协调的**最简单**规律。

6.3631 不过，这一过程没有逻辑基础，只有心理学基础。

显然，相信最简单的事件进程会实际发生，是没有任何根据的。

这里让人感兴趣的，是对归纳过程的重新描述。如果以（I）的方式将归纳表述为某种类似“规律”的东西，我们似乎就在寻找联结前件（“所有已观察的F都是G”）与后件（“所有F都是G”）的某种必然性联系。归纳过程作为推理过程的任何表述也是如此。然而，维特根斯坦把归纳表象为一件有关**假定**或**接受**某条规律的事情。就我们试图在（I）中表象的这类归纳而言，这条规律是：

（L）所有F都是G。

315 而这里的归纳过程，就只是当所有已观察的F都是G时，假定下来（L）的过程。这里，让人印象深刻的是，维特根斯坦对归纳的休谟式处理包含着对**规律**的假定。对他的观点至关重要的一点是，这里涉及了规律。

那么，维特根斯坦是如何对待规律的呢？其关键评论就是：

6.32 因果律并非一条规律，而是一条规律之形式。

这条“因果律”是什么？或许就是这个：

（Cau）每一事件都有一个原因。

这是一条拥有显赫历史的原则。休谟认为没有理由相信它——尽管他未能停止相信它。康德认为，要使这条原则为真，就得采纳他的先验唯心论，尤其是其中包括的如下思想：因果性这个概念依赖于我们赋予世界的东西，而不只是依赖于凭其自身存在于世界中的东西。[1]休谟和康德相一致的地方是，他们都认为（Cau）是有争议的，需要某种支持。让人吃惊的是，这似乎正是维特根斯坦要否定的。

稍后，维特根斯坦提出了关于因果性的另一种阐释：

假如存在一条因果律，或可将其表述为：“存在着自然律。”

（6.36）

我们在6.32和6.36中注意到了这一点：维特根斯坦暗暗地区分出了两类“规律”。首先，存在着像“因果律”这样的规律：按6.32，这些实际并不是什么规律；我们且称之为**高阶规律**，以便尽可能地就它们的地位保持中立。其次，存在着这样一些规律，它们的**形式**据说是由第一类规律赋予的。按6.36的提示，我们且将这后一类 316

1 因此，原因乃是在康德（1781/1787）中的先验演绎中得到辩护的“范畴”之一。

规律称作**自然律**。或可认为，自然律与（L）相类似。要是这样的话，6.32所主张的实际就是，“因果律”（比如）就是类似（L）的一条规律的形式——或许可以更好地表达为：类似（L）的那些规律的形式。[1]

但这意味着什么呢?《逻辑哲学论》中的形式涉及可能性：一个对象的形式，是它同其他对象进行组合的那些方式；一个句子的形式是其要素以它们所是的方式排列在一起的可能性。这表明，6.32的核心主张就是：

> （CauL）（Cau）意味着：对于每一事件e而言，可用某个谓词“F”，而且也可用另一个依据其原因来描述事件的谓词“G”，对e进行归类，而对于这两个谓词而言，“所有F是G”成立。

如果这便是6.32的主张，而且这一主张又可正当地重新表述为“存在自然律”（6.36），那么，维特根斯坦关于它想说的就是：

> 但这显然是不可说的：它显示自身。
>
> （6.36）

无论这还有什么别的意思，它肯定都会要求，在这种阐释之

1 见罗素为奥格登译本中的6.32所做的一个注释：“亦即，不是某条特殊规律的，而是某种类型的任何规律的形式。”（*TLP*, p. 173）

下，（Cau）原来是某种不可能错的东西——实际是某种不需要任何辩护的东西。

（CauL）如何能除去（Cau）的错误可能性呢？仅当对谓词“F”和“G”的可能选择几乎没有任何限制，它才能做到这一点：必须弄清楚的是，一定要有**某些**满足所有F是G这一要求的谓词。关键在于，这将要求我们在描述一个事件“根据其原因”时，是很自由的。或许会有这样的建议：根据定义，我们将“依据原因”对事件的描述，当作不外乎就是对那一事件的**最大化说明性**描述。这样的话，我们为使（Cau）为真所要求的，就将是以如下两种方式对任何事件进行归类的可能性：以一种**最大化说明性的**方式 317
（就［L］形式的那些规律中的谓词“G”而言），和以一种**未最大化说明性的**方式（就这些规律中的谓词“F”而言）。按这种阐释，（Cau）便成了这样：

> （Cau*）每一事件可用两种方式加以描述：一种最大化说明性的方式和一种未最大化说明性的方式。

事实上，我们这里所做的，就是这样来定义“原因”概念，以确保（Cau）不可能为假。

那么，这会赋予我们前面区分开的两类不同“规律”以何种地位呢？将（Cau）阐释为（Cau*），似乎确实弄懂了如下这个关于高阶规律的论断：

> 像因果律等这样的规律，处理的是网，而非网所描述的

东西。

（6.35）

这些高阶规律可自然地视作必然的规律：可以看出，维特根斯坦认为它们实际并不告诉我们任何关于**世界**是怎样的东西——宁可说，它们“处理的是网”。所以，尽管有一些表面的印象，它们还是不会促使我们认为存在着任何先天综合真理。我们稍后会进一步考虑它们的地位，但我们这里先转向另一类规律，即**自然**律（类似于［L］的规律）。这些规律似乎是直接经验性的。尽管可用两种为（Cau*）所要求的方式来描述任一事件，或许是先天的，但是，描述某个事件的最大化说明性的方式是**什么**，乃是一件经验性的（后天的）事情。此外，这似乎还可无害地被当作偶然的，一如其被当作后天的。因此，似乎在某种必然和先天的意义上存在着自然律，但哪些规律描述了实际世界，则既是后天的又是偶然的。

318 我所提供的这种将（Cau）视作（Cau*）的阐释可否与如下这一评论相吻合呢？

6.371　整个近代世界观都基于如下幻想：所谓自然律乃是对自然现象的说明。

维特根斯坦显然主张，认为自然律**说明**了自然现象乃是一种**幻想**，而我却提出，自然律事实上就是“最大化说明性的”描述。我以为，这里不存在深层的困惑。我们要说的只是，“最大化说明性的”描述并不提供“整个近代世界观”以为自然律所提供的那种说明。理解这一点的很自然的方式就是，假定“整个近代观点”将自然律视作必然的——就像“古代人”把上帝当成必然的存在——而事实上（按维特根斯坦的观点），这些（按我们前面的分类）被当作**自然**律的规律是偶然的，而那些被称为**高阶**规律的东西具有相当不同的地位（我们很快会回到这一论题）。（Cau*）中所设定的那种“最大化说明性的”描述，无须包含任何强制性：它们可能只是出于实用性的目的被包含在内的。

现在我们回到关于归纳的讨论，我们关于规律的探讨就是从那儿开始的。可以看出，归纳所涉及的只是我们意义上的**自然**律，而不是高阶规律。按维特根斯坦的解释，归纳过程就是假定符合证据的最简单**自然**律的过程。这里所假定的规律只不过就是某种齐一性：它就是偶然的——一个碰巧成功地描述了世界的一般陈述。因此，如下这个事实便没什么可大惊小怪的：维特根斯坦发展了一种广义休谟式的处理归纳的进路，而与之相配的，是对涉及有关**规律**的假定的自然必然性的拒斥——因为我们这里讨论的规律并未引入任何自然必然性。

请回想一下我前面说过相当于休谟之叉的维特根斯坦版本的 319
那个评论：

> 6.3　逻辑研究指的是对**一切规律－主导性**的研究。逻辑之外，事事皆偶然。

在有意义的句子中，一方面有逻辑句子，关于它们维特根斯坦主张：

6.1　逻辑命题是重言式。

另一方面，有经验句子，它们描述世界。可是，像高阶规律这种东西的位置在哪儿呢？按维特根斯坦的解释，它们既不是重言式也不是经验陈述。那么，他毕竟会分派给它们一种中间地位的，就像康德的先天综合判断那样？

他确实以某种方式对它们做了描述，而这种方式是有意识地在向康德表达谢意：

6.34　像因果律、自然连续律、自然最小消耗律等等，所有这些都是对科学命题的可能形式的先天直观。

“先天直观”正是把握先天综合真理——既是先天的又以某种方式与实在世界相关的真理——所需要的一个概念。但这种康德式的描述又确实被维特根斯坦在别处关于高阶规律的说法削弱了。下面是他在6.342中所说的：

同理，世界可用牛顿力学加以描述，这一事实对世界并没有做任何断定。

我们还可以回想一下他关于“因果律”的说法：

6.36　假如存在一条因果律，或可将其表述为：“存在着自然律。”

但这显然无法清楚地说出来：它显示自身。 320

这里出现的“显示”一词是维特根斯坦对康德式的“先天直观”的再阐释，但它确实又不只是一种再阐释：它是一种紧缩。康德的“先天直观”是想为我们提供某个途径，去接近某种广义而言属于正当类型的东西，但这种东西却不巧处在了错误的位置上。然而，“显示自身”的东西似乎是不适合言说的东西。在将康德描述为先天直观的东西，再描述为可被显示但不可被言说的东西时，维特根斯坦实际是在坚持认为，这些所谓的先天直观根本就不是直观。

这里出现的情况就是，康德视作先天综合真理的东西，并非维特根斯坦版本的休谟之叉的反例：它们并不是逻辑未能提供的“规律－主导性”的实例。宁可说，它们就不是真正的规律：事实上，它们甚至不是有意义的，甚至连句子都不是。它们是说不可说之企图。所以，仍然只存在两类有意义的句子：逻辑所处理的句子（重言式和矛盾式）以及关于世界的经验句子。貌似表达了先天综合真理的那些东西，其实根本就不是真正的句子。

第三节　伦理学

维特根斯坦用一个似乎刻意想引起争议的表述本人观点的方式，开启了他关于伦理学的讨论：

> 6.4　一切命题都有同样的价值。

这似乎是在说，任何一个世界状态都不比另一个世界状态更好些或更坏些。他真的是这个意思吗？这里的困惑在于，顺着自然律的讨论一直下来，并且在关于必然性的更一般考虑的语境中，我们期待
321 维特根斯坦做出某种**元**伦理学论断——关于伦理学之地位及伦理陈述的论断。但6.4似乎是一个**规范性**论断：它并不是谈论价值；它做出了一个价值陈述（而且是一个很怪异的陈述）。事实上，这些评论（大致就是6.4以及对它做出评论的那些码段）不仅表达了（关于伦理学之地位）一种元伦理学观点，还表达了一种朝向生活的特殊的伦理进路，而且二者是紧密交织在一起的。显然6.41作为6.4的一个评论，无疑是元伦理学的：

> 世界的意思［大致相当于：人生的意义］[1]必定在世界之外。

维特根斯坦宣称，世界中没有价值；毋宁说，它们必定在世界之外。

6.41显然也包含着对这一主张的论证，我们可概括如下：

> （V1）价值是非偶然的；
>
> （V2）世界中的所有东西都是偶然的；所以
>
> （V3）价值不在世界中。

对（V2）我们已足够熟悉了：它是对自然必然性的休谟式拒斥（比如，见6.37）。明显让人生奇的是（V1）：为什么价值应该是非偶然的？

维特根斯坦这里所主张的似乎是：任何是好的（或坏的）事物都**本质上**是好的（或坏的）。就是说，如果它真是好的，那么它就不可能只是好的；任何不是好的事物会是一个不同的事物。乍一看，这显然是假的。假定你做了一件被证明对别人有帮助的事情：你走路时漫不经心地踢开了路上的一块石头——并非出于任何实际的原因，只是玩儿似的踢开它。再假定有个孩子骑自行车从这条路上疾驰而来，并安全地通过——尽管若石头还在路上，她会痛苦地撞上它。我们会说：

1　方括号内容为本书作者所加。——译者注

322 （1）你把石头踢开，是件好事儿。

我们自然会认为，这一踢还是一样的，即便它没有带来那个幸运的有益结果；同样的一踢或许没有带来好处，甚至还可能造成了某种害处。维特根斯坦会怎么应对呢？他不得不认为，（1）可分析为一个联言判断，其中一个联言支是评价性的，而另一个不是。类似这样：

（1a）你把石头踢开，有一个结果e，并且结果e是好的。

这一主张就是，在（1a）中我们达到了某种东西（结果e），它实际上是非偶然地好的。假如在每一情形中我们都可以提供这样一种分析，并可断定这一分析表明了价值是在哪里，那么我们似乎就可以断定，任何真正有价值的东西都非偶然地具有它所具有的无论怎样的价值。

这已经涉及维特根斯坦持有一种**规范**伦理学的，而不只是元伦理学的立场。他必定已同那些常见的后果主义形式分庭抗礼了。常见的后果主义形式（功利主义是明显的例子）乃是关于行动之价值的理论。它们假定行动确实具有价值，而且声称它们的价值是由它们的后果所决定的（大致意思是：结果总是为手段提供辩护）。可是，一个特定的行动之具有某些特定的后果，乃是一件偶然的事情（根据任何一种类似维特根斯坦的、否认自然必然性的真实存在的观点，这确实都是偶然的）。因此，一个特定行动之具有其价值，必定是偶然的。由于这正是维特根斯坦在接受（V1）时所否定的，所以他必定拒绝常见的后果主义形式。而这正是他在6.422中所做的：

> 但伦理学显然无关乎通常意义上的奖惩。因此，有关行动**后果**的问题必定是无关的。

请注意，这里加粗的字体表明维特根斯坦正在拒斥的是行动 323
的价值在于其后果的观点，而不是行动具有价值这样的想法。可是，若一个行动具有价值，而这种价值并不在于其后果，那么其价值似乎明显在于它被做出时所带有的意向或意愿。但在这一点上，维特根斯坦似乎有另外一个或多或少独立的理由来断定（V2）：价值不在世界中。因为他坚持认为：

> 6.423　作为伦理主体的意志是不能谈论的。
> 而作为现象的意志只有心理学才感兴趣。

“作为伦理主体的意志”与“作为现象的意志”之间的对比，让我们想起上一章讨论唯我论时所遇到的另一个类似的对比：

> 哲学上的我不是人，不是心理学探究的人的身体或灵魂，而是形而上主体，是世界的界限——而不是世界的部分。
> （5.641）

我们自然就会认为，作为意志的我——我们在伦理学中所关注的主体——乃是形而上主体，不在世界之中。若作为意志的我不在世界中，则这个我所做的任何事情都不会影响这个世界。这是维特根斯坦在说明我们对自然律之无情的感知时已经断言过的：

> 6.373　世界独立于我的意志。
>
> 6.374　即使我们希望的每一件事情都会发生，那也不过是命运的恩惠，因为在意志与世界之间，不存在可确保这一点的**逻辑**联系，而对于已假定下来的物理联系本身，我们又无力再去意想它。

而他在讨论伦理学时又提出了这一论点：

324 > 要说善或恶的意愿改变了世界，它改变的只是世界的界限，而不是世界中的事实；不是用语言可以表达的东西。
>
> （6.43）

要是我们把这里的“世界的界限”当成是《逻辑哲学论》中通常所认为的那种作为可能之事的界限的话，上述评论便是令人困惑的。很难看出，我们怎么才能理解如下的断言：在将先前不可能之事变成可能之事、先前可能之事变成不可能之事的意义上，善的或恶的意志改变世界。如果善的或恶的意志改变可能之事，它似乎能对可能之事造成的唯一改变，大致说来，就是可能之事给我们**带来感觉**的方式的改变。

这自然要被向后同维特根斯坦视为奖惩观念在伦理学中的适当应用的东西联系起来：

> 必定存在着某种伦理奖赏和伦理惩罚，但这必定就在这个行动本身之中。
>
> （同样明显的是，奖赏必定是可接受的，而惩罚必定是不可接受的。）
>
> （6.422）

善的意志似乎能使不可改变的世界成为可以接受的，而恶的意志会使其成为不可接受的。维特根斯坦接着断言：

> 幸福的人和不幸福的人，生活在完全不同的世界里。
>
> （6.43）

可用两种方式来解读上述这个论断，而这两种方式都是同接受主体无法改变世界相容的。它们均涉及将幸福者的世界与不幸福者的世界之间的差别，看作是关乎同一个世界在那个人**看来**是怎样的事情。按第一种阐释，恰好同样的可能性对于幸福之人和不幸福之人是显而易见的，差别在于他们是否接受这些可能性为仅有的可 325
能性。按第二种阐释，幸福之人意识到了与不幸福之人意识到的不同的可能性系列。（人们宁愿认为，幸福之人比不幸福之人意识到**更多的**可能性，否则的话，幸福就会依赖于某种妄想，而这显然是和《逻辑哲学论》的精神相违背的。）要在这两种阐释之间做出选择是不大容易的，尽管我个人倾向于第一种：这似乎更接近于维特根斯坦在战争前线时所达成的、与自身命运的和解。

无论如何，维特根斯坦的伦理观似乎明显涉及将伦理主体移除世界。而这提供了（V3）——关于价值不在世界中的论断——的某种似乎独立的来源。这也是引导维特根斯坦做如下断言的东西：

伦理学是先验的。

（6.421）

他接着在这一评论后面加了一个醒目的括号，看似要对它加以说明：

（伦理学和美学是一回事。）

为理解这一点，我们需要查阅《笔记本》中那些最早勾勒出这些想法的段落。以下四个评论尤其有帮助：

艺术品是从永恒的观点看到的对象；善的人生是从永恒的观点看到的世界。这就是艺术同伦理学的关联。

（*NB*: 83）

（思想迫向一个人）：从永恒的观点看到的事物就是连带整个逻辑空间被看到的事物。

（*NB*: 83）

326 从美学的角度看，奇迹就是世界存在着。存在的东西存在着。

（*NB*: 86）

以艺术的方式看事物，其实质就是以幸福的眼光看事物吗？

（*NB*: 86）

《笔记本》中的这些评论自然会被拿来同我们在《逻辑哲学论》中找到的那些以及如下这个评论相对比：

6.45 从永恒的视角思量（contemplation）世界，就是把它当作有限的整体。

世界作为有限整体的感觉，就是神秘的感觉。

（用"view"翻译"Anschauung"，要比用"contemplation"好：它是一种**态度**，而不是一种活动。）

所有这些评论让人想到一种规范伦理学，我们可大致将其解说如下。存在着单一的伦理要务：以某种特定的方式看待世界。这是艺术家看世界的方式，是"以幸福的眼光"看世界的方式，是一种发现世界的存在是个奇迹的观点。以这种方式看待世界，就是从永恒的观点看它，置身其外，不偏不倚。我们以此种观点看世界所看到的，是每一个"连带整个逻辑空间"的事物；亦即，带着某种对可能之事、对每一事物可与他物相组合的方式的意识。这种看世界的方式，艺术的方式，也可描述为神秘主义：

6.44 神秘的不是世界**如何**，而是世界存在。

艺术家所喜好的不是事实以这种而非那种特定的方式存在，而是无论怎样的事实存在着——实际有那样一些可能性存在着。

327 一旦将这些评论放在它们最初由之而来的《笔记本》中的那些段落的语境里，上述关于《逻辑哲学论》伦理学的阐释似乎就是不可避免的了。无论这里力推的观点的一般优点是什么，要把这当成对所有伦理学的概括，都是荒诞不经的——甚至是疯狂错乱的。不过，倒是可以将这种怪异的伦理学归之于身处“一战”前线所带来的影响，正是在那里，维特根斯坦所撰写的逻辑论著延伸至人生之意义的问题。要是这种体验引发了略显痴狂的东西，倒也不必大惊小怪。而罗素在战后首次见到维特根斯坦时，确实谈到了他所经历的改变：

> 我在他的书中已经嗅到了一丝神秘主义的味道，而当我发现他彻底变成了一个神秘主义者时，还是大吃一惊。他阅读克尔凯郭尔和安吉鲁斯·西利修斯（Angelus Silesius）这些人的书，并认真考虑当个修道士。
>
> （Monk 1997: 568）

而且这里还有同叔本华的关联，维特根斯坦显然很早就开始读他的书了。依据维特根斯坦在前线的经历显然深深地改变了他这样一个事实，下面这段话会引起强烈的共鸣：

> 从他的意识的第一次出现起，人就发现他自身是个意志的存在，而他的知识照例同他的意志有一种恒常的关系……

而当这样的生活为如下事实所打断时，总会有例外的情况发生：要么是沉思的审美需求，要么是克己的伦理要求，从独立于意志之服务的知识出发，并指向一般的世界本性。[1]

最后，让我们回过头来看看伦理学探讨所由开始的这个评论：

6.4　一切命题都有同样的价值。 328

我前面说过，这似乎是在说，没有任何事态比别的事态更好或更糟些，而这勉强算得上一个价值论断，而不是一个元伦理学论断。现在看来，这似乎正是维特根斯坦想要说的。具有真正价值的东西并不是事实，不是世界中的任何东西。具有真正价值的只是：某种特定的观点，再结合采纳这种观点的行动；以及这种观点在看世界时所发现的东西。真正好的东西——艺术家的眼光所偏爱的东西——似乎并不是事实以任何特定的方式存在，而只是它们以**某种**方式存在。[2]

1　叔本华（1818/1844: I, 327–28）。

2　值得将《逻辑哲学论》中的伦理观同后来的《伦理学演讲》进行比较。我觉得，在这里维特根斯坦显然失掉了曾激发出《逻辑哲学论》的那种情感的部分强度。

第四节　形而上学与哲学

在6.5打头的诸码段中，维特根斯坦从伦理学转向一般哲学——以及以最大可能的方式设想的哲学。这条进路的关键可在如下评论中看出来：

> 6.52　我们觉得，即使**一切可能的**科学问题都解答了，人生的难题还完全没被触及。当然，此时已不再有什么问题遗留下来，而这就是解答。

首先，我们应当注意这里所包含的哲学观。哲学关注这样一些问题（要是有的话），它们是任何可能的科学进展都触及不到的。这些问题一定比科学所能告诉我们的东西更为根本。在门外汉——非职业哲学家——看来，这些问题似乎是关注人生之意义（无论这一短语的确切意思是什么）的。6.52表明，维特根斯坦正是用这样一些术语来考虑哲学问题的：它们关注“人生的难题”。在某种意义上，维特根斯坦似乎认为，哲学的难题关注于人生之意

义所受到的威胁。维特根斯坦这里提供了一种保证，尽管人们会发
现难以接受它：所谓的威胁不过是虚惊一场。一旦所有可能的科学 329
问题都得到解答，就不会再留下什么未被触及的真正问题了。用他
本人的话说：

> 人生难题的解答就在这一难题的消失。
>
> （6.521）

正是在这一语境中，维特根斯坦在本书中首次（也是唯一一次）明确论及怀疑论（尽管我们发现，要理解5.62对唯我论的论证，最好将它当成对某种怀疑论的回应）：

> 6.51　怀疑论并非不可反驳，但它若在提不出问题的地方进行怀疑，显然就毫无意义了。
>
> 因为怀疑只存在于有问题的地方；问题只存在于有解答的地方，而解答只存在于有**可说的**东西的地方。

维特根斯坦这里为什么要考虑怀疑论呢？怀疑论与“人生之难题”有什么联系呢？我们可以通过考虑讨论功利主义时常见的一种设想来展现这种联系。一些经典版本的功利主义宣称，根本上说来，最重要的是快乐最大化、痛苦最小化。这让人想到，若每个人都被连接到一架可确保其以最大快乐、最小痛苦度过一生的“快乐机器”，一种理想的生活便实现了。当然，快乐总是存在于某种东西**之中**的快乐，所以，只有当我们认为有一些美好的事情在发生

时，我们才会感受到快乐。因此，这架快乐机器就得在我们之中引发出种种幻想来。这样的话，我们便会在一种（表面的）极乐幻觉状态中度过一生。

有什么不对劲吗？嗯，在这种境况之下，每个人似乎都生活在伪装之中：我们的快乐，失却了正当的根基，建立在谎言之上，
330 可怜、空洞、无益。要说有什么没有意义的生活，这便是了。怀疑论所提起的正是这种无意义性的威胁。怀疑论要我们去怀疑是否真的存在任何东西：我们的思想是否关联于任何实在？我们所思考的东西是否真的有所意指？而正是我们思想的这种完全空洞性的威胁，是维特根斯坦认为他可以排除的。我们这里可以回到我初步认定处在维特根斯坦对怀疑论的论证（见第六章第五节）背后的那种思考方式。我无法怀疑我的语言是句法良构的。而如果我的语言是句法良构的，那么，按照《逻辑哲学论》提供的关于语言的解释，其符号的组合可能性必须与真正的可能性相匹配。而要使这些成为真正的可能性——而不只是想象的可能性——必须存在这么一个实在的世界，对于其构成部分来说，每一种真正的可能性就是其被排列起来的一种可能方式。而这不仅要求有一个实在的世界，还要求有实在的对象，这些对象的形式就是组合可能性的系列，它构成了全部的真正可能性。（这显然会让人回想起第一章第四节中所讨论的2.021—2.023中的实体论证。）

事实上，这就是维特根斯坦关于语言的解释为我们所提供的、对怀疑论的直接应答。但就像我们在怀疑论的情形中所看到的，维特根斯坦本人并没有给出这种回答。在讨论唯我论时，他写道：

> 因此，在逻辑中不能说：世界中有这个这个，没有那个。
>
> 因为这显然假定我们排除了某些可能性，但不会是这种情况，因为否则的话逻辑必须去到世界之外，亦即，除非它也可以从另一端考虑这些界限。
>
> （5.61）

在6.51中，我们似乎也看到了同一种思考。因为，要持有怀疑论立场，我们就得容留这样的可能性：我们的语言不是句法良构的。而这便需要我们，作为一种真正的可能性，去揣想某种我们无 331
法接受的东西事实上是可能的。但《逻辑哲学论》的语言观排除了这一点：这种语言观要求可设想的（可揣想的、可图示的）东西与可能的东西之间具有一致性。

实际上，同样的东西可应用于所有哲学领域，就像这里应用于怀疑论一样。在《逻辑哲学论》的一个非常有名的评论中，这种一般的教训被提了出来：

> 6.53　哲学的正确方法如下：只说可说的，即自然科学命题——与哲学不相干的东西——这么一来，谁要说形而上的东西，就向他指明，他未能赋予其命题中的某些记号以意义。有人会对此不满——觉得这哪里是在教他哲学——但这却是唯一严格正确的方法。

维特根斯坦这里用“哲学”意指的是什么呢？显然，他意指的是和他用“形而上学”意指的一样的东西，因为在这里说某种形而上的东西和说某种哲学的东西是一回事儿。而且，不管他用“哲学”和“形而上学”意指的是什么，里面似乎都包括《逻辑哲学论》本身，因为他在下一个评论中这样写道：

> 我的命题以如下方式起阐明作用：理解我的人，当他借助并经由它们向上攀爬时，终究会认识到它们是没有意思的。
>
> （6.54）

很自然的阐释是，对维特根斯坦来说，哲学（或形而上学）恰好包括了传统上认为它所包括的东西：比如，康德认为它所包括的东西。它关注于世界的可能性：它的事务就是，世界必定如何，世界可能如何，世界不可能如何。[1]其范围就是康德称作先天综合真理的那个领域。

332 那么，是什么让任何说某种哲学的东西的企图都以空谈告终呢？这一结论似乎是由多种因素决定的：至少看起来，它是可以通过带有或多或少直接性的路径来达到的。但其核心思想是在为唯我论的不可表达性所做的论证中表达出来的：

> 我们无法思考我们无法思考的东西；因此，我们无法**说**我们无法思考的东西。
>
> （5.61）

1　回顾一下第一章第六节关于形而上学的定义。

句子作为模型——实际上，所有表象作为建构模型——的构想使得表象某种不可能性成为不可能的。因为符号的组合可能性同对象的组合可能性是一样的，所以没有哪种符号组合可以表象对象的某种不可能组合。这是我们在上一章所见到的维特根斯坦承诺的三条原则中的第一条：

（SP）只有p是可能的，陈述p才是可能的。

（SPN）仅当陈述非p是可能的，陈述p才是可能的。

（SPP）仅当陈述p是可能的，才可能陈述p是可能的。

稍加反思便可表明，有了这些原则便不可能陈述某事是不可能的、某事是可能的，或者某事是必然的。（这些论证在第六章第二节有更充分的阐述。）由于按我给出的自然阐释，哲学（或形而上学）的事务恰恰就是说世界上什么是必然的，或可能的，或不可能的，所以，这三条原则便意味着没有任何哲学的（或形而上学的）东西可以被陈述出来。

若《逻辑哲学论》中的语言理论的核心假定——句子和实在具有相同的形式——被放在了适当的位置，同样的推理便可同《逻
辑哲学论》中所有更为正式的评论关联起来了。对语言和逻辑哲学 333
造成影响的难题，也会对我们说世界必定如何企图造成同样大的影响。这是因为，当语言理论归位后，语言和逻辑哲学本身也会关注于可能之事（比如，关注于什么样的符号、什么样的符号组合是可能的）。

这一涉及言说模态之事的难题，是同维特根斯坦关于**形式**的

论说联系在一起的，因为形式是依据可能性来说明的。它实际是对如下这个关于图像及其形式的论断的非隐喻说明：

> 2.172　不过，图像不能表象其表象形式，它展示其表象形式。

维特根斯坦随后将这种困难同一系列哲学术语粘连起来。2.172涉及一般的图像或模型。维特根斯坦自然特别关注于语言。2.172的一般观点向句子的特殊情形的应用，见于如下这个评论：

> 命题可表现整个实在，但它们却无法表现为能表现实在而必须与之共有的东西——逻辑形式。
>
> （4.12）

对4.12所做的第二个评论以下面的话开头：

> 我们可以在某种意义上谈论对象和原子事实的形式属性，或者事实结构的属性，并且在同样的意义上，谈论形式关系和结构之间的关系。
>
> （4.122）

而这又成了4.126引入形式**概念**的基础。接下来又会推出，没有任何东西可用形式概念来表象、来**言说**，因为任何用形式概念言说某
334 种东西的企图，都是想要谈论可能之事。而这正是维特根斯坦在

4.1272和4.1274中关于这些企图所得出的结论。

这么一来，为什么不能说出任何哲学的东西，按《逻辑哲学论》的看法，其根本原因似乎就是，哲学试图做出模态判断（关于必然之事或可能之事的判断），而考虑到（SP）（SPN）和（SPP）这几条原则，要做出任何有意义的模态判断，实际都是不可能的。要是这样的话，这一难题甚至也可联系到6.54。因为维特根斯坦这里并不只是提出一个猜测，或者提供一个经验观察：他告诉我们什么**会是**哲学的正确方法；他告诉我们把自己限制在**可说的**东西的范围之内；他假定，可通过论证表明，任何企图说形而上学东西的人都难免未能赋予他的句子中的某些记号以意义。6.54本身就是模态的：它告诉我们什么必须做，什么无法做。其自身就是一种哲学或形而上学。

《逻辑哲学论》的语言观隐藏在6.54的如下（哲学）论断的背后：没有任何哲学的东西可被说出来。它也与这一论断所采取的特殊形式有牵连。请注意，维特根斯坦并不只是说任何言说某种哲学的东西的企图都会导致空谈：他特别说道，任何试图说某种哲学的东西的人都“没有赋予其命题中的某些记号以意义”。这意味着被当作哲学陈述提出来的东西都将是没有意义的（在卡尔纳普所说的在“这个词最严格的意义上”）：也就是说，这样的陈述纯属空谈。不过，这里还有另一层意思。卡尔纳普认为，即便在这个词最严格的意义上，仍然是两种不同的无意义性。除了“包含一个无意义的词”的没有意义的句子——他称之为“伪似陈述”——之外，卡尔纳普认为还有别的“伪似陈述”，它们“由有意义的词构成，但这些词却以一种不会产生任何意义的方式组合在一起”。[1]

但是，这当然是维特根斯坦所拒绝的东西，就像我们在第四
335 章第三节中讨论5.4733时所看到的。他不得不拒绝它，因为它同《逻辑哲学论》的语言观不相容。《逻辑哲学论》坚持认为，表象的要素可与实在中与之相关联的对象以恰好相同的方式进行组合：这便是处于其语言观中心的相同-形式假定。由有意义的词构成“却以一种不会产生任何意义的方式组合在一起”的句子——或称“伪似句子”——会是这样一个句子，它将事物（那些词的关联物）表象为以某些方式被排列起来，而这些事物是不可能以这些方式被排列起来的。即是说，我们有一种可能的语词排列，却没有一种可能的对象排列与之相对应。而这恰恰是《逻辑哲学论》的语言理论所排除的。

这么一来，我们似乎便逼近了这样一种特殊的方式，维特根斯坦以这种方式断言，任何说某种哲学的东西的企图，都只有根据《逻辑哲学论》所赞同的那种哲学来判定，才会以空谈而告终。这让它成了不折不扣的悖谬性的著作。若《逻辑哲学论》的哲学论断为真，则它——及它们——就是空谈。而且仅当《逻辑哲学论》的哲学论断为真，它——及它们——才以维特根斯坦所断定的那种特殊方式是空谈。这一悖论是我们下一节探讨的话题。

重要的是，将这种显而易见的悖谬性结论同维特根斯坦早先在以4.1打头的码段中的评论（第四章没有就这些评论展开讨论）进行比较。下面这一段尤其重要：

---

1 卡尔纳普（1956: 67）。

4.112 哲学的目标是思想的逻辑澄清。

哲学不是理论而是活动。

一部哲学著作本质上是由阐明构成的。

哲学的结果不是“哲学命题”，而是让命题清晰。

哲学应让那些否则便模糊不清的思想清晰起来，并为之划定明确的界限。

在许多人看来，这里所提议的东西，在精神上类似于后期维 336
特根斯坦所实践的哲学之特征。不过，无论对其后期工作说些什么，我们都应该清楚，这一段落本身在《逻辑哲学论》中并非是哲学上无辜的。接下来的几个具有同等重要性的评论与《逻辑哲学论》的整个理论是密不可分的：

4.113 哲学限定可探讨的自然科学范围。

4.114 它应划定可思考者的界限，从而也划定不可思考者的界限。

它应从内部通过可思考者划定不可思考者的界限。

4.115 它将通过清晰展现可说者而意指不可说者。

4.116 凡可思考者均可被清楚地思考。凡可言说者均可被清楚地言说。

这里的“界限”这个概念恰好就是（比如）在关于唯我论的讨论中起作用的那一概念，而且在那里它被说成是不可陈述的。因此，尽管4.112倡导以哲学作为活动的观念取代哲学作为理论的观念，并宣称哲学并不是为了产生“哲学命题”——然而，4.112本身似乎就是一个哲学命题系列，而且它所建议的那种活动似乎是出于某种理由而进行的一项活动，而这种理由本身又必定是某种可在哲学命题中陈述出来的东西。4.112需要同《逻辑哲学论》中那些最明显的悖谬性码段放在一起加以考虑。

不过，在探讨本书的明显悖谬性这一论题之前，扼要重述一下它的主要哲学成就，似乎是合适的。维特根斯坦在序言中这样写道：

> 不过，这里传达的思想的**真**，在我看来，是无懈可击的和完全确定的。因此，我认为，这些难题已从根本上被最终解决了。
>
> （29）

337 这里的“难题”就是前一页所描述的“哲学难题”。当维特根斯坦宣称它们已“最终”得到解决时，他是在宣称一个古老的传统被终结了。维特根斯坦到底解决了哪些古老的难题呢？按他本人的说法，他解决了唯我论、唯心论和实在论的难题：唯我论在某种意义上是正确的，却是不可说的。他解决了促使康德引入先天综合真理这一范畴的那些难题：这些真理试图陈述出来的东西，事实上是不可说的。他解决了伦理学及伦理学之地位的难题：他力主一种特殊的、审美的伦理观，同时坚持任何伦理的东西都是不可说的。他摧毁了怀疑论，表明它试图提出无法提出的问题，因为它们的答案是无法陈述的。当然，他还以为自己说明了思想、语言与世界之间的关系，处理了逻辑与模态的地位问题；尽管这些东西中也没有哪一个是严格可说的。《逻辑哲学论》篇幅短小，能在其中解决如此多的难题，真是不可思议。每种情形中，对难题的解决都是一样的：难题的解决在于难题的消失（见6.521）。

在6.5打头的码段中，还有一点让人迷惑的地方——在讨论哲学的过程中，神秘主义又现身了：

> 6.522　确实有不可表达者。它**显示**自身；它就是神秘的东西。

困惑在于：神秘主义跟哲学在一条船上吗？——神秘主义也是空谈吗？通常假定是这么回事儿：拒斥哲学也包括拒斥神秘主义。[1]但我们上一节关于伦理学的探讨，让这一说法看起来是错误的。似乎非常清楚的是，维特根斯坦在那里**建议**我们采取神秘主义的态度，亦即他在《笔记本》中描述为美学的或艺术的态度。[2]而事实上， 338
如果我们假定这里的神秘主义是同哲学区分开的，那么6.522的措辞就意味深长了。哲学的困难就在于，它试图说不可说的东西。但这并不是神秘主义所做的事情：它的注意力指向世界**存在**（6.44），指向有这么些东西存在，而不是指向世界是**如何的**（可以被言说的东西）。它并不试图**说**任何东西：它是一种对世界的**观看**，一种**感受**世界的方式。从6.5下来的思想序列可表述如下。哲学试图提出

1　参见，比如，哈克尔（2000）。

2　这似乎也是拉姆齐的观点（1923: 472）。

并非真正问题的问题（6.5）。怀疑论（由于缺少答案而引发的一种恐慌）试图提出不可提出的问题（6.51）。哲学试图回答那些一旦科学问题得到解答之后所遗留下来的问题；可是并不存在这样的问题，所以没有哲学的位置（6.52）。但这并不意味着没有任何东西存在（“**确实**有不可表达者”，6.522），但它到底是什么，无法被说出来：“它显示自身。”（6.522）这么看来，神秘主义似乎是这样一种态度：一旦我们发现哲学说不可说者的雄心无法实现，它便会取哲学而代之。[1]

1 我认为，这是同麦克吉尼斯（2000e）中对唯我论的解释相一致的。

第五节 《逻辑哲学论》的悖论

理解《逻辑哲学论》的核心困难之一由如下这个评论提了出来：

> 我的命题以如下方式起阐明作用：理解我的人，当他借助并经由它们向上攀爬时，终究会认识到它们是没有意思的。（6.54）

我们首先需要弄清楚这里所包含的悖论的性质。似乎是这样：如果《逻辑哲学论》（至少其大部分内容）为真，那么它就是空谈。
但如果它是空谈，它就不可能是真的。所以，如果《逻辑哲学论》 339
（至少其大部分内容）为真，那么它就不是真的。反过来说，似乎是这样，如果《逻辑哲学论》（至少其大部分内容）为真，那么它只是以它声称（或似乎声称）它是的那种方式是空谈：正是《逻辑哲学论》的那套特殊的语言哲学引导我们认为维特根斯坦必定“没有赋予其命题中的某些记号以任何意义”（6.53）。也就是说，如果它不以它似乎声称它不是真的那种方式不是真的，那么它便是真的。

这是一个严肃的难题，但就其自身而言，它并不是一个**阐释**难题。有必要就这一点将《逻辑哲学论》同休谟的《人类理智研究》和卡尔纳普的“清除形而上学”相比较。休谟和卡尔纳普都表明了自己的立场，而这些立场以十分类似的方式跟《逻辑哲学论》一样是悖谬性的，但它们的呈现带有某种无辜性：它们似乎并未意识到这种悖论。但《逻辑哲学论》可没有这种无辜性：6.54清楚地表明，维特根斯坦知道《逻辑哲学论》（至少其大部分内容）是自我反驳的。这正是难题之所在：要是他知道这一点，他何苦要撰写这部著作呢？很难看出，他会认为他只是致力于一个愚蠢的游戏，除非他认为他可以设法通过某种方式避免我们所描述的这种悖论。那么，这能是怎样一种方式呢？

在研究文献中，有两种对这一问题的回应广为流传。[1]第一种更为传统一些，我将称之为**不可说－真理论**（Ineffable-Truths View）。[2]根据这一观点，尽管维特根斯坦认为关于任何哲学的东西的**陈述**都是不可能的，但他还是认为存在着哲学**真理**，而且这些真理可在不被陈述的情况下，以某种方式被传达出来。这些真理是无

1 然而，重要的是要认识到，自称为“果断”解读者的那些人与被认作传统解读者的那些人之间的划分不只是涉及如何对这一悖论做出回应的论题：在一个维度上，这是一场关于如何看待维特根斯坦的“空谈”概念的争执；而在另一维度上，是一场关于在多大程度上可将后期维特根斯坦的态度读进《逻辑哲学论》的争执。当下的争论时常无助于将区分之间的区分模糊化。

2 哈克尔（2000）对这一观点做了最为清楚的阐述。

法陈述的或不可言说的，因为任何陈述它们的企图都是空谈。这种不可说-真理论，对于这些不可言说的真理如何被传达出去的机制，无须持有任何特殊的观点，尽管其对手们常常将两种与此相关的特殊观念同不可说-真理论联系起来。一个是，维特根斯坦以一 340
种简单的方式运用**言说**与**显示**的区分，来表明他是怎么看不可言说者可为我们所把握的：按这一观点，日常经验真理可**被言说**，而哲学的不可言说真理只能**被显示**。另一个常常被归于不可说-真理论的、关于不可言说真理如何被传达出去的机制的观点是：不可言说真理是通过无意思的词语组合传达出去的；这些无意思的组合表象事物的不可能组合；当我们看到被表象的组合确实是不可能的时，我们便看到了不可言说真理的真。[1]

应该清楚的一点是，这两种说法对于不可说-真理论都不是本质性的。**言说**与**显示**的对照，对维特根斯坦来说显然是很重要的。事实上，他向罗素表明，它乃是整个工作的关键：

> 你恐怕还没有真正把握我的主要想法，而逻辑命题的事儿整个只是它的一个推论。要点是关于什么东西可借助命题——借助语言——被表达出来（也就是，什么可被思考）、什么东西无法借助命题被表达出来而只能被显示出来的理论：我认为，这就是哲学的基本问题。
>
> （*CL*: 124）

1　对于不可言说-真理论的这种图示受到了科南特（2000）的激励。

但这并不意味着，只能被显示的东西是某种**真理**。而且在《逻辑哲学论》中，维特根斯坦似乎一般地将**显示**这个概念的使用限定在通常并不被视作真理的那些事物上，比如，句子间的逻辑关系，以及世界的形式。只在一个地方，被说成是被显示出来的东西，同时也被明确地当成一个真理——关于唯我论的那个著名论断：

> 事实上，唯我论所**意指**的东西是完全正确的，只是无法被**说出来**，而只能自行显示出来。
>
> （5.62）

341 这构成了一个论证的一部分，而在我看来，这一论证在《逻辑哲学论》的语境中，从多个方面来看都是相当怪异的（比如，要是上一章第五节的提议是正确的话，这里便包含了一种特殊的认知考虑）。毫无疑问，那些坚持不可说-真理论的人会认为，**显示**在不可言说真理的传达中起到了**某种**作用（他们认为维特根斯坦相信这一点），但他们无需认为：这说的就是这些不可言说的真理是**被显示出来的**。

再者，不可说-真理论没有理由把维特根斯坦明确否定的一种关于空谈的观点归于他。它可以接受如下看法：在维特根斯坦看来，不存在这么一种空谈，它由于是有意义的词的不合法组合而成为空谈；在他看来，唯一一种空谈，是其无意思性缘于一个或多个记号未被赋予意义的那种空谈（5.4733）。不可说-真理论没必要认为，所假定的那种不可言说的真理，是借助于用来表象对象的不可能组合的、由有意义词语构成的那些无意思组合，被传达出来的。不可说－真理论可以毫不费力地主张，构成《逻辑哲学论》的那些白纸黑字的句子，其本身也是空谈——纯粹的空谈——其原因在于，《逻辑哲学论》本身在6.53中似乎要求它们如此。

尽管如此，不可说－真理论还是有问题的，因为不可言说的真理这一说法本身，就是同维特根斯坦关于哲学想说的大部分内容的要点相冲突的。那些认为维特根斯坦相信不可说真理的人，倾向于把他在《逻辑哲学论》中所做的事情，同弗雷格对围绕**马**这个概念的困难的处理相比较。[1]这个困难就是，从字面上看，下面这个句子不可能是真的：

（F）**马**这个概念不是一个对象。

因为，如果"**马**这个概念"这个短语是有意义的，它便是作为一个单称词项发挥作用的，从而是一个指称某个对象而非某个概念的表达式，因为弗雷格意义上的概念本质上是述谓的。就这样一 342
些情形，弗雷格说道：

> 从字面上看，我的表达有时会词不达意，我想这也是语言难以避免的；在我想到一个概念时，我却提及一个对象。我充分意识到，在这样的情形下，我仰赖一位读者乐意到半道上迎接我——不至于疑神疑鬼的。
>
> （Frege 1892b: 204）

1　见吉奇（1977）。

这段评论的总体特征——相当无力地恳求读者的包容——依我看，完全和维特根斯坦沾不上边。而我认为，这种特征上的差异对应于观点上的差异：弗雷格似乎想骑在墙上，而维特根斯坦相当清楚地表明，哲学就是不可陈述的。诉诸不可言说的真理是一种敷衍，而维特根斯坦不想敷衍了事。

更重要的是，维特根斯坦对哲学的处理恰恰要求他拒斥不可言说真理的说法。这里的关键文本是我们上一节里探讨过的如下这个评论[1]：

> 因为怀疑只存在于有问题的地方；问题只存在于有解答的地方，而解答只存在于有**可说的**东西的地方。
>
> （6.51）

一个不可言说的真理可以是一个不可说出的回答；而这样一个回答的存在，意味着总归有一个它作为其答案的问题。而假如存在这样一个问题，其答案是一个不可言说的真理，那么维特根斯坦就不能说下面这句话了：

> 人生难题的解答就在这一难题的消失。
>
> （6.521）

1　非常感谢道格拉斯·沃尔克指出了这一文本作为支持如下论点的决定性证据的重要性：维特根斯坦不可能接受不可言说真理的存在。

鉴于其对不可言说真理这种说法的明确拒绝，我们便很难通过采纳不可说－真理论来将维特根斯坦从悖论中拯救出来。

最近兴起了一个有时被描述为呈现了一个“新维特根斯坦”、343
有时被描述为提供了对文本的一种“果断”解读的新学术传统，它为维特根斯坦提供了一种完全不同的避免悖论的方式。[1]提出这种阐释的人常常会想着同维特根斯坦的后期工作建立联系，但就当下的目的来说，我们可以将他们对悖论的处理的核心内容描述为持有一种**并非－全－空谈论**（Not-All-Nonsense View）。不可说－真理论，通过在一个不可陈述的真理之乡为维特根斯坦提供一个在文本**之上**的休息场所，来让他避免悖论，而并非－全－空谈论则在文本自身的一个部分中为他提供了一个休息场所。这个想法是，有的文本——有时被称作“框架”——是（被维特根斯坦认为是）有意义的和真的，而这一部分对其余那些纯属空谈的部分做出评论。可以认为，这部著作的所有实质性哲学内容——貌似形而上学的东西、语言理论、对唯我论的处理等——所有这些都只是空谈。仅有的有意义的部分就是那些说出上面这些话的段落（或许还包括一些不那么具有攻击性的、散见于各处的评论）。

以上这种观点要面对两个基本的难题。第一个是，宣称所有哲学都是空谈，或必定是空谈的论断，其本身也是一个哲学的——实际上也是一个形而上学的——论断。它是一个一般的（**所有**哲学）、模态的（**必定**是空谈）论断；它是一个关于世界必定如何的

1　参见，比如戴蒙特（1991）、科南特（2000）、克莱默（2001）。这类观点受到沙利文（2002）的质疑，并受到普卢普斯（2001）的强劲攻击。

论断。它不只是关于某位倾向于抛弃哲学的学者的论断：它与6.53本身有关，就像我们在上一节里所看到的。6.53告诉我们，什么**将会**——不可避免地——是哲学的唯一正确的方法。它说，当某人想要说某种哲学的东西时，我们**总是**要做什么。而这意味着，应该作为“框架”的一部分的那部分文本——本身是有意义的，而且有意义地告诉我们其余的都是空谈的那部分——其本身也和其余部分一
344 样是空谈。只要文本中有任何部分是空谈，那么整个文本全是空谈，所以，并非-全-空谈论必定是错的。

并非-全-空谈论的第二个难题是，关于大部分文本是空谈的论断会变得动机不明，要是我们将它同文本似乎包含的实质性哲学内容分开的话。认为看似完全有意义的句子，可以不在任何实质性的形而上学观点——关于事物必定会怎样的观点——的基础之上被表明是空谈，不是虚伪就是幼稚。我们所看到的就是这样。毫不夸张地说，假定这里实际起作用的实质性形而上学观点可能不同于出现在《逻辑哲学论》中的观点，似乎是相当奇怪的。而事实上，正如我们所看到的，关于试图说某种哲学的东西会把我们引向空谈的论断的具体内容，似乎正好要求我们在《逻辑哲学论》中找到的那种特殊的语言理论。仅当我们接受处于《逻辑哲学论》语言观中心的相同-形式假定，我们才有理由假定试图说某种哲学的东西的人，会恰恰因为有此企图的人“未能赋予其命题中的某些记号以意义”这个特殊的原因，而误入歧途。因此，并非-全-空谈论似乎要求它以为是纯粹空谈的那部分文本，终究是有意思的。

上述两个难题也会影响到对《逻辑哲学论》中较前的一些段落的解读：这些段落似乎跳出来对哲学做了一般性的评论。其中最

引人注目的是4.112，我们在上一节对其做了简要探讨。这里所做出的论断是一般性的——正在考虑中的并非**某一种**哲学——而且是**模态的**。（例如："一部哲学著作**本质上**是由阐明构成的。"）而做出这些论断的动机显然来自《逻辑哲学论》本身的一般理论（就像随后的4.113—4.116的系列评论所清楚地表明的）。就像全书最后的那些评论一样，4.112也不能免于沦为空谈。

如果无论是不可说－真理论还是并非－全－空谈论，都不能令 345
人满意地解释维特根斯坦如何得以认为他避免了《逻辑哲学论》的悖论，那么，是不是有别的解释可以提出来呢？还有这么一个选项：当我们注意到上述两种观点的一个共同假定时，它便出现了。这两种观点都试图寻得这么一种方式：维特根斯坦**在依然传达某种关于哲学的真理的同时**，得以避免悖论。即是说，这两种观点共享这一假定：

（T）《逻辑哲学论》的目的是传达真理。

（T）摆在这里，我们就很难看出，除了由不可说－真理论和并非－全－空谈论所提议的那些方式之外，还能有任何别的容许维特根斯坦避免悖论的方式。可是，要是我们拒绝（T）的话，是不是可以有另外的选项呢？我认为可以有！[1]我将称拒绝（T）的观点为**全无－真理论**（No-Truths-At-All View）。

我们自然会将如下思想归于维特根斯坦：

1　这一观点最初是由莫里斯和多德（2008）发展出来的。

（P）正确的哲学理论蕴涵着：任何说某种哲学的东西的企图都会导致空谈。

基于6.53，将（P）归于维特根斯坦是很自然的：到目前为止，所做的归属似乎都是没有问题的。（P）不仅可自然地归属于维特根斯坦：它似乎还处在《逻辑哲学论》的中心位置。所以，我们似乎可以说下面的话：

（TP）如果《逻辑哲学论》的目的是传达任何真理，那么其要务便尤其是传达（P）的真。

当然，（P）是悖谬性的：如果它为真，那么，作为一个说某种哲学的东西的企图本身，它必定是空谈，而这意味着它不可能是真的。如果（P）是悖谬性的，并且（TP）是真的，那么，若《逻辑
346 哲学论》的目的就像（T）所宣称的那样是传达真理，则这一目的注定是要落空的：这里不存在任何要被传达的真正的真理，因为关键性的明显真理从根底上破坏了它们。这么一来，基于6.54，我们自然地会认为，维特根斯坦意识到了这一点；就是说，他接受了下面这个论断：

（PP）（P）是悖谬性的。

意识到了这一点，而且也意识到了（TP），他必定也已意识到：若《逻辑哲学论》的目的（就像［T］所宣称的那样）是传达

真理，则这一目的注定是要落空的。所以，我们很自然地会认为，在坚持要出版《逻辑哲学论》的过程中，尽管意识到了所有这一切，他也不可能想着在这部著作中传达任何真理。即是说，自然会认为（T）必定是错的。

要使这一点成为真正可信的，有两件事情需要弄明白。第一，如果（T）为假，并且《逻辑哲学论》的出版带着某种目的，那么，就需要有某种可归之于维特根斯坦的目的，而这种目的并不依赖于有任何真理在这部著作中被传达出来。第二，如果他继续在《逻辑哲学论》中追求这种别样的目的，那么，作为在某种意义上既接受（P）又接受（PP）的结果，就需要**存在**这么一种意义，在这种意义上，他可被说成是既接受（P）又接受（PP），即便——就像他在同样这种意义上必须接受的——这里并不存在任何要被接受的真正的真理。当然，如果存在某种意义，（P）在这种意义上被接受，那么也必定存在某种意义，在这种意义上，某种特定的哲学理论是**正确的**，从而它可被（某个在这种意义上接受它的人）视为正确的某种方式，也被接受，即便——按照这里实际被接受的那种理论——根本就不存在任何真正的真理。

我们先来探讨第二个论题：鉴于（P），我们何以能理解存在
着在某种意义上是正确的、某种特定的哲学理论呢？——而且，我
们何以能理解这么一个人，他即便知道它不可能真正为真却仍然**接**
受它呢？首先，按后面这一点，重要的是要弄清楚，要是我一直提 347
供的这种一般性解释像是正确的话，维特根斯坦并未毫不含糊地承
诺如下观点：《逻辑哲学论》中的（白纸黑字的）句子是空谈。因
为他认为它们是空谈的原因是，至少它们中的一些是真的。所以，

他认为它们是空谈就跟他认为它们是真的一样——尽管也当然可以这么说：他认为它们是真的就跟他认为它们是空谈一样。这种立场最好这样加以描述：在维特根斯坦看来，《逻辑哲学论》中的（白纸黑字的）句子处在这样一种不可陈述的状态，我们可将其刻画为既是空谈又是真的，要不就刻画为依次地（并且无休止地）是空谈和真的。这并不妨碍它们是纯粹的空谈，只要它们还是空谈。这也并不会让它们的真——只要它们是真的——成为不可言说的。宁可说，它们同时是（或依次是）纯粹的空谈和可陈述的真的。

由此可推知，无论接受《逻辑哲学论》的（白纸黑字的）句子会怎么样，它都不可能毫不含糊地**要么**是这样一种接受，在其中我们接受我们所理解的东西，**要么**只是一种接受的心理现象，它是某个似乎接受某种实际是空谈的东西的人所处的状态。“接受”《逻辑哲学论》的（白纸黑字的）句子，只能是一种拿捏不定的两可状态，我们无法将其分解成更为熟悉的状态。而这同样适用于对（P）或（PP）以及其余那些东西的“接受”。

这样的话，我们现在要做的，就是去说明在什么意义上我们可以认为，维特根斯坦主张《逻辑哲学论》某种意义上是**正确的**，即使它（也）是空谈。要是我们提出下面的问题，这一论题就会成为争论的焦点：为什么是这样的事实，即若《逻辑哲学论》为真，则它是空谈，而若它不是真的，却不是对《逻辑哲学论》的反证呢？为什么这不正表明了《逻辑哲学论》是**假的**呢？我以为，按维特根斯坦的观点，是出于以下原因。假如《逻辑哲学论》是**假的**，则有某种别的哲学理论——它蕴涵着对《逻辑哲学论》核心主张的否定——会是**真的**。但维特根斯坦似乎明确认为，没有任何别的理论可以是真的。

然而，这还不够。到目前为止，我们似乎只看到了《逻辑哲 348
学论》与每一假想对手之间的僵持局面。毫无疑问，这本身也终将成为悖谬性的：如果所有哲学理论都是**假的**，那么这也将适用于如下这个哲学观点即每一（而且所有）哲学理论都是假的。可我们仍没有理由偏向《逻辑哲学论》而不是任何假想对手。如果所有这些理论都要么是假的，要么是无意义的，那么，其中的任何一个怎么可能比另一个更好或更坏呢？我想说，有一个简单的原因可以解释，维特根斯坦为什么偏向《逻辑哲学论》而不是任何可能的对手。这种想法就是，每一竞争对手，甚至在被考虑应用于其自身之前，就已经是明显错误的了。这样，《逻辑哲学论》的独特之处——按维特根斯坦的看法——就是如下这一点适用于它，而且只适用于它：仅当它被应用于自身的时候，它才是成问题的。如果维特根斯坦想到了这一点，我们便可以理解他为什么在序言中写下这句著名的话：

> 不过，这里传达的思想的**真**，在我看来，是无懈可击的和完全确定的。
>
> （*TLP*, p. 29）

在被应用于自身之前，它才是无懈可击的和完全确定的——在维特根斯坦看来，对任何别的理论都不能这么说。

下一个任务是去说明，维特根斯坦在撰写和出版《逻辑哲学论》时怀有怎样的目的——这一目的的实现并不依赖于任何真理在其中被传达出来。在写给出版商路德维希·冯·费克尔的一封著名的信函中，维特根斯坦写道：

> 本书的意图是伦理性的。我曾想过在序言里写上一句话，实际却没写，但我这里要把它写给你，因为它对你就像一把钥匙。我那时想写的这句话是：我的著作由两部分构成，呈现在这里的和所有我**没有**写出来的。而重要的恰恰是第二部
> 349 分。因为伦理的东西获得了其界限，而这一界限，可以说，是由我的这本书从内部划定的；我确信这是划定这一界限的唯一严格的方式。总之，我相信，在当今许多人在那儿胡言乱语的地方，我在本书中通过对之缄默不语而将每样东西都归置妥当了。
>
> （*WSP*: 94—95）

如果这本书的意图是伦理的，那么我们在本章第三节对《逻辑哲学论》中的伦理学的探讨，就让我们得以理解维特根斯坦心里可能想到的某种东西。他似乎明确认为，伦理学所要求的是采纳一种对世界的神秘的或艺术的观点，一种“带着整个逻辑空间”看世界的观点。（*NB*: 83）这表明，本书倒数第二段表达了维特根斯坦所希望的：

> 他必须超越这些命题，方可正确地看世界。
>
> （6.54）

这么一来,“正确地看世界”就将是,以神秘的观点将世界“看作一个有限的整体”(6.45)。

但是,如果维特根斯坦并不想着在《逻辑哲学论》中传达真理——因为根本就没有要传达的真理——那么,对于促使读者采纳神秘态度的这一目的之实现的方式而言,就存在着一个重要的限制。它不可能由这样一位读者来实现:她先**认识到**《逻辑哲学论》的真,然后再**出于这种原因**采纳一种神秘观点。因为这样一种成为神秘主义者的方式,依赖于存在着要被传达的真理。当然,维特根斯坦并没有描述出这么一种方式,《逻辑哲学论》就应当按照这种方式来展开如上工作。6.54的全部内容如下:

> 6.54 我的命题以如下方式起阐明作用:理解我的人,当他借助并经由它们向上攀爬时,终究会认识到它们是没有意思的。(就是说,登上高处后,他得把梯子扔了。)
>
> 他必须超越这些命题,方可正确地看世界。

维特根斯坦这里想到的是怎样一个过程呢? 350

我以为,可通过再次回顾弗雷格面对**马**这个概念时的情形,来对之做出最简单的说明。我将这一难题刻画为是针对如下这个句子而出现的:

(F)**马**这个概念不是一个对象。

我们可(试着)将(F)试图把握的论点叙述如下。作为谓词的指称物，弗雷格式的概念本质上是述谓的，而作为单称词项的指称物，弗雷格式的对象则是本质上非述谓的。我们假定“马这个概念”这个短语，描述作为谓词“x是一匹马”的指称物的述谓概念。（F）试图说的是，这一述谓概念并不是任何非述谓的东西。这本该是明显为真的。遗憾的是，就像我们所看到的，“马这个概念”这个短语是作为单称词项发挥作用的（至少对弗雷格来说是如此）。而这意味着，如果它意指任何东西的话，其指称物必定是某个对象，而不是任何本质上述谓的东西。所以我们无法让（F）说我们想让它说的东西。

现在假定我们接受这一点：（F）要么是假的，要么是无意义的。但我们依然对我们试图在（F）中表达的东西有某种观念。我们尚未失去对述谓的和非述谓的之间的对比的意识（sense）。所发生的情况是，去把握（F）的努力把我们对这种对比的意识完好无损地——或许还有所强化地——留给了我们，尽管它并不是某种可陈述的东西，也不是关于它原则上可有任何真理的东西。可以说，这就像是表达词语的不同指称物之间的区别的企图被消除了，而留给我们的只是各自不同的指称物而已。我以为，维特根斯坦在描述“借助并经由它们［构成《逻辑哲学论》的句子］”向上攀爬时心里所想到的正是类似于此的过程。

如果这就是维特根斯坦希望《逻辑哲学论》展开工作的方式，
351 那么，我们便可以理解他何以认为，他能够实现促使读者采取神秘主义态度而又不接受《逻辑哲学论》为真这一目的。其想法就是，钻研《逻辑哲学论》的过程本身，会给予我们关于事物之样态——实在的形式——的某种意识，而一旦用句子去表达它的企图被消除之后，这种意识依然保留着。这样的话，我们便可希望《逻辑哲学论》直接给予我们关于实在之形式的意识，而不要求我们实际相信它是真的。

我以为，这为我们提供了不可说－真理论和并非－全－空谈论之外的一个真正的可选项，而这确实是和文本的某种精神相一致的。尤其是，它容许我们赋予全书最后这句话以适当的诗意价值：

> 7　对于不可说者，只需缄默不语。[1]

这里的目标显然不是传达真理（像不可说－真理论主张的那样）；也不可能只是抛弃哲学（像并非－全－空谈论认为的那样）。遣词造句的抑扬顿挫，以及它在文本中所处的位置，均表明它完完全全地带着另一重目的：（从某种意义上说）将人们带离一直占据本书的那些关切。

然而，有两样东西可能会让人们不再坚持作为一种阐释的全无－真理论（No-Truths-At-All View）。第一个是序言——尤其是我们已经考察过的这个评论：

> 不过，这里传达的思想的**真**，在我看来，是无懈可击的和完全确定的。
>
> （*TLP*, p. 29）

1　麦克吉尼斯再次恰到好处地把握住了其基调，将它描述为“一种形式的否定神学”（1988: 300）。

我们已经看到，维特根斯坦如何会偏向《逻辑哲学论》而不是任何别的哲学，可是，我们真的能弄懂他写下这句话的意思吗，要是他认为——就像我们正想说的那样——没有任何真理在《逻辑哲学论》被传达出来的话？事实上，对于任何一种阐释来说，序言都是问题重重的。前面一段是这么开头的：

352 要说我的这项工作有何价值，只在如下两点。第一，它表达了一些思想……

（*TLP*, p. 29）

而就像我现在提议的这种观点一样，不可说－真理论主张，在维特根斯坦看来，没有任何东西在《逻辑哲学论》中被真正表达出来。并非－全－空谈论也无法将序言看作某个非悖谬性“框架”的组成部分。比如，我们来考虑下面这一段：

因此，本书要为思想——或者，不是为思想而是为思想之表达——划一个界限：因为要能为思想划界，我们须让界限的两边都可思（我们要能思考不可思的东西）。

（*TLP*, p. 28）

维特根斯坦这里用了“为思想划定一个界限”这个短语，随后又因为带有悖谬性而加以纠正。但这一纠正有其特殊的地位：并不是说，他仿佛从文本中抹去了这一短语，只为我们留下非悖谬性的表述。毋宁说，他将这个悖谬性的表述留在那儿，并进一步对其悖谬性做了精心的说明。所以，当这一短语似乎无法真正说出任何东西时，它便被保留了下来；而对这一短语的悖谬性所做的说明，似乎不可避免地要面对同样的悖论——要求我们试着去思考不可思考的东西。所以，就其自身来说，整个这一段就是悖谬性的。

而这意味着，无论选取哪种阐释，在考虑到序言时，我们都得少些天真的想法。序言是文本的一部分，并不比其余部分少些悖谬性。这样的事实即它同文本中似乎说出的东西相矛盾——或者看似相矛盾——并不会将它同文本的许多其他部分分离开来。这篇序言并不是想要成为文本之外的某种东西，能告诉我们如何阅读文本（请戴蒙德［1991］原谅），而是要成为文本的一部分，以标示整本书的意图，同时预期即将在文本其余部分更充分展开的一些难题。

接受全无－真理论会面临的另一个困难是，如何理解维特根斯 353
坦重返哲学后受到拉姆齐的质疑时以及后来对哲学难题的处理。在回到哲学之后的那一时期内，并且在彻底改变其哲学进路之前，他似乎依然非常严肃地对待哲学难题，而且带着和任何分析哲学家一样的真诚和严谨就哲学论点展开论辩。[1]确实，他本该完全退出哲学吗？怎样才能理解这一点呢？

某种程度上，我们可以这样回应说，这里提议的阐释的核心内容是，维特根斯坦认为《逻辑哲学论》的哲学胜过其他任何哲

1　我这里尤其想到了“略论逻辑形式”和《维特根斯坦剑桥讲座》靠前的部分。同样的论点也适用于《维特根斯坦与维也纳学派》的有些部分。这里的担忧是由罗杰·怀特引发的。

学。要是他能够基于《逻辑哲学论》的哲学得出结论说，任何说某种哲学的东西的企图都会导致空谈，则他仍需要这么想下去。所以他保持着对理清哲学——在如下这个意义上：排除哲学中的错误，而不是消除将它应用于自身时会引起的悖论——的单纯兴趣。但这似乎难以把握这一过渡时期的探讨的特色。也许是这样的情况：充其量只能这么说，置身于“一战”前线创作《逻辑哲学论》时的那份火热之情，在1920年代后期已经冷却下来了。

从另一个方面说，我们可以举出历史证据来支持这种看法：维特根斯坦试图让我们采纳一种非哲学的神秘观点。卡尔纳普曾参加维特根斯坦同当时的新“维也纳小组”的早期聚会，并这样回忆道：

> 他的观点以及他对人和疑难问题——甚至是理论难题——的态度，非常类似于原创的艺术家的态度，而不是科学家的态度；几乎可以说，类似于宗教预言家或先知的态度。[1]

而且在他本人的《通过语言的逻辑分析清除形而上学》一文中，他将形而上学描述为企图以一种混乱的方式去做艺术该做的事
354 情。在卡尔纳普看来，形而上学的目标是表达“一个人对生活的总体态度”。他认为，“形而上学是艺术的一个不大够格的替代品”，其真正关切就是表达这种对生活的“基本态度”（Carnap 1956: 78–80）。很自然地会认为，卡尔纳普这里是在为我们提供这么一

1　卡尔纳普（1963: 25）。

项规划，而在对维特根斯坦做出评价时，他认为维特根斯坦正致力于这项规划。

或许，对《逻辑哲学论》的悖论，就没有一个完全令人满意的处理办法。不可说－真理论和并非－全－空谈论，似乎显然是无法接受的。当前的这个选项，即全无－真理论，似乎比这二者更能（勉勉强强）把握这部著作，但仍不太容易被接受为一种阐释。[1]

不过，这并不会降低这部著作的整体价值。当我们不再只做个阐释者，并考虑从《逻辑哲学论》中为我们自己的哲学吸取点什么的时候，我们尚有两种对其做出回应的方式。要是有这份心情的话，我们可以按全无－真理论鼓励我们采纳的方式去对待它：我们可将这部著作解读为这样一种设计，它将我们带向一种神秘的世界观。或者，我们可将这个悖论视作提供了对其核心内容的一个反证。从哲学上说，我本人倾向于后一个选项，但这一选项并不轻松。《逻辑哲学论》的理论为我们提供了两样东西，大多数哲学家会宁愿拥有它们。首先，它为我们提供了关于语言与世界之关系的一种解释，它说明了语词何以能同世界中的物件关联起来。其次，它说明了世界中如何可能存在某种必然性和可能性，而我们可以在没有先天综合真理的情况下知道它们。想以另外的方式确保这些值得拥有的东西，而不在别的什么地方陷入悖论，可不是一件容易的事儿。

1 本节所呈现的关于《逻辑哲学论》悖论的各种处理意见之间的辩证关系的一般构想，连同最终提出的那种解决办法，最初都见于莫里斯和多德（2008）。我极为感激朱利安·多德在撰写这篇论文时所做的贡献，我也为我这里再次呈现那种探究，同时也为他从总体上帮助澄清论题，而感到高兴。

附录　实体论证 355

维特根斯坦对实体——所有可能世界所共有的必然存在的对象——的存在的论证包含在下面这几段话中：

2.02　对象是简单的。

2.0201　每一关于复合物的陈述都可解析为一个关于其成分的陈述，以及完全描述复合物的那些命题。

2.021　对象构成世界的实体。故它们不可能是复合的。

2.0211　世界若无实体，则一命题有无意思要取决于另一命题是否为真。

2.0212　那样的话，便无法为世界勾画出任何图像（无论真假）。

这一论证的真正核心是最后两段。

当维特根斯坦说“一命题有无意思要取决于另一命题是否为真”时，他心里想到的是什么？——对于这一问题有不同的回答，导致了对这一论证的不同阐释。那么，他所想到的另一个命题是什么呢？

根据一个广泛的阐释传统，这另一个命题就是下面这个命题：一个陈述明显论及的那个复合物存在。要让该复合物存在，就是要让其构成部分以特定的方式排列在一起。例如，要让一把扫帚存在，就是要让一个扫帚头和一个扫帚杆以一定的方式组装在一起（这个例子是维特根斯坦自己在《哲学研究》§60中给出的）。由此我们可以区分开两种不同的阐释。

356 第一种阐释将这一论证当成是主要想论证分析必定有个终点：权且称之为**分析之终点**（end-to-analysis）阐释。这种阐释将这一论证的意图看作是依据2.0201来支持2.02：最关键的是对象的简单性，亦即其不可再分性。弗格林（Fogelin）将这一论证阐述如下：

> 如果分析总是生成这样的名字，它们还是复合物的名字，那么，2.0201所规定的意思标准就永远得不到满足了。
>
> （Fogelin 1987: 14）

这里的论证似乎依赖于许多关于语言的相当一般的假定。其中第一个是：

> （N1）每一种语言要么包含名字，要么至少包含名字的可能性。

这里加上谨慎的限定条件，为的是容许这样一种语言的可能性，它现有的表达式中没有任何一个名字，但包含着量词和变项。这种语言至少需要有名字可用来替换量化变项（我想，这便是3.23—3.24的论点。参见第四章第五节）。

（N1）的意义由一种关于名字的构想来赋予：

> （N2）假如不存在一个名字所指称的对象，则包含这个名字的句子没有意思。

（N2）表达了关于名字的一种自然构想，这种构想在维特根斯坦以及他的思想先驱弗雷格和罗素那里，似乎均可以找到（参见第二章和第四章）。[1]若不存在简单对象，则一种语言所包含的名字就只能是复合物的名字。我们如何去处理包含一个复合物名字的句子呢？我们或许会认为2.0201表明了如下观点：

> （N3）包含一个复合物名字的句子可被分析为在意义上 357
> 等价于这样一个句子，在其中被命名的只有该复合物的构成部分。

（N1）至（N3）穷尽了**分析之终点论**在其阐释中自然会诉求的关于语言的那些一般假定。遗憾的是，难以用它们为如下结论构

1 只是，弗雷格以一种不同的方式使用意思这个概念，所以，他不会接受对这一论点的表述方式。在弗雷格看来，意思是意义的一个不同于指称的维度：所有表达式既具有意思，又具有指称。而在维特根斯坦看来，只有名字具有指称，只有句子具有意思。

建可靠的论证：必定存在简单对象。

可以合理地认为，（N1）和（N2）加在一起会要求类似如下的东西：

（EA1）如果不存在一种语言的（可能的）名字所指称的对象，那么这一语言中的任何一个句子都是没有意思的。

而对（N3）的反思会表明如下这一点：

（EA2）如果不存在简单对象，那么，仅当一种语言的所有包含一个名字的句子都可做无限分析时，才存在该语言的（可能的）名字所指称的对象。

可是，要从这些前提得出类似于维特根斯坦所需要的那种结论，我们显然还需要下面这个进一步的前提：

（EA3）没有任何句子可做无限分析。

但一个句子“可做无限分析”的想法是模糊不清的。它可以意指如下两者之一：

（ⅰ）对分析的每一步骤而言，都存在原则上可提供的一个更进一步的分析；

（ⅱ）完成一个无限分析系列是可能的。

只有依据阐释（ⅱ），（EA3）才是明显的。可是，只有依据不那么苛刻的阐释（ⅰ），（EA2）才是可信的。

这意味着，由**分析之终点阐释**提供给维特根斯坦的论证似乎 358
是错误的。而且还有别的理由对它作为一种阐释进行质疑。第一，尚不清楚的是，认为不存在简单对象的人是否需要接受（N3）：关于这样一种分析的想法似乎恰恰是为了确保被命名的只有简单对象而涉及出来的。第二，**分析之终点阐释**对“一命题有无意思要取决于另一命题是否为真”做了一种奇怪的过度解读。它以为这句话的意思是：一命题是否有意思，依赖于是否有**无限多的**其他命题为真。第三，它未对2.0212中**一幅图像**这个观念的引入做出说明：为什么维特根斯坦不只是说那将使得任何句子具有意思成为不可能的？第四，它误解了这一段落的总体方向。它依据2.0201中提到了分析这一事实，以为这一段落主要关注的就是分析。但这一论证显然不是借分析这个概念，而是借实体这个概念来进行的：2.021明确说，正因为对象构成世界的实体，它们才不能是复合的。2.0201可最自然地理解为对2.02何以为真做出的说明，尽管存在这样的事实：我们日常语言中多数看似名字的表达式，并不是简单对象的名字。

分析之终点阐释是从如下想法开始的：其真被最初那个命题p所要求的“别的命题”，实际所陈述的是，p论及的那个复合物存在。不过，从这一出发点开始的阐释不止这一个。另一个是由伊恩·普卢普斯（Ian Proops 2004）提出的，可称之为**众多-真值阐释**（the plenitude-of-truth-value interpretation）。根据这一阐释，维特根斯坦的论证的核心大致如下：

（PT1）若一对象存在可为真，则它存在是偶然的；

359 （PT2）若一对象存在是偶然的，则存在一个它不在其中存在的可能世界；

（PT3）任何一个包含某个对象之名字的句子，在该对象不在其中存在的任何可能世界中，都没有真值；

（PT4）没有任何句子会在任何可能世界中没有真值；所以

（PT5）没有任何句子可以包含一个可被真实地说成是存在的对象的名字。

如果我们像先前那样接受（N1），这一论证便会表明，一种语言之具有意思，要求一些对象必然存在。必然存在的对象必须是简单的：将它们描述为复合的，就是想象它们不存在的可能性（由于它们的要素没有被组合起来）。因此，这一论证表明，必定存在简单对象。就像**分析之终点阐释**一样，这里提出的论证也有赖于（N2）：正是（N2）应该为（PT3）提供支撑。

这一论证的优点在于，它依据对维特根斯坦实体概念（在所有可能的变体中保持恒定的东西）的自然解释，让对象的简单性依赖于它们之构成世界的实体。但它也不是没有自身的困难。其中一个困难是，没有任何明显的理由接受（PT3）。请考虑这个书架比利（Billy the bookcase），它只存在于它的部件被组装在一起的那些世界里。在某个可能世界——世界W——中，比利的部件没有被组装在一起，所以比利不存在。包含“比利”这个名字的有些句子，在W中毫无疑问会拥有真值：例如，“比利存在”在W中毫无疑问是假的，而“比利不存在”则毫无疑问是真的。其他一些句子则可以或自然或任意地被赋予真值：例如，“比利高两米”可被认为在W中是假的（因为它在W中未被组装起来）；“比利是一个书架”可被认为在W中是真的（因为比利是W中一个不存在的书架，而不是［比如］不存在的马-这个物种）。

这里的难题看来源自对如下两个“世界”的混淆：一个是对 360
某个句子的阐释所固着于其上的那个世界，另一个是按这种阐释要参照它来确定该句子的真值的那个世界。[1]当我们自然地理解这里的论题时，我考虑像“比利存在”这样一个句子所依赖的是在实际世界——比利在那里存在以便被命名，而且已被组装起来——中被给予的关于它的阐释，但我们所考虑的却是，照这种阐释，该句子在某个别的世界（比如W）中是否为真。根据这种理解，“比利存在”在实际世界中为真（考虑到［N2］，这便是如何具有意思的），但照这种阐释，它在W中却是假的。可是，只有按非自然的解读，（PT3）才是可信的，这种解读将该阐释固着于其上的那个世界当成是该对象不在其中存在的那个世界。而且，根据这种解读，（PT4）是不可能的：如果一个句子由于在某个特定的世界中未得到阐释而未获得真值的话，那么它便很容易在这个世界中得不到真值。

如此一来，这种阐释提供给维特根斯坦的也还是一个弱论证。

---

1 这种对普卢普斯的反驳实际是由查拉巴尔多（待出，第五章）提出的。我赞同他的诊断，但还是有些犹豫，因为普卢普斯（2004: 114–115）区分开的恰恰是这样两种东西：要使这一论证的每一前提都看似有理的话，它们得是彼此混合在一起的。

而且还有更进一步的理由来质疑这种阐释的可信性。其中的一个理由是，尽管它确实让对象的简单性依赖于对象构成世界的实体（就像2.021所说的）这一思想，但它似乎并未考虑到维特根斯坦认为实体重要的理由。在维特根斯坦看来对实体概念很重要的东西，包含在接下来的一个评论中：

> 2.022　显然，设想出来的世界，无论与实在世界如何不同，必定有某种与之共同的东西——一种形式。

而它与对象的联系在随后一个评论中确立下来：

> 2.023　这种不变的形式由对象构成。

361 形式这个概念根本就没有进入**众多－真值阐释**的推理当中；所以很难看出这一阐释如何能被视为公正地对待了维特根斯坦的关切。此外，就像**分析之终点阐释**的情形一样，这一阐释也无法找到明确的原因，来解释维特根斯坦为什么在2.0212中借“图像”这个概念表达其观点：他本可以只是说，这样的话便不可能有任何有意思的命题。

最近，约瑟·查拉巴尔多（Jose Zalabardo）提出了一个引人注目的替代性解释进路（尚未发表），我们将称之为**罗素式－形式阐释**。这种解读受到了《笔记本》中如下这个关于罗素的形式观的评论启发（我在第一章第四节解释关于我称之为［FO］的论断的论证时论及了这一评论）：

> 我认为命题φa的真的可能性是同事实（$\exists x, \varphi$）$.\varphi x.$联系在一起的。但是，如果存在另一个具有相同形式的命题，就不可能看出为什么只有φa是可能的。φa确实不需要任何先例。（假设只存在两个基本命题“φa”和“ψa”，并且“φa”是假的：为什么只有“ψa”为真时，这个命题才是有意思的呢？）
>
> （*NB*: 17）

这里的论点是特别针对罗素的，他认为包含一个一元谓词的句子的一般形式是由句子“（$\exists x, \varphi$）$.\varphi x.$”提供的（Russell 1984: 129）。[1]包含一个一元谓词的句子有意思，因为“（$\exists x, \varphi$）$.\varphi x.$”这个句子为真。维特根斯坦似乎认为，由于下述原因这种说法是荒谬的：只有依据某个特殊的句子（比如“φa”）为真，“（$\exists x, \varphi$）$.\varphi x.$”这个句子才能为真。因此，像“φa”这样一个句子，只是因为具有这一形式的某个句子——要么是“φa”自身，要么是另一个（比如“ψa”）——为真，才具有意思。就像我们所看见的，维特根斯坦认为这表明把句子的形式本身当成另一个句子是错误的：宁可说，它必定是“已经……由其构成部分的形式提供出来的”某种东西。（*NB*: 23）而这意味着，世界的形式必定存在于对象之中。根据这 362
种阐释，2.0211 中所指的“另一个命题”，要么是像“（$\exists x, \varphi$）$.\varphi x.$”这样的完全一般化了的命题，要么是另外一个具有相同形式的命题（一如“ψa”具有和“φa”相同的形式）。

1　尽管就像第一章正文考虑到这一评论时所指出的那样，这一观点似乎早先已由维特根斯坦本人表达出来了（《剑桥信函》：24–25）。

查拉巴尔多的罗素式–形式阐释，是和这一段落里实际起作用的实体概念相吻合的，而且它也将这一概念同形式概念联系起来了。但它依然面临诸多困难。第一个困难是，它并未真正把握住这种关于一个命题之有意思赖乎另一命题之为真的担忧的关键点。首先，并不那么明显的是，维特根斯坦本人观点（形式存在于句子的构成部分，从而最终存在于对象之中）的唯一替代者就是罗素的观点：罗素的观点只是维特根斯坦不赞同的一个特殊的观点而已——他为什么要认为，除非他是正确的，否则就必须接受罗素的观点呢？其次，并不那么明显的是，罗素的观点就像维特根斯坦所理解的那样，可推论出一个命题之有意思赖乎**另**一命题之为真。如果我们坚持罗素的解释，并假定“$(\exists x, \varphi).\varphi x.$”可以在没有任何像“$\varphi a$”一样的特殊实例为真的情况下为真，那么上述说法就是合理的；那么这一实例之有意思便赖乎存在着这种形式，而且该形式就会是跟完全一般化了的命题之为真有关的东西。但维特根斯坦似乎恰恰就不赞同这种说法：他似乎认为完全一般化了的命题为真，仅当它有一个为真的实例。我们现在假定维特根斯坦在这里是对的，并且像以前一样假定我正在考虑其意思的命题就是像“φa”一样的某个特定的命题。那么，根据维特根斯坦的修正版罗素理论，这一命题之有意思是否依赖于**另**一命题为真呢？那将取决于“φa”自身是否为真：若它为真，则不再需要别的具有相同形式的真命题。

此外，维特根斯坦的观点似乎一直是：罗素的观点本身显然
363 是荒谬的。假如由于说一命题之有意思赖乎另一命题之为真而引出的难题，就是维特根斯坦在《笔记本》第17页所考虑的那个难题的话，这一难题似乎就是一命题之有意思赖乎另一命题之为真。但

维特根斯坦在《逻辑哲学论》的那一段落里并不是如此考虑这个难题的。在《逻辑哲学论》的那一段落里，他显然认为，一命题之意思赖乎另一命题之真，由于一个不同的原因——它会使得形成一幅实在之图像成为不可能的（2.0212）——而成为有问题的。而且，这种**罗素式-形式阐释**也和已讨论过的所有别的阐释一样，面临着这种困难，即它无法解释维特根斯坦为什么决定依据一幅图像的概念来说明2.0212的论点：他本可以仅仅依据一命题之没有意思来轻易地提出这一论点。

我在前面第一章中所提出的那种阐释与所有这些阐释的不同之处在于，它将2.0211中的“别的命题”看成是一个陈述一给定命题具有意思的命题。而且，对于任何这样的命题都不能在它断定其有意思的命题**之先**具有意思的论证，有赖于4字打头的那些评论中所提出的命题作为图像的构想。所以，它对维特根斯坦在2.0211中用到的“图像”这个词做了解释，而其他所有阐释都没有这样做。不过，它和**罗素式-形式阐释**共有如下优点：让这一论证依赖于对象构成世界的形式这一事实，并且让作为世界之形式成为对于世界之实体真正重要的东西。对于这样一些难解词句的阐释，无法做到毫无争议，但我觉得，在现有的这些备选者中，我所提出的这一种确实略好一些。

参考文献

近些年来,《逻辑哲学论》的研究文献汗牛充栋。下一步该读些什么？如果你想详细了解《逻辑哲学论》发表之前维特根斯坦的生活，请读麦克吉尼斯（1988）：该书最后一章也是这部著作的文学方面的一个极好的导引。蒙克（1990）是一部完整的传记，涵盖维特根斯坦的全部生平。

阅读几本导读性的文本，也是有益处的。斯特纽斯（1960）和安斯康姆（1971）依然是经典；怀特（2006）是这类导读中新增的一种。要想对有关维特根斯坦的全部文献有个概观，肯尼（2007）是个不错的起始点。斯特恩（1995）对维特根斯坦的一个方面做了更为深入的研究，涵盖他前后期的工作。

把维特根斯坦哲学放在罗素和同一传统的其他哲学家的工作的语境中，也是个不错的主意。蒙克（1997）是一部很有帮助的罗素传记。希尔顿（1990）提供了早期分析哲学史的一个有益的背景。波特（2000）将维特根斯坦的工作置于整个数学哲学传统的语境之中。兰蒂尼（2007）更强地聚焦于罗素的影响，而且极为详细地探究技术性论题。了解近期关于如何看待这部著作的明显悖论的争论，可从克拉里和里德（2000）开始。接下来可以读克莱默（2001）、普卢普斯（2001）和沙利文（2002）。

维特根斯坦本人著作

CL *Ludwig Wittgenstein: Cambridge Letters; Correspondence with Russell, Keynes, Moore, Ramsey and Sraffa*,《剑桥书函》, ed. B. McGuinness and G. H. von Wright (Oxford: Blackwell, 1995)

LE 'A Lecture on Ethics',《伦理学演讲》, *Philosophical Review* 74 (1965): 3–12

LO *Letters to C. K. Ogden with Comments on the English Translation of the Tractatus Logico-Philosophicus*,《致奥格登的信》, ed. G. H. von Wright (Oxford: Blackwell, 1973)

NB *Notebooks 1914–1916*,《1914—1916年笔记本》, ed. G. H. von Wright and G. E. M. Anscombe, trans. G. E. M. Anscombe, 2nd edn, (Oxford: Blackwell, 1979)

NL *Notes on Logic*,《逻辑笔记》, printed as Appendix I of *NB*

NM *Notes Dictated to G. E. Moore in Norway*,《在挪威向摩尔口述的笔记》, printed as Appendix II of *NB*

PG *Philosophical Grammar*,《哲学语法》, ed. R. Rhees, trans. A. Kenny (Oxford: Blackwell, 1974)

PI *Philosophical Investigations*,《哲学研究》, trans. G. E. M. Anscombe, 3rd edn (Oxford: Blackwell, 2001)

PR *Philosophical Remarks*,《哲学评论》, ed. R. Rhees, trans. R. Hargreaves and R. White (Oxford: Blackwell, 1975)

PT *Prototractatus: an Early Version of Tractatus Logico-Philosophicus*,《逻辑哲学论原稿》, ed. B. McGuinness, T. Nyberg, and G. H. von Wright, trans. D. Pears and B. McGuinness (London: Routledge and Kegan Paul, 1971)

RFM *Remarks on the Foundations of Mathematics*,《关于数学基础的评论》, ed. G. H. von Wright, R. Rhees, and G. E. M. Anscombe, 2nd edn (Oxford: Blackwell, 1978)

RLF 'Some Remarks on Logical Form',《略论逻辑形式》, *Aristotelian Society Supplementary Volume 9* (1929): 162–71

TLP *Tractatus Logico-Philosophicus*,《逻辑哲学论》, trans. C. K. Ogden (London: Routledge and Kegan Paul, 1922)

*TLP** *Tractatus Logico-Philosophicus*,《逻辑哲学论》, trans. D. Pears and B. McGuinness (London: Routledge and Kegan Paul, 1961)

WLC *Wittgenstein's Lectures: Cambridge 1930–1932*,《维特根斯坦的讲演：剑桥1930–1932

年》, ed. D. Lee (Oxford: Blackwell, 1980)

WSP Wittgenstein: Sources and Perspectives,《维特根斯坦：来源与观点》, ed. C. G. Luckhardt (Ithaca, NY: Cornell University Press, 1979)

WVC Ludwig Wittgenstein and the Vienna Circle: Conversations Recorded by Friedrich Waismann,《维特根斯坦与维也纳学派》, ed. B. McGuinness (Oxford: Blackwell, 1979)

其他学者的研究著作

Allison, H. (1983) *Kant's Transcendental Idealism: An Interpretation and Defense*,《康德的先验唯心论：一种阐释与维护》, (New Haven, CT: Yale University Press)

Anscombe, G. E. M (1971) *An Introduction to Wittgenstein's* Tractatus,《维特根斯坦〈逻辑哲学论〉导论》, 3rd edn (London: Hutchinson)

Armstrong, D. (1997) *A World of States of Affairs* ,《由事态组成的世界》, (Cambridge: Cambridge University Press)

Beebee, H., and Dodd, J., eds (2005) *Truthmakers: The Contemporary Debate*,《真理造成者：当代的争论》, (Oxford: Oxford University Press)

Berkeley, G. (1734) *A Treatise Concerning the Principles of Human Knowledge*,《人类知识原理》, 2nd edn (London: Tonson)

Black, M. (1964) *A Companion to Wittgenstein's* Tractatus,《维特根斯坦〈逻辑哲学论〉指南》, (Cambridge: Cambridge University Press)

Block, I., ed. (1981) *Perspectives on the Philosophy of Wittgenstein*,《维特根斯坦哲学研究文集》, (Oxford: Blackwell)

Carnap, R. (1956) 'The Elimination of Metaphysics through Logical Analysis of Language',《通过语言的逻辑分析清除形而上学》, in A. J. Ayer, ed., *Logical Positivism* (New York: Free Press)

—— (1963) 'Intellectual Autobiography',《学术自传》, in P. Schilpp, ed., *The Philosophy of Rudolf Carnap* (La Salle, IL: Open Court), pp. 3–84

Cheung, L. (2000) 'The Tractarian Operation N and Expressive Completeness',《〈逻辑哲学论〉中的否定运算与表达的完整性》, *Synthese: An International Journal for Epistemology, Methodology and Philosophy of Science* 123: 247–61

Church, A. (1936) 'A Note on the Entscheidungsproblem',《关于决断难题的一个评注》,

Journal of Symbolic Logic 1: 40–41
—— (1940) 'A Formulation of the Simple Theory of Types',《简单类型论的一种表述方式》, *Journal of Symbolic Logic* 5: 56–68
Conant, J. (2000) 'Elucidation and Nonsense in Frege and Early Wittgenstein',《弗雷格和早期维特根斯坦那里的阐明与空谈》, in Crary and Read (2000) Crary, A., and Read, R., eds (2000) *The New Wittgenstein* (London: Routledge)
Davidson, D. (1984) *Inquiries into Truth and Interpretation* ,《关于真理与阐释的探究》, (Oxford: Oxford University Press)
—— (1984a) 'Radical Interpretation',《彻底阐释》, in his (1984), pp. 125–40
—— (1984b) 'On the Very Idea of a Conceptual Scheme',《论概念图式这一观念》, in his (1984), pp. 183–98
Descartes, R. (1641) *Meditationes de prima philosophia*,《第一哲学沉思集》, trans. J. Cottingham, as Meditations on First Philosophy, in J. Cottingham, R. Stoothoff, and D. Murdoch, eds, *The Philosophical Writings of Descartes*, Vol. II (Cambridge: Cambridge University Press, 1984)
Diamond, C. (1991) 'Throwing Away the Ladder: How to Read the Tractatus',《甩开梯子：如何阅读〈逻辑哲学论〉》, in her *The Realistic Spirit* (Cambridge, MA: MIT Press), pp. 179–204
—— (2000) 'Does Bismark Have a Beetle in His Box? The Private Language Argument in the Tractatus',《俾斯麦的盒子里有甲虫吗?〈逻辑哲学论〉中的私人语言论证》, in Crary and Read (2000), pp. 262–92
Dummett, M. (1981) *Frege: Philosophy of Language*,《弗雷格：语言哲学》, 2nd edn (London: Duckworth)
—— (1991) *Frege: Philosophy of Mathematics* ,《弗雷格：数学哲学》, (London: Duckworth)
Field, H. (1972) 'Tarski's Theory of Truth',《塔斯基的真理论》, *Journal of Philosophy* 69: 347–75
Floyd, J., and Shieh, S., eds (2001) *Future Pasts: The Analytic Tradition in Twentieth Century Philosophy*,《未来的过去：20世纪的分析传统》, (New York: Oxford University Press)
Fogelin, R. (1987) *Wittgenstein*,《维特根斯坦》, 2nd edn (London: Routledge)
Frege, G. (1879) *Begriffsschrift: eine der arithmetischen nachgebildete Formelsprache des reinen Denkens* (Halle: Nebert),《概念文字》, trans. as *Begriffsschrift: a formula language, modeled*

upon that of arithmetic, for pure thought, in J. van Heijenoort, ed., *From Frege to Gödel: A Source Book in Mathematical Logic*, 1879–1931 (Cambridge, MA: Harvard University Press)

—— (1884) *Die Grundlagen der Arithmetik: eine logisch-mathematische Unterschung über den Begriff der Zahl* (Breslau: Köbner),《算术基础》, trans. J. L. Austin, as *The Foundations of Arithmetic: A logico-mathematical enquiry into the concept of number*, 2nd edn (rev.) (Oxford: Blackwell, 1980)

—— (1892a) 'Über Sinn und Bedeutung',《论意思与意义》, *Zeitschrift für Philosophie und philosophische Kritik* 100: 25–50; trans. M. Black, as 'On Sense and Meaning', in Frege (1984)

—— (1892b) 'Über Begriff und Gegenstand',《论概念与对象》, *Vierteljahresschrift für wissenschaftliche Philosophie* 16: 192–205; trans. P. Geach, as 'On Concept and Object', in Frege (1984)

—— (1893) *Grundgesetze der Arithmetik*, Band I,《算术的基本法则》(第一卷), (Jena: Pohle); partially trans. M. Furth, as *The Basic Laws of Arithmetic* (Berkeley, CA: University of California Press, 1964)

—— (1903) *Grundgesetze der Arithmetik*, Band II ,《算术的基本法则》(第二卷), (Jena: Pohle)

—— (1980) *Philosophical and Mathematical Correspondence*,《关于哲学与数学的通信》, ed. G. Gabriel, H. Hermes, F. Kambartel, C. Thiel, and A. Veraart; trans. H. Kaal (Oxford: Blackwell)

—— (1984) *Collected Papers on Mathematics, Logic, and Philosophy*,《数学、逻辑与哲学论文集》, ed. B. McGuinness (Oxford: Blackwell)

Geach, P. (1977), 'Saying and Showing in Frege and Wittgenstein',《弗雷格和维特根斯坦那里的言说与显示》, in J. Hintikka, ed., *Essays in Honour of G. H. von Wright, Acta Philsophica Fennica* 28: 54–70

—— (1981) 'Wittgenstein's Operator N',《维特根斯坦的否定算子》, *Analysis* 42: 124–27

Glock, H.-J. (2004) 'All Kinds of Nonsense',《五花八门的空谈》, in E. Ammereller and E. Fischer, eds, *Wittgenstein at Work: Method in the Philosophical Investigations* (London: Routledge), pp. 221–45

Goldfarb, W. (1989) 'Russell's Reasons for Ramification',《罗素的分枝的理由》, in C. W.

Savage and C. A. Anderson, eds, *Rereading Russell: Essays on Bertrand Russell's Metaphysics and Epistemology*, Minnesota Studies in the Philosophy of Science 12

—— (2001) 'Frege's Conception of Logic',《弗雷格的逻辑观》, in Floyd and Shieh (2001), pp. 25–41

—— (2002) 'Wittgenstein's Understanding of Frege: The Pre-Tractarian Evidence',《维特根斯坦对弗雷格的理解：前〈逻辑哲学论〉证据》, in E. Reck, ed., *From Frege to Wittgenstein: Perspectives in Early Analytic Philosophy* (Oxford: Oxford University Press), pp. 185–200

Hacker, P. (1986) *Insight and Illusion: Themes in the Philosophy of Wittgenstein*,《洞见与幻象：维特根斯坦哲学的主题》, rev. edn (Oxford: Oxford University Press)

—— (2000) 'Was He Trying to Whistle It?',《他是想把它吹出来吗？》, in Crary and Read (2000), pp. 353–88

Hertz, H. (1894) *Die Prinzipien der Mechanik in neuen Zusammenhange dargestellt*,《力学原理新编》(Leipzig: Barth); trans. D. E. Jones and J. T. Walley as *The Principles of Mechanics Presented in a New Form*, 2nd edn (New York: Dover, 1956)

Hilbert, D., and Ackermann, W. (1928) *Grundzügen der theoretischen Logik*,《理论逻辑的基本特征》, (Berlin: Springer)

Hintikka, J. (2000) *On Wittgenstein*,《论维特根斯坦》, (Belmont, CA: Wadsworth)

Hume, D. (1739–40) *A Treatise of Human Nature*,《人性论》, (London: Noon/Longman)

—— (1777) *An Enquiry Concerning Human Understanding*,《人类理智研究》, rev. edn (London: Cadell)

Hylton, P. (1990) *Russell, Idealism, and the Emergence of Analytical Philosophy*,《罗素、唯心论与分析哲学的兴起》, (Oxford: Oxford University Press)

Ishiguro, H. (1969) 'Use and Reference of Names',《名字的用法与指称》, in P. Winch, ed., *Studies in the Philosophy of Wittgenstein* (London: Routledge), pp. 20–50

Janaway, C. (1994) *Schopenhauer*,《叔本华》, (Oxford: Oxford University Press)

Johnston, C. (2007a) 'The Unity of a Tractarian Fact',《〈逻辑哲学论〉中的事实的统一性》, *Synthese: An International Journal for Epistemology, Methodology and Philosophy of Science* 156: 231–51

—— (2007b) 'Symbols in Wittgenstein's Tractatus',《维特根斯坦的〈逻辑哲学论〉中的符号》, *European Journal of Philosophy* 15: 367–94

—— (forthcoming) 'Tractarian Objects and Logical Categories',《〈逻辑哲学论〉中的对象与逻辑类型》, *Synthese: An International Journal for Epistemolog, Methodology and Philosophy of Science*

Kant, I. (1781/87) *Critique of Pure Reason*,《纯粹理性批判》, trans. Guyer and A. Wood (Cambridge: Cambridge University Press, 1997)

Kenny, A. (2006) *Wittgenstein*,《维特根斯坦》, rev. edn (Oxford: Blackwell)

Kremer, M. (2001) 'The Purpose of Tractarian Nonsense',《〈逻辑哲学论〉中的空谈的目的》, *Noûs* 35: 39–73

Kripke, S. (1980) *Naming and Necessity* ,《命名与必然性》, (Oxford: Blackwell)

Landini, G. (2007) *Wittgenstein's Apprenticeship with Russsell* ,《维特根斯坦与罗素的师承关系》, (Cambridge: Cambridge University Press)

Lear, J. (1984) 'The Disappearing "We"',《正在消失的"我们"》, *Aristotelian Society Supplementary* Volume 58: 219–58

Lewy, C. (1967) 'A Note on the Text of the Tractatus',《关于〈逻辑哲学论〉文本的一个评注》, *Mind* 76: 416–23

Locke, J. (1700) *An Essay Concerning Human Understanding*,《人类理解论》, 4th edn, ed P. Nidditch (Oxford: Oxford University Press, 1975)

Lycan, W. (2000) *Philosophy of Language: A Contemporary Introduction*,《语言哲学：一个当代导论》, (London: Routledge)

McDowell, J. (1984) 'De Re Senses',《从物感觉》, *The Philosophical Quarterly* 34: 283–94

—— (1994) *Mind and World*,《心灵与世界》, (Cambridge, MA: Harvard University Press)

McGinn, M. (2006) *Elucidating the Tractatus: Wittgenstein's Early Philosophy of Logic and Language*,《阐明〈逻辑哲学论〉：前期维特根斯坦的逻辑与语言哲学》, (Oxford: Oxford University Press)

McGuinness, B. (1988) *Wittgenstein: A Life; Young Ludwig 1889–1921*,《青年维特根斯坦：1889—1921》, (London: Duckworth)

—— (2002) *Approaches to Wittgenstein: Collected Papers*,《研究维特根斯坦的进路：论文集》, (London: Routledge)

—— (2002a) 'Pictures and Form',《图像与形式》, in McGuinness (2002), pp. 61–81

—— (2002b) 'The Grundgedanke of the Tractatus',《〈逻辑哲学论〉的基本思想》, in McGuinness (2002), pp. 103–15

—— (2002c) 'Solipsism',《唯我论》, in McGuinness (2002), pp. 131–39

—— (2002d) 'The Supposed Realism of the Tractatus',《〈逻辑哲学论〉的假想的实在论》, in McGuinness (2000), pp. 82–94

—— (2000e) 'Mysticism',《神秘主义》, in McGuinness (2000), pp. 140–59

Monk, R. (1990), *Wittgenstein: The Duty of Genius* ,《维特根斯坦：天才之为责任》, (London: Jonathan Cape)

—— (1997) *Bertrand Russell: The Spirit of Solitude*,《伯特兰·罗素：孤独之精神》, (London: Vintage)

Moore, A. (1985) 'Transcendental Idealism in Wittgenstein, and Theories of Meaning',《维特根斯坦的先验唯心论与意义理论》, *Philosophical Quarterly* 35: 134–55 BIBLIOGRAPHY 389

—— (1992) 'Human Finitude, Ineffability, Idealism, Contingency',《人类有限性、不可言说性、唯心论、偶然性》, *Noûs* 26: 427–46

—— (2003) 'Ineffability and Nonsense',《不可言说性与空谈》, *Aristotelian Society Supplementary* Volume 77: 169–93

Moore, G. E. (1899) 'The Nature of Judgment',《判断的性质》, *Mind* 8: 176–93

Morris, M. (2007) *An Introduction to the Philosophy of Language*,《语言哲学导论》, (Cambridge: Cambridge University Press)

Morris, M., and Dodd, J. (2008) 'Mysticism and Nonsense in the Tractatus',《〈逻辑哲学论〉中的神秘主义与空谈》, *European Journal of Philosophy*

Nicod, J. (1916) 'A Reduction in the Number of Primitive Propositions of Logic',《逻辑中初始命题数量的缩减》, *Proceedings of the Cambridge Philosophical Society* (1917–20): 32–41 (read to the Cambridge Philosophical Society on 30 October 1916)

Pears, D. (1987) *The False Prison: A Study of the Development of Wittgenstein's Philosophy*,《虚构的监禁：关于维特根斯坦哲学之发展的研究》, Vol. I (Oxford: Oxford University Press)

Peirce, C. S. (1976) 'The Logical Algebra of Boole',《逻辑的布尔代数》, in his *The New Elements of Mathematics*, ed. C. Eisele, Vol. IV, *Mathematical Philosophy* (Atlantic Highlands, NJ: Humanities Press), pp. 106–15

Potter, M. (2000) *Reason's Nearest Kin: Philosophies of Arithmetic from Kant to Carnap*,《理性的近亲：从康德到卡尔纳普的算术哲学》, (Oxford: Oxford University Press)

Priest, G. (1998) 'Numbers',《 数 》, in E. Craig, ed., *Routledge Encyclopedia of Philosophy* (London: Routledge)

Proops, I. (2000) *Logic and Language in Wittgenstein's Tractatus*,《维特根斯坦的〈逻辑哲学论〉中的逻辑和语言》, (New York: Garland)

—— (2001) 'The New Wittgenstein: A Critique',《新维特根斯坦：一个批评》, *European Journal of Philosophy* 9: 375–404

—— (2004) 'Wittgenstein on the Substance of the World',《维特根斯坦论世界的实体》, *European Journal of Philosophy* 12: 106–26

—— (2007) 'Russell and the Universalist Conception of Logic',《罗素与普遍主义逻辑观》, *Noûs* 41: 1–32

Quine, W. V. (1952) *Methods of Logic* (London: Routledge and Kegan Paul)

—— (1960) *Word and Object*,《语词和对象》, (Cambridge, MA: MIT Press)

—— (1961) 'On What There Is',《论何物存在》, in his *From a Logical Point of View*, 2nd edn (Cambridge, MA: Harvard University Press), pp. 1–19

—— (1975) 'Three Grades of Modal Involvement',《模态包含的三个等级》, in his *The Ways of Paradox and Other Essays*, rev. edn (Cambridge, MA: Harvard University Press)

Ramsey, F. (1923) 'Critical Notice of Tractatus Logico-Philosophicus, by Ludwig Wittgenstein',《对维特根斯坦的〈逻辑哲学论〉的评注》, Mind 32: 465–78

—— (1925a) 'The Foundations of Mathematics',《数学基础》, in Ramsey (1931), pp. 1–61

—— (1925b) 'Universals',《共相》, in Ramsey (1931), pp. 112–34

—— (1926) 'Mathematical Logic',《数理逻辑》, in Ramsey (1931), pp. 62–81

—— (1928) 'On a Problem of Formal Logic',《论一个形式逻辑难题》, in Ramsey (1931), pp. 82–111

—— (1931) *The Foundations of Mathematics and Other Logical Essays*,《数学基础与其他逻辑学论文》, ed. R. B. Braithwaite (London: Kegan Paul, Trench, Tubner and Co.)

Rhees, R. (1970) *Discussions of Wittgenstein*,《与维特根斯坦的讨论》, (London: Routledge)

Richard, M. (1998) 'Quantifiers, Substitutional and Objectual',《量词，代换的与对象的》, in E. Craig (ed.), *Routledge Encyclopedia of Philosophy* (London: Routledge)

Ricketts, T. (1996) 'Pictures, Logic, and the Limits of Sense in Wittgenstein's Tractatus',《维特根斯坦〈逻辑哲学论〉中的图像、逻辑与意思的界限》, in H. Sluga and D. Stern, eds, *The Cambridge Companion to Wittgenstein* (Cambridge: Cambridge University

Press), pp. 59–99

Russell, B. (1901) 'The Logic of Relations',《关系逻辑》, in Russell (1956), pp. 1–38

—— (1903) *The Principles of Mathematics*,《数学原则》, (Cambridge: Cambridge University Press)

—— (1905) 'On Denoting',《论指谓》, *Mind* 14: 479–93

—— (1910) 'On the Nature of Truth and Falsehood',《论真与假的性质》, in his *Philosophical Essays*, 2nd edn (London: George Allen and Unwin), pp. 147–59

—— (1912) *The Problems of Philosophy*,《哲学难题》, (London: Home University Library)

—— (1914) 'On the Nature of Acquaintance',《论亲知的性质》, in Russell (1956), pp. 127–74

—— (1918) 'The Philosophy of Logical Atomism',《逻辑原子主义哲学》, in Russell (1956), pp. 175–282

—— (1922) 'Introduction', in TLP,《逻辑哲学论》导言, pp. 7–23

—— (1956) *Logic and Knowledge*,《逻辑与知识》, ed. R. Marsh (London: George Allen and Unwin)

—— (1984) *Theory of Knowledge: The 1913 Manuscript*,《知识论：1913年手稿》, (London: Routledge)

Sainsbury, M. (1991) *Logical Forms: An Introduction to Philosophical Logic*,《逻辑形式：哲学逻辑导论》, (Oxford: Blackwell)

Schopenhauer, A. (1818/44) *Die Welt als Wille und Vorstellung*,《作为意志与表象的世界》, trans. E. F. J. Payne, as The World as Will and Representation, rev. edn (New York: Dover, 1969)

Sheffer, H. (1913) 'A Set of Five Independent Postulates for Boolean Algebras, with Application to Logical Constants',《布尔代数的一组五个独立公设及其在逻辑常项上的应用》, *Transactions of the American Mathematical Society* 14: 481–88

Soames, S. (2002) *Beyond Rigidity: The Unfinished Semantic Agenda of Naming and Necessity*,《超越严格性:〈命名与必然性〉的未完成的语言学议题》, (Oxford: Oxford University Press)

Stenius, E. (1960) *Wittgenstein's Tractatus: A Critical Exposition of the Main Lines of Thought*,《维特根斯坦的〈逻辑哲学论〉：对其主要思想的一个批判性解释》, (Oxford: Blackwell)

Stern, D. (1995) *Wittgenstein on Mind and Language*,《维特根斯坦论心灵和语言》, (Oxford: Oxford University Press)

Stevens, G. (2005) The Russellian Origins of Analytic Philosophy: Bertrand Russell and the Unity of the Proposition ,《分析哲学的罗素根源：伯特兰·罗素与命题的统一性》, (London: Routledge)

Strawson, P. (1966) The Bounds of Sense: An Essay on Kant's Critique of Pure Reason ,《感觉的限度：论康德的〈纯粹理性批判〉》, (London: Methuen)

Sullivan, P. (1997) 'The "Truth" in Solipsism, and Wittgenstein's Rejection of the A Priori',《唯我论的"真"与维特根斯坦对先天的拒斥》, *European Journal of Philosophy* 4: 195–219

—— (2000) 'The Totality of Facts',《事实的总和》, *Proceedings of the Aristotelian Society* 100: 175–92

—— (2001) 'A Version of the Picture Theory',《图像论的一个版本》, in W. Vossenkuhl, ed., *Wittgenstein: Tractatus—Klassiker Auslegen* (Berlin: Akademie), pp. 89–110

—— (2002) 'On Trying to be Resolute: A Response to Kremer on the Tractatus',《论试图果断：对克莱默论〈逻辑哲学论〉的一个回应》, European Journal of Philosophy 10: 43–78

—— (2003) 'Ineffability and Nonsense',《不可言说性与空谈》, *Aristotelian Society Supplementary* Volume 77: 195–223

—— (2003b) 'Simplicity and Analysis in Early Wittgenstein',《前期维特根斯坦那里的简单性与分析》, *European Journal of Philosophy* 11: 72–88

—— (2004) '"The General Propositional Form Is a Variable" (Tractatus 4.53)',《"命题的一般形式是一个变项'〈逻辑哲学论〉4.53》, *Mind* 113: 43–56

—— (2005) 'Identity Theories of Truth and the Tractatus',《关于真理的同一性理论与〈逻辑哲学论〉》, *Philosophical Investigations* 28: 43–62

Turing, A. M. (1936) 'On Computable Numbers, with an Application to the Entscheidungsproblem',《论可计算数及其在决断难题中的应用》, *Proceedings of the London Mathematical Society*, Series 2, 42: 230–65

White, R. (2006) *Wittgenstein's Tractatus Logico-Philosophicus: Reader's Guide*,《维特根斯坦的〈逻辑哲学论〉：读者导引》, (London: Continuum)

Whitehead, A. N., and Russell, B. (1927) *Principia Mathematica*,《数学原理》, 2nd edn (Cambridge: Cambridge University Press)

Williams, B. (1981) 'Wittgenstein and Idealism',《维特根斯坦与唯心论》, in his *Moral Luck* (Cambridge: Cambridge University Press)

Wright, C. (1983) *Frege's Conception of Numbers as Objects*,《弗雷格关于数与对象的构想》, (Aberdeen: Aberdeen University Press)

Zalabardo, J. (unpublished) 'Reference, Simplicity, and Necessary Existence in the Tractatus',《指称、简单性与〈逻辑哲学论〉中的必然存在》

Zöller, G. (1999) 'Schopenhauer on the Self',《叔本华论自我》, in C. Janaway, ed., *The Cambridge Companion to Schopenhauer* (Cambridge: Cambridge University Press)

《逻辑哲学论》的码段索引

（索引页码为原书页码，即本书边码。363页后为原书的书后注，为便于阅读，本中将书后注改为页下注，但索引保持与原书一致。）

总索引

译后记

这部解读《逻辑哲学论》的著作翻译完成了。翻译的过程中，我在有些术语的选用上做了新的尝试。最明显的是把英文词“sense”译成“意思”，把“nonsense”译成“无意思的空谈”，而为简洁起见，多数时候直接译成“空谈”。下面简单说说理由。

先来看“sense”。常见的译法大致有“意义”“涵义”“含义”等几种。其中，“意义”一般用来译“meaning”。现代英文哲学文献中，“theory of meaning”频繁出现，少见“theory of sense”这样的表达，我们已约定俗成地将前者译为“意义理论”。“涵义”适合在数学、逻辑学中使用。而选用“意思”，不用“含义”，一方面考虑到“意思”这个词在汉语中有更为久远的历史，另一方面也考虑到可更方便地翻译几个同源词：“senseful”译成“有意思的”，“senseless”译成“缺少意思的”，“nonsensical”译成“无意思的”或“没有意思的”。

再来看看“nonsense”。有译成“废话”“胡说”“呓语”的，显得贬义味过浓。近来译成“无意义”的较多，但这显然没有将

"sense"和"meaning"区分开。再说了，无论是"无意义"还是"无意思"，在汉语中用作名词总感觉怪怪的。我将"nonsense"译成"空谈"，主要依据的是《逻辑哲学论》文本。在5.4733和6.53这两个码段中，维特根斯坦断言形而上学命题是没有意思的，而且非常明确地指出，之所以如此是因为这些命题中的某些记号没有被赋予意义（meaning）。由此可知，形而上学命题就因为言之无物才成为无意思的。而这不正是说哲学充满了空谈吗？维特根斯坦甚至公开宣称他自己的《逻辑哲学论》也注定空话连篇。想想哲学自诞生之日起，便被嘲笑为不切实际的玄想，就让哲人们一直这样空谈下去，又有何妨？

本译著为国家社会科学基金重点项目"维特根斯坦主要著作释义与研究（编号：21AZX012）"的阶段性成果。

是为记。

李国山

2022年4月16日